LETTRES À L'AMANT

1

Paru dans Le Livre de Poche :

L'AMANT

LETTRES À L'AMANT (2)

MIREILLE SORGUE

Lettres à l'Amant

*

Préface d'Henry Bonnier

ALBIN MICHEL

Préface

« *J'écris pour me tenir tête* »

A.F.E.

« A qui m'aimerait, et si on m'en laissait le temps ! je montrerais tout ce que j'aime : non pour lui dire que je renonce à tout cela, mais pour qu'il me connaisse, pour qu'il sache quelle femme il tient dans ses bras. Est-ce que l'amour n'est pas connaissance ? »

Datées du 22 septembre 1962, ces lignes ont ceci d'exemplaire qu'elles contiennent, de façon prémonitoire, le destin même, amour et mort mêlés, de Mireille Sorgue. A ce moment-là, elle a dix-huit ans. Depuis le 10 septembre 1961 — depuis un an déjà —, elle entretient une correspondance suivie avec celui qu'il convient d'appeler l'Amant.

A la question de savoir si l'amour est connaissance, question primordiale, culminante et d'autant plus étonnante qu'elle est posée par un tout jeune être, Mireille Sorgue répond d'elle-même : « C'est dans la mesure où il ignorerait mes pensées que je le tromperais, et non en ayant des pensées qui ne se rapportent pas à lui. »

Le temps qu'on sait et qu'on dit compté, l'amour à profusion, une rare exigence d'absolu : voilà les trois traits qui caractérisent le mieux ces Lettres à l'Amant *et qui dessinent idéalement le visage perdu de Mireille Sorgue.*

D'elle, nous ne savons que fort peu. Elle est née en 1944, dans les marges méridionales du Massif central, en un pays traditionnellement voué à la filature et au tissage. Ce qu'elle voit, au premier chef? Une nature riche en prairies, en ruisseaux; des versants abrupts, arrosés par des pluies abondantes, couverts de forêts sombres et notamment de châtaigneraies. Ce qu'elle respire? Un air vif, sous lequel les pluies ont des odeurs de neige et les brumes des allures de tempête.

La profusion dont elle comblera sa vie, la voilà, terre aux ciels accordée, dans les ruissellements des eaux, des pentes, des feuilles et dans ce mouvement contraire qui, partant des mousses ou des fougères gorgées d'humidité, porte le regard jusqu'aux nuages qui passent... La profusion, la voilà encore, dans ces ciels aiguisés par les vents du nord et dans ces hautes roches qu'ils ont fini par racler jusqu'au blanc de l'os... La profusion, la voilà enfin, dans l'un de ces premiers matins du monde, quand, dégagé de la pluie et de la nuit, le ciel, poussé par le vent, se gonfle, telle une voile, et transporte les cœurs au plus élevé d'eux-mêmes...

A part cela, nous ne savons que fort peu sur elle. Ses parents sont instituteurs. Ils la conduiront jusqu'à la licence ès lettres qu'elle passe à Toulouse de 1965 à 1967, avant de subir avec succès les épreuves du CAPES. Elle songe alors à l'agrégation, ainsi qu'à un diplôme d'études supérieures consacré aux Lettres à Lou *d'Apollinaire, dont elle fait faire un micro-film à la Nationale, cette correspondance n'ayant encore donné lieu qu'à une édition à tirage restreint.*

Qu'ajouter à ce cursus *universitaire, si ce n'est que, jusqu'en 1963, les grandes vacances voient la* *famille se réunir à Cannes chez la grand-mère paternelle et que, dans l'été de 1963, Mireille Sorgue découvre la Provence intérieure (Vaucluse et sud de la Drôme), où elle retournera chaque année. C'est à Agde que, dans l'été de 1965, elle rédige une* Célébration de la main *qu'elle adresse au début de l'année suivante à l'éditeur Robert Morel. Celui-ci l'ayant encouragée à composer une célébration de l'Amant tout entier, elle travaille activement à ce livre durant l'été et l'automne de 1966. Elle meurt accidentellement dans l'été de 1967. Les textes sur* L'Amant *seront publiés en 1968. Un an plus tard, le livre obtient le prix Hermès à titre posthume *.*

⁂

« A qui m'aimerait, et si on m'en laissait le temps !... » Ce thème, inlassablement il faut le reprendre, qui lie la crainte de l'amour à l'appel de la mort. Par les nuages et par les pluies, par les vents et par les soleils, j'ai essayé de donner de Mireille Sorgue un premier visage, celui des éblouissements de la prime enfance, entre village et forêt.

C'est peu de dire qu'il y a en elle, dès l'origine, de la paysanne. Levée dès l'aube, ayant le goût des commencements (elle le dira avec force dans L'Amant*), des longues promenades dans la campagne alors que tout continue de dormir (ce qui rappelle « la longue course de chien qui chasse seul » de Colette), elle est de belle santé, cette marcheuse infatigable, pour qui est primordial l'élémentaire, et j'ai nommé la terre, l'eau, le vent, cette profusion qui éveilla en elle sa part la plus obscure, la rendant ardente, enthousiaste et même excessive.*

* *L'Amant,* nouvelle édition, préface et notes d'Henry Bonnier, Albin Michel, 1985.

D'elle, qu'allait-elle faire ? et pourquoi ? et pour qui ? « A qui m'aimerait... », écrit-elle, maniant superbement un conditionnel rare par ces temps dépourvus de nuances. Formule, en tout cas, dans laquelle percent à la fois la crainte et le défi. Cette exigence d'absolu que je plaçais aussitôt après la profusion se traduit chez elle par une fascination des limites. Sans cesse, elle refuse les conventions familiales, sociales, allant jusqu'à se rebeller quand on s'efforce de les lui imposer. En toute occasion, elle se conduit comme qui a à faire et n'a donc pas de temps à dissiper en vaines obligations. « Les parents, ce n'est pas sacré », déclare-t-elle tout à trac, adolescente, dans un repas de famille. Elle aurait pu en dire autant de ses professeurs, contre la médiocrité desquels elle s'élève dans ses lettres. Sa mère écrira d'elle : « Mireille, si exigeante, intransigeante, intolérante même. »

Ceci expliquant peut-être cela, l'un de ses professeurs lui déclarera : « Il y a vingt ans, mademoiselle, que je n'avais pas attribué la mention Très Bien au certificat de philologie. » Et la profusion de recommencer à jaillir et à s'imposer, non plus venue du fond du ciel, mais découverte entre les pages de ceux que j'aime à appeler les Grands Vivants, visages au sien accordés, œuvres devenant réponses à ses jeunes questions, Saint-John Perse, René Char, Henri Michaux, Bachelard, entre autres, ou encore Maurice Scève, Catherine Pozzi, Louise Labé...

Mireille Sorgue, ou la littérature retrouvée... Dans cet incessant va-et-vient d'un cœur vers d'autres cœurs, dans cette quête permanente de ce qui fut écrit d'essentiel, dans cette chaîne ininterrompue d'esprits qui, se nourrissant de leurs joies et de leurs souffrances, s'adressent aux autres, à tous les autres, et fondent ainsi en légitimité l'acte d'écrire.

Qu'on m'entende bien ! Quand j'évoque ces paysages de pluies et de vent qui vont s'élargissant jusqu'aux grandes lumières bleues de la Provence intérieure ; quand j'évoque ces visages successifs, rencontrés au hasard d'une lecture, puis traversés, qui la conduiront de la prime enfance à l'adolescence, je veux dire simplement ceci : de même que la beauté du monde est la parole de Dieu, de même la profusion du monde est la parole d'un cœur riche. En quelque lieu qu'elle serait née ou aurait vécu, Mireille Sorgue eût trouvé de la beauté à profusion. Car cette beauté était en elle. Dès l'origine.

Cela oblige. Cette richesse intérieure, véritable être de l'être, lui rend nécessaire d'être exemplaire en tout, mais sans la moindre ostentation, par « gloire » intime, au sens du Grand Siècle, parce que l'on se doit de l'être et de ne pas décevoir ceux qui vous aiment. Toutefois, comme l'apparent ne se sépare jamais du caché, on préférera s'en tenir à l'apparent et parler à son sujet d'intelligence très vive, de grande santé ou encore d'une prodigieuse capacité de travail, où il eût été bon et convenable de s'intéresser au caché et d'expliquer la soumission de Mireille Sorgue à l'être exceptionnel qui l'habitait. Car enfin, la prescience de sa jeune mort lui est dictée tout autant que le lui sont les actes importants de sa vie. Porteuse d'un être parfait, elle est soumise au désir de perfection.

Comment comprendre autrement, et justifier, et même admettre, ce mélange d'orgueil et d'extrême humilité ? Sauf à dire qu'orgueilleuse de ce qu'elle porte, elle n'est qu'humilité en ce qui la concerne. « J'écris pour me tenir tête », note-t-elle magnifiquement. Voilà pourquoi, prompte à dépriser ce qu'elle fait, elle « renie » sans arrêt ses écrits de la veille, les jugeant avec une sévérité extrême — ce dernier mot, souvent repris ici, paraissant devoir s'appliquer à tout ce qu'elle entreprend.

De là, à l'évidence, la conception très haute qu'elle se forme de l'écriture, méritant qu'on rappelle à son propos la dédicace que Paul Valéry adressa à Colette, « qui, seule de son sexe, sait qu'écrire est un art, le possède et confond quantité d'hommes qui l'ignorent ». De là, à l'évidence, le mépris qu'elle professe à l'encontre de tant d'auteurs, de poètes qui ne font pas de la création une religion ou qui se contentent de trop peu. Et l'attrait qu'elle ressent pour l'ésotérisme, puis le mysticisme, elle qui a commencé par s'intéresser à Nerval, à Quirinus Kuhlmann, le poète baroque allemand, prophète et illuminé, avant de subir la fascination du catharisme, la religion des Parfaits, qu'elle a découvert à la faculté de Toulouse en suivant les cours de René Nelli en 1964 et 1965. La personnalité même de Nelli la bouleversait. De là, enfin, ces pages nombreuses de ses carnets, agendas et éphémérides qu'elle couvre de son écriture soignée et qu'elle consacre aux régimes végétariens, aux critères d'une nourriture saine et équilibrée.

Du plus bas au plus élevé, du plus simple au plus compliqué, tout se tient chez elle, et ce n'est point par hasard que je place à même distance l'art de se nourrir et l'art d'écrire. « Ce qui est en haut est égal à ce qui est en bas », affirme la Table d'Émeraude. C'est dire que Mireille Sorgue représente tout le contraire d'un être désincarné. « Et voyez, écrit-elle le 8 septembre 1962, je suis comme elles sont toutes ; dans ma prison de chair, très vulnérable... »

⁂

Les Lettres à l'Amant, ici rassemblées, constituent un document unique dans l'histoire de notre littérature. De la première lettre, en effet, qui est datée du 10 septembre 1961, au grand poème qui *clôt le présent recueil *, qui est intitulé « La Première Nuit » et qui fut composé durant l'été de 1963, il nous est donné de voir naître, se développer, s'affermir puis s'affirmer le sentiment amoureux.*

De lettre en lettre, mot après mot, de page en page, aveu après aveu, voici, sans hypocrisie ni mensonge, toutes les diaprures de l'amour, avec ses ruses comme ses brusqueries, avec ses effrois et ses abandons. Dirait-on de la même jeune fille cette notation : « ... et c'est à peine si j'ai bavardé quelques minutes avec vous, dansant tantôt sur un pied, tantôt sur l'autre », et celle-ci : « Ce que j'ai appris de l'amour en cinq jours ? En fait, seulement ce qu'est un baiser, ce que sont mes lèvres, pour quelle œuvre elles sont faites. Mais vous savez que j'ai appris aussi, presque à la fois, ce que pèse le bonheur et ce que pèse la souffrance... » Et pourtant, de l'une à l'autre notation, quelques jours seulement se sont écoulés en ce mois de septembre 1962.

Le temps avance par bonds. En octobre, nouvelles fulgurances. A l'Amant qui est de loin son aîné, elle avoue : « Vous avez seize ou vingt ans je ne sais, vous avez mon âge, et moins que jamais je parviens à vous revêtir de votre identité "apparente"... » C'est que, à qui en est investi, l'amour, qui est la jeunesse même, prête son âge, confère sa vigueur, délègue ses pouvoirs. Ainsi pourrait-on dire ; mais on pourrait également avancer que le regard amoureux traverse les apparences, les chairs épaisses, les mots opaques, jusqu'à apercevoir, au cœur de la forteresse pulvérisée, le léger, le subtil, l'être de l'Autre à soi-même accordé.

* En fait, cette correspondance s'étend jusqu'à 1967, année de la mort de Mireille Sorgue.

Avant de devenir « connaissance », et ici le mot mériterait une majuscule, l'amour doit abattre de nombreuses murailles qui semblent être dressées devant les futurs amants par manière d'épreuves. Et ces murailles, loin de n'entourer que l'Autre ou de ne défendre que le monde, nous cernent si bien, n'encerclant finalement que nous-même, que c'est par leur lente et progressive destruction, sous les coups de l'amour, que peut apparaître enfin, et parler en maître, cet être qui nous habite et dont je disais, concernant Mireille Sorgue, qu'il était un être parfait.

Ne pas voir que l'épreuve amoureuse, joies et bonheurs mêlés, n'a d'autre fonction que de conduire, dans un premier temps, à la connaissance de soi, puis, dans un second temps, à la Connaissance pure et simple, c'est dénier à notre vie toute signification transcendante. De sa « prison de chair », Mireille Sorgue n'affirme rien d'autre, quand, par approches successives, elle déclare : « Mon ami, c'est seulement que depuis cet été, je suis assaillie par des sentiments démesurés, des joies déchirantes et des chagrins trop lourds, et que je grandis par soubresauts, avec véhémence et incohérence... »

De logique, il n'y a que celle du Vivant. Rares sont les êtres qui cherchent à régler sur elle leur existence. Au reste, s'efforcer à la logique avec soi-même, c'est cesser d'exister pour commencer à être. Cela, Mireille Sorgue le comprend intuitivement dès sa dix-huitième année, et c'est ce qui lui permet, non seulement de tenir l'amour pour un chemin de connaissance, mais aussi de poser sa propre vie comme un être à part, avec toutes les conséquences que cela va entraîner.

A cet égard, comment ne pas être bouleversé de lire sous sa plume : « Ami, je pleure et souris en lisant votre lettre, sans trop savoir pourquoi, avec une tendresse désespérée, comme je pleure et ris de serrer ma vie dans mes bras » ? Car enfin, c'est dans cette même lettre du 14 novembre 1962 qu'est posée, renouvelée du Mythe de Sisyphe, *la grande question lancée par Camus : « Le suicide ? Oui, vous dites bien ce qu'il est :* l'échappatoire. Mais non la solution. *L'acte négateur de l'absurde mais parce qu'il est négation pure, totale. Je ne suis pas sûre de résister toujours au vertige du suicide, au désir de sommeil, à l'ivresse d'assouvissement. »*

Ces réflexions, sans cesse sous-jacentes à la pensée de Mireille Sorgue, surgissent à l'occasion d'un décès. La mère d'une amie vient de mourir. Après l'avoir veillée et avoir assisté à son enterrement, elle en écrit : « Ou plutôt je sais, et cela ne me console pas, que je me consolerai », *avant d'ajouter : « Et pardonnez-moi d'oser le dire, "le bout", cela ne me paraît pas si loin que cela. Et quel chemin choisirai-je — et à quoi bon choisir — pour y parvenir ? »*

Il serait trop simple de céder à la tentation matérialiste ou même existentielle et de ne voir dans cette série de notations sur la mort et le suicide que l'illustration de l'absurde ou, pis encore, d'un malêtre — Camus eût dit : un « malconfort » — propre à l'adolescence et à la crise qu'elle est supposée traverser. Outre qu'il convient de garder en mémoire le « A qui m'aimerait, et si on m'en laissait le temps ! », formidable et angoissante prémonition avec laquelle elle vit, avant d'en mourir, Mireille Sorgue écrit dans une lettre datée du 31 octobre 1962 : « Ce qui est "irrémédiable", à vrai dire, c'est ma naissance au monde. Le paradis perdu... », concluant par : « C'est seulement aujourd'hui que je comprends le mythe chrétien. »

Prémonition d'une fin prochaine — elle mourra à l'âge de vingt-trois ans —, réminiscences de type platonicien — cette vie nous est donnée, qui ne nous appartient pas — : voilà bien entre quels pôles se dispose à naître l'amour. Et voici le neuf, le vif, l'important : avec elle, l'aimante, et par elle, l'écrivante, le couple Éros et Thanatos ne projette plus son ombre maudite sur les jours et les nuits qui restent à vivre. Elle est, pleinement et souverainement, Éros et Thanatos. Ce que nous devrions être, tous autant que nous sommes, et que, par aveuglement ou par veulerie, nous nous refusons à être. « Et c'est vrai qu'il est terrifiant de songer que l'on se donnera toute à quelqu'un que peut-être on connaîtra mal. Je crois que, dans la plupart des cas, les gens qui se marient n'ont pas conscience de ce qu'ils font ; l'irrémédiable ! Ils flirtent avec la vie, comme s'ils pouvaient remettre à plus tard de vivre. Ils se savent mortels, mais ne se sentent pas éphémères. »

Conscience de soi, mieux encore : conscience du Soi qui, sous l'empire du sentiment amoureux, grandit ; et, par le biais de cette correspondance-là, c'est le journal quotidien, ou presque, d'« un cœur d'amour épris », comme disait le Roi René, que Mireille Sorgue tient scrupuleusement. De la connaissance de soi à la Connaissance pure et simple, dirai-je au risque de me répéter, elle assiste en elle, jour après jour, aux progressifs dévoilements de ce que, par paresse ou par ignorance, nous nommons l'amour, et qui n'est, somme toute, que la naissance, au plus intime de nous-même, d'un attachement profond et durable à l'être qui nous habite et que l'Autre a pour mission de nous révéler. Nous sommes les uns aux autres notre propre secret. Et c'est pourquoi elle écrit le 8 février 1963 : « Ce n'est pas de tout repos de grandir. Demain me donne le vertige, et pourtant j'ai soif infiniment, j'ai faim infiniment de nouvelles nour-

ritures. Je n'en finis pas de venir au monde. Et qui délivrera cet oiseau battant de mes poignets ? » *Le même jour, au soir, elle reprend ce thème :* « *Sens-tu comme je vais à l'approche de moi-même, à l'approche du "vivre", ébrasée parfois de ferveurs démesurées ?* » *Admirable et grande lettre que celle-là, dans laquelle Mireille Sorgue s'écrie :* « *De grandes fièvres passagères me tourmentent et ma gorge se serre d'angoisse ou d'impatience, comme si j'allais bientôt être heureuse à douleur; et l'approche de ce temps me bouleverse.* »

⁂

La grande dramaturgie nuptiale est prête. Pour la première fois, le 1er février 1963, Mireille Sorgue avoue à l'Amant qu'elle l'aime. Quel chemin parcouru depuis le 10 septembre 1961, date de la première lettre! En nous offrant la chance unique de vivre sa vraie naissance au monde, elle le fait de façon si exemplaire que celle-ci devient intimement la nôtre. La lecture de ces Lettres à l'Amant *réensemence en nous le désir d'aimer. Ce miracle — c'en est un — tient à ceci : l'aimante, en ne cessant de s'interroger sur elle-même, n'a pas laissé d'éveiller l'écrivante à l'art de dire sans transcrire, d'écrire sans trahir (« Car je suis dépourvue d'imagination, et je n'invente pas », constate-t-elle dès le 15 septembre 1962), jusqu'à poser, telle une condition nécessaire : « ... il faut inventer le langage, un langage-miroir pour m'y chercher, un langage-portrait pour que tu me connaisses, un langage-clef pour t'atteindre, un langage-outil pour transformer le monde, et geste pour le posséder...* »

Elle dit : « le langage », et non un langage, si forte est en elle la certitude que ce qu'elle vit est unique. Elle dit encore : « inventer le langage », tellement elle pressent que rien d'essentiel ne sera jamais formulé à propos de l'amour tant que n'aura pas été affirmée avec éclat cette formidable révélation : l'amour n'est que l'irruption de l'éternel dans l'éphémère. Elle dit enfin : « Il faut inventer le langage », parce que, sachant désormais qu'il n'y a de véritable liberté que dans la soumission à l'être parfait qui l'habite, elle est convaincue que tout commence, qui demande à être dit. Bref, elle exprime tout cela à l'âge de dix-neuf ans à peine, avant de rendre grâces et hommage à l'Amant, celui qu'on ne voit pas et qui est partout présent : « Tu avais en tout cas infiniment raison lorsque tu me traitais de fausse matérialiste (...) Mon ami-Socrate ! Et si tu n'avais pas été là, expert en maïeutique, j'aurais somnolé longtemps, toujours peut-être... »

Qu'ajouter à cela ? Seul importe le silence. Initiée à elle-même, Mireille Sorgue devient par là même une médiatrice. Longue et brève à la fois est la liste de ces femmes qui, depuis l'Étrangère de Mantinée, ont brûlé vives dans la nuit des hommes, après avoir dit à mi-voix, penchées sur l'oreille de ceux qu'elles avaient choisi d'aimer, ce qui est nécessaire autant que primordial et que Mireille Sorgue murmure à sa façon, doucement inclinée vers l'Amant, afin qu'il ne voie pas couler de ses yeux clos les premières larmes de la joie : « Ah, comme tu souris, et puis tout d'un coup ni toi ni moi nous ne sourions plus — et on ne sait qui a le plus peur, de l'oiseau ou de la proie, ni qui est l'oiseau, ni qui est la proie. On n'y voit plus rien. Que le soleil... »

Henry BONNIER

Note de l'éditeur

Publier des lettres intimes, même vingt ans après la disparition de leur auteur, ne saurait aller sans débat de conscience. Si, dans le cas de Mireille Sorgue, nous avons cru pouvoir prendre cette responsabilité, c'est que diverses considérations nous y inclinaient.

En 1963 — elle avait dix-neuf ans —, Mireille Sorgue répond à son correspondant qui louait la qualité littéraire de ses lettres, que celles-ci ne pouvaient être qu'à lui seul destinées. Mais trois ans plus tard, pressentant mieux que jamais que son destin terrestre serait bref, elle se montre moins catégorique devant la perspective d'une publication de sa correspondance, « longtemps après (sa) mort, et avec des coupures ».

Par ailleurs, pour intimes que soient ces lettres, elles ne le sont pas plus que les écrits sur l'Amant qui, eux, furent d'emblée composés pour être livrés au public.

Enfin et surtout, nous avons la certitude que Mireille Sorgue — quoi qu'elle ait pu parfois en écrire — souhaitait laisser une œuvre : maints témoignages, de sa main même, l'attestent. On sait qu'une mort prématurée ne lui permit pas de mener à bien cette Célébration de l'Amant qui, à ses yeux, devait être son œuvre majeure, sinon unique. Si les lettres ne peuvent tenir lieu des parties manquantes ou inachevées, elles sont du moins de nature à faire entrevoir l'exceptionnelle grandeur qu'aurait eue l'œuvre accomplie.

L'établissement du texte n'a pas posé de problème de lecture. Chaque lettre, d'une écriture élégante, régulière, fait penser à une source qui se propagerait, calme ou fougueuse, mais toujours dans une absolue limpidité. Si sûrs, aisés, naturels, sont le style et la démarche qu'on ne rencontre pas un seul repentir en ces pages écrites, dirait-on, d'un seul souffle. Nous avons seulement normalisé la ponctuation, Mireille Sorgue substituant très souvent au point le point virgule ou une amorce de tiret.

Quant aux coupures souhaitées, elles ne pouvaient viser, à l'évidence, que les développements d'un intérêt mineur, et non d'éventuels passages jugés trop « libres », puisque la correspondance n'en contient pas. Au reste, les nécessités mêmes de l'édition ne permettaient guère d'opter pour une publication intégrale dès lors qu'il n'eût pas fallu moins de 450 pages pour reproduire les lettres écrites entre septembre 1961 et juillet 1963.

Ont donc été supprimés et remplacés par des crochets les passages relevant de l'anecdotique pur. Mais nous avons conservé ce qui, même lié au quotidien, contribue à une meilleure connaissance de l'auteur ainsi que de l'éthique, de l'esthétique de l'amour qui s'esquissent de lettre en lettre.

Mireille Sorgue ne datait pas ses lettres — dont la rédaction s'étendait le plus souvent sur plusieurs jours. Nous avons rétabli la date du début de chaque envoi, faisant ainsi apparaître l'étendue de celui-ci et la périodicité de l'échange épistolaire.

Des notes succinctes, enfin, s'efforcent d'éclairer une allusion, d'apporter un complément ou de fournir la référence d'une citation.

I

I

Le 10 septembre 1961

« J'aurais bien du plaisir, à la rentrée, à vous entendre parler de la Provence, ou de Paris, ou de tout ce que vous aimez ou découvrez... »

Voici la rentrée, nos vacances s'achèvent, et cela n'est pas triste ; il y a toujours, comme au temps de notre petite enfance, l'odeur de cire du cartable et des souliers neufs, les livres qu'on ouvre pour la première fois, la page blanche du cahier où la plume crisse, la première pluie d'automne et les feuilles déjà rousses, et ce baiser de retrouvailles que vous donnent les camarades qui vous accueillent avec des visages bronzés et des « Si tu savais... » volubiles. Et puis il y a les souvenirs de vacances, qui ne nous aideront point tellement à résoudre de tortueux problèmes d'algèbre, mais éclaireront les heures grises.

J'ai découvert Paris. On m'a laissée partir seule — concevez-vous cela ? On a même retenu les recommandations d'usage ; c'est que décidément je deviens une grande fille ! J'ai pu errer, de l'aube au soir, sans but ni contrainte, et surtout sans méthode (il n'était pas question d'« apprendre » Paris systématiquement, en étrangère, et je n'ai pas suivi les guides !) ne réintégrant mon hôtel que tard dans la nuit, fourbue mais éblouie. Votre

Le 10 septembre 1961

« J'aurais bien du plaisir, à la rentrée, à vous entendre parler de la Provence, ou de Paris, ou de tout ce que vous aimez ou découvrez... »

Voici la rentrée ; nos vacances s'achèvent, et cela n'est pas triste ; il y a toujours, comme au temps de notre petite enfance, l'odeur de cire du cartable et des souliers neufs, les livres qu'on ouvre pour la première fois, la page blanche du cahier où la plume crisse, la première pluie d'automne et les feuilles déjà rousses, et ce baiser de retrouvailles que vous donnent les camarades qui vous accueillent avec des visages bronzés, et des « Si tu savais... » volubiles. Et puis il y a les souvenirs de vacances, qui ne nous aideront point tellement à résoudre de tortueux problèmes d'algèbre, mais éclaireront les heures grises.

J'ai découvert Paris. On m'a laissée partir seule, concevez-vous cela ? On a même retenu les recommandations d'usage ; c'est que décidément je deviens une grande fille ! J'ai pu errer, de l'aube au soir, sans but ni contrainte, et surtout sans méthode (Il n'était pas question d'« apprendre » Paris systématiquement, en étrangère, et je n'ai pas suivi les guides !), ne réintégrant mon hôtel que tard dans la nuit, fourbue mais éblouie. Votre

« cher Quartier Latin » est un peu le mien à présent, par le cœur tout au moins. Rue Jean-Bart, entre le Luxembourg et la rue de Vaugirard, connaissez-vous cela ? Il me semblait que j'y avais toujours vécu, que les choses et les gens m'y étaient familiers, et j'ai hâte à présent d'y retourner. Pouvez-vous imaginer mon émerveillement au premier matin, lorsque j'ai traversé le Luxembourg encore désert mais déjà bruissant de feuilles envolées et pépiant de moineaux familiers se posant « sur les épaules des blanches statues » ? Je suis revenue là chaque jour, à l'heure où Paris s'éveille, m'asseoir sous les frondaisons, me récréant à la contemplation des fleurs dont je ne savais pas le nom. Puis je partais, un peu à l'aventure, et laissant au hasard le soin d'une rencontre avec l'authentique Paris, qui me surprenait au détour d'une rue, et me touchait au cœur. Vous connaissez sans doute mieux que moi les ruelles du Quartier Latin, insalubres parfois mais toujours pittoresques, celles qui descendent du Panthéon vers la place de la Contrescarpe ou l'Hôtel de Cluny, celles au bord du quai Saint-Michel, grouillantes le soir d'une foule mêlée, Saint-Séverin et son cloître (où je pénétrai par la faveur d'une grille laissée ouverte par des maçons ! et où je me crus ensuite enfermée un moment), les quais populeux et gais, et desquels je contemplais, entre deux boîtes de bouquinistes, Notre-Dame dont on ne sait rien dire et qu'il faut bien aimer, ou encore cette fontaine gothique, au chevet de la cathédrale, et ces lierres au-dessus de la Seine, et le saule du Vert-Galant, à l'autre extrémité de l'île... Je n'en finirais point, les souvenirs que je sollicite m'étourdissent tout comme Paris m'étourdissait il y a quelques jours ! Je veux vous dire aussi le choc que j'eus à me trouver un soir, au retour d'une promenade au Louvre, sous le porche de Saint-Germain-l'Auxerrois, dont je ne sus rien tout d'abord (J'avais oublié mon *guide bleu* dans ma chambre) sinon qu'elle était très vieille, église séculaire aux pierres rongées et noircies. Il faudrait encore vous conter mes rencontres avec la tour Saint-Jacques, Saint-Merri, ou la fontaine des Innocents, mes flâneries au long des quais ou à l'ombre des marronniers du Cours-la-Reine, ou encore aux vitrines des antiquaires, vous avouer que je détestai brutalement le Paris dur et fiévreux des Champs-Élysées, de la rue Royale ou de la place de l'Opéra, confesser que je manquai à la tradition qui veut que les jeunes filles de province aillent s'ébahir aux rayons du Printemps, vous dire aussi tout pêle-mêle que le musée Jacquemart-André, entre toutes les merveilles qu'il abrite, a offert à mon admiration de remarquables toiles de Renoir, Chardin et Toulouse-Lautrec, qu'il est bien dommage que tant de portes soient fermées dans le Palais de Justice et que je n'aime pas du tout l'église Saint-Sulpice.

Vous pourriez croire à cette nomenclature interminable que je n'ai voulu connaître de Paris que les pierres, vestiges plus ou moins éloquents du passé ; ce n'est point du tout vrai ; j'ai voulu vivre avec la ville, en connaître les heures et les lieux de fièvre, comme les charmes paisibles, et si de grand matin je suis allée aux Halles au risque de me perdre entre les choux, les pommes ou les poires, il m'est aussi arrivé de dîner d'un quignon de pain, à vingt pas des clochards sur les escaliers de la Butte, de prendre le métro sur la ligne de Sceaux aux « heures de pointe », de « remonter le Boul'Mich » vers les neuf heures le soir en ayant toutes les peines du monde à préserver ma chère solitude, de donner du pain aux pigeons de l'Hôtel de Ville, de surveiller les agents de ville plutôt débonnaires, les prostituées devant lesquelles j'ouvrais de grands yeux, tout autant que devant les élégantes chapeautées, fourrées, gantées du boulevard des Capucines...

Il a fallu retourner à la maison et j'ai retrouvé avec bonheur mon village aux carrefours déserts où les chats mêmes ne se font jamais écraser, où l'air est pur, le soir calme, la nuit muette, où les gens en passant vous sourient et vous parlent, où les garçons de seize ans osent seuls plaisanter au passage des jeunes filles, où les femmes se promènent sans chapeau et sans gants, lieu habitable où l'on vit encore à un rythme humain. Il est vrai qu'il n'y a point ici de cathédrale solennelle, de vitraux flamboyants, ni de statues si pures ; et que le soir je ne puis aller voir les rayons du soleil couchant au-dessus de la Seine... Aussi je reviendrai à Paris, la monstrueuse ville qu'on aime pourtant. Mais il me faudra d'abord travailler et cela de tout mon cœur !

Je vous souhaite une heureuse année de labeur.

Mireille

Toulouse
[21 novembre 1961]

J'aurais pourtant voulu que mes remerciements vous parviennent dans l'instant où j'ai découvert votre envoi, et que vous connaissiez l'expression spontanée de ma joie... Mais il faut se résoudre aux obligations scolaires ; nos dix-sept ans s'émeuvent à l'approche des compositions trimestrielles tout comme nous le faisions au vieux temps où dix « bons points » nous valaient une image et un baiser de Maman ! Petite fille sage ? Oui — A chaque soir les leçons du lendemain ! Ne m'en veuillez pas s'il vous plaît d'avoir tardé à vous répondre.

J'aime de ces nymphes de Botticelli[1] qu'elles aient cette grâce heureuse en même temps que cette facture classique si pure ; plus encore que le bouquet de Chagall me plaît celui de Braque où les petits soleils orange émergeant de la brume sont comme autant de sourires. Le portrait de la jeune Égyptienne m'a surprise — Ce regard si présent... Je ne sais si l'on peut la regarder longtemps sans inquiétude. Dans ma chambre trop petite, elle semble trop vivante. Ne vous a-t-elle pas troublé ? — Et puis toutes ces « images » qui ont glissé sur mes genoux lorsque j'ai eu déchiré l'emballage... Mes amies sont venues et je leur ai montré mes richesses... Nous en oubliions et l'heure qui passait et le travail imposé! Je vous remercie de tout mon cœur.

Vous me parliez de cinéma — d'*Hiroshima, mon amour*... — que j'ai beaucoup aimé. Le seul film duquel je conserve un souvenir profond — Il faut voir *L'Année dernière à Marienbad*, quand ce ne serait que pour la beauté des images. Ou peut-être pour la beauté des images. Il semble qu'on vous ait convié à quelque fête glacée, morne et brillante, et que nul ne vous y reconnaisse; j'ai songé au *Grand Meaulnes*...; mais ici c'est un monde d'adultes; l'enchantement est rompu, il ne reste que l'angoisse et il vous prend comme un vertige.

Mais plus que ces jouissances promises, attendues et enfin savourées que nous procurent les spectacles, je goûte les longs retours vers la minuit par les rues silencieuses ou au long des quais. Je ne savais rien de la nuit, ayant gardé jusqu'ici l'enfantine habitude d'un sommeil tôt venu, et j'aimais les matins — les matins toujours clairs — (Et puis vous savez bien : « Le monde est à ceux qui se lèvent tôt »!) Hier soir l'autan soufflait, et je songeais en l'écoutant au concerto de Bela Bartok, révélé une heure plus tôt par le Quatuor Hongrois — Même déchaînement. Au cœur de la ville endormie, où je me suis parfois sentie comme engluée dans un absurde piège de murs et de rues, j'avais le vent et la nuit, et j'étais libre. Le vent des fous me rendait ivre. (Plaisirs d'enfant sage?) Mais il a en passant arraché les feuilles et nous reconnaissons aujourd'hui l'automne tout à coup venu... Nous regardons les arbres du parc et oublions qu'au tableau noir...

Il est temps d'étudier — Mais c'est — quel plaisir — un poème de Garcia Lorca « Granada, calle de Elvira, donde viven las manolas[1]... »

Toulouse
[7 janvier 1962]

Vous n'avez peut-être pas reçu ma dernière lettre, envoyée au début de ces vacances ; il faut en excuser le facteur surmené ! — Je vous y remerciais pour l'envoi de ces petits livres dont je ne sais s'ils sont en « de bonnes mains », mais qui à coup sûr me ravissent. Je ne sais plus si déjà je vous y offrais mes vœux, je puis bien le faire à présent, et formuler pour vous et ceux que vous aimez mes souhaits les plus vifs. Une nouvelle année ! On se dit : — A nous deux ! — n'est-ce pas ? Sans très bien savoir qui est l'Autre, mais prêt tout à coup aux luttes quotidiennes, et décidé à jouir autant qu'il se peut des temps nouveaux. A tuer le temps à coup de bonheur ! S'il pleuvait aujourd'hui peut-être vous dirais-je que déjà je me sens si vieille..., et vous ririez sans doute, mais le soleil entre dans ma chambre et tout à l'heure je suis allée me promener aux bords de la Garonne ; le moyen avec cela d'être triste ? Et je pense aux joies qui viendront. Je n'ai pas lu tous les livres [1]... et j'ai tant de poèmes à apprendre, de chansons à dire et de visages à aimer ! Il faut que je dise cela bien haut pour ne pas pouvoir l'oublier, pour ne rien abdiquer quand viendra l'ennui.

Dites-moi encore d'écrire, d'écrire chaque jour, car je l'oublie trop souvent et bientôt je ne saurai plus rien exprimer qui vive. Je m'enrage de voir que mes pensées écrites sont comme mortes, ou dépouillées — « Si on l'exprime, on le sauve ». Croyez-vous ? On le sauve, mais on le change. Comment fait-on, dites, pour « écrire juste » ? Je veux travailler à cela et forcer les mots à ne plus être sources de malentendus. Présomption, n'est-ce pas ? Mais il faut bien « le prendre de haut », pour que passés les premiers enthousiasmes, il reste encore assez de bon vouloir !

J'oubliais de vous dire... Vous aimez tant cette Provence intérieure, secrète encore, que vous serez heureux sans doute de connaître ce rêve que nous faisons — mes amies et moi — de la découvrir cet été... à pied, au hasard de longues promenades et d'étapes choisies au gré de notre fantaisie ! Folies ? non, sans doute. Les parents mêmes n'ont pas protesté : nous sommes de grandes filles ! Et nous allons être si heureuses...

Que croyez-vous que va nous apporter le nouvel an ?

Mireille

25 avril [1962]

Il y a très longtemps que je ne vous ai pas écrit, négligence ? certes, mais aussi maladie ; je ne saurais très bien vous dire comment cela s'est fait, mais il est sûr qu'il a fallu me renvoyer chez moi pour que je réapprenne à dormir et à vivre calmement ; la ville me « tapait sur les nerfs » comme l'on dit. Il faut avouer aussi que j'avais oublié de compter avec mon corps ; erreur profonde ! (surtout pour qui se dit — quelle vanité ! — matérialiste), mais je vous assure que cette leçon n'aura pas été inutile. Me pardonnez-vous mon silence paresseux ou désinvolte ? Que vous aurais-je écrit, sans cet enthousiasme qui me faisait soudain défaut ? Mes velléités s'éteignaient toujours aux premiers mots des lettres que je commençais. Je n'avais rien à dire.

Cela va mieux, bien sûr. Il est plus difficile de retrouver l'équilibre que de le perdre, oui, mais cela y est tout de même, et les parents sont là, qui ne badinent pas, question « santé » ! Peut-être aussi le printemps me met-il en joie ? Vous ai-je dit que ma chambre est étroite avec deux hautes fenêtres qui ouvrent tout un côté, de sorte que la nuit, lorsque je les laisse ouvertes, c'est un peu comme si j'étais dans le jardin ?

Je ne sais plus dire à mes parents, lorsque je leur écris, que ce plaisir du matin : les oiseaux du parc de l'école (tout proche) m'éveillent; j'attends pour me lever une certaine clarté du jour (c'est aussi prudent que de se fier à mon réveil qui divague sans cesse) et lorsque je descends dans la rue le soleil est déjà haut. [...]

Vous me parliez d'*Intermezzo,* vous vous étonniez de me voir négliger vos suggestions : mais il y avait longtemps que j'avais lu ce délicieux ouvrage; j'ai sans doute oublié de vous dire que durant ma première année d'internat, ayant découvert Giraudoux, je ne lisais plus que ses œuvres. [...]

Vous me parliez encore de cinéma. Mais depuis Noël je crois n'être pas revenue au spectacle (si fatiguée qu'il fallait que je me couche au moindre loisir). C'est comme si je m'éveillais après un long engourdissement hivernal. Me direz-vous ce que vous avez vu ? Ce à quoi j'ai peut-être encore le temps d'aller goûter. J'espère que vous n'avez été aucunement contraint de vous mettre, comme moi, « en veilleuse »; c'est un état si pénible que cette léthargie ! Réveillez-moi, s'il vous plaît !

Mireille

Vendredi matin
[18 mai 1962]

Vous m'avez tout à fait réveillée : car vous m'avez mise en colère ! Faut-il que vous ayez peu regardé autour de vous, peu cherché à connaître les êtres qui vous entourent, pour écrire ces phrases désabusées : « Jeunes filles... où êtes-vous ?... J'ai bien connu l'une des dernières... » ! Il est vrai qu'elles sont légion, et parmi mes camarades mêmes, celles qui occupent leurs loisirs à « se faire belles », avant de « partir en chasse », et qui, le soir venu, vous reviennent, la confidence délectable aux lèvres, pour vous brosser des tableaux... idylliques (Vrai aussi, que si je souris alors non sans malice, ne pouvant me contraindre à leur accorder l'attention et la gravité quémandées, on me rétorque (ton de l'éternelle incomprise) : « C'est vrai, tu ne peux pas comprendre, tu n'y connais rien »). Et vous auriez raison de rire de ces pauvres artifices, de ces supercheries savantes (ou naïves !) accumulées pour « berner le client » ! Raison peut-être de pleurer de tant de flirts qui ne riment à rien, des accordailles et des disputes également mesquines, du temps perdu surtout.

Mais tout de même, vous exagérez !

« Vous en connaissez combien ? Deux... trois ? Je

suis optimiste. » Ma foi non, vous ne l'êtes pas ! Ces phrases de Diderot, de Descartes, « Vous mourez toutes à quinze ans[1] », ou « Je m'avance masqué[2] »... savez-vous pourquoi elles me sont si familières ? C'est pour les avoir lues maintes fois sur la première page du cahier de philosophie de l'une de mes amies, laquelle se plaît à répondre à qui montre auprès d'elle des dispositions de conquérant, qu'elle n'aime pas « qu'on la traite en objet » ! Croyez-vous vraiment que nous soyons disposées à nous perdre, à aliéner notre liberté à peine conquise et goûtée ? [...]

Du reste, chez celles mêmes qui se montrent à vos yeux travesties selon les impératifs d'une extravagante mode, que de sensibilités neuves, qui ne sont que « masquées », si faciles à mettre au jour ! Je connais bien des filles de mon âge, que l'on croirait seulement préoccupées des baisers de quelque gamin plaisant à l'œil, et qui montrent, à la révélation d'une beauté qu'elles ne soupçonnaient pas, un enthousiasme spontané, profond. Navrée ? Je le suis alors de m'être méprise sur leur nature. Navrée ? Je le suis de la méconnaissance de mes proches, de mes jugements hâtifs, téméraires, de mes condamnations absolues, de la peine que j'aurais pu causer par un mépris puéril.

Navrée, comme l'était le Petit Prince de découvrir si tard ce qui faisait le prix de sa fleur... C'est vrai que c'était difficile : « Les fleurs sont si contradictoires... » [...]

Je ne me hasarderai pas à dire des garçons qu'ils ne pensent qu'au sport ou aux filles : il y en a sans doute de tels (mais sont-ils irrémédiablement tels ?), mais pourquoi devrais-je généraliser une décevante constatation réalisée sur quelques-uns ? Pas d'acrimonie gratuite !

Il y a aussi autre chose, et qu'on nomme l'Amour. Je ne sais si vous avez voulu dire de cette jeune fille évoquée, qu'elle était « morte », en se mariant. Le « mortes à quinze ans » de Diderot m'a fait ressouvenir de l'une de mes amies qui, fiancée à quinze ans, en ayant aujourd'hui dix-neuf, va se marier. On m'eût dit cela, je me serais écriée qu'elle gâchait sa jeunesse... Mais je vis auprès d'elle, et l'amour qui règne entre ces deux êtres me semble d'une qualité peu commune. Je me tais; cela me fait taire! « Morte à quinze ans » elle aussi? Je ne vous crois pas.

Je vous demande pardon d'avoir été si vive! Mais avouez que vous mériteriez aujourd'hui que je vous appelle « Monsieur »! J'ai peur qu'accoutumé à voir la beauté des choses, des éléments, ou des créations humaines, vous n'ayez un moment oublié de la chercher dans les âmes, dans les êtres eux-mêmes. Ou peut-être vous aurez seulement oublié qu'« on ne voit bien qu'avec le cœur[1] »?

Vous m'avez appelée « amie » : j'ai pensé que vous ne m'en voudriez pas de ce que je vous dis là.

Je suis tout à fait guérie, tout à fait heureuse de vivre, et vous souhaite confiant. A bientôt.

Mireille

Mardi 20 h
[29 mai 1962]

[...] Mes cahiers sont ouverts (en permanence !). Mais j'étudierai plus tard ! Je ne sais comment vous dire que j'ai aimé votre lettre. C'est que vous y évoquez à mi-voix des souvenirs et que vous y avouez votre œuvre, et qu'ainsi je vous connais autrement que par les joies que vous donnent les créations diverses, dont vous me parlez d'ordinaire. (Au fait, pourquoi et par quoi voudriez-vous que je fusse « choquée » ? J'aime ou je n'aime pas, et n'est-ce pas assez ?) Il m'a semblé découvrir un ami, et je n'ai pas su un moment ce que j'allais vous répondre. Honteuse de ma vivacité de l'autre jour. Je voudrais vous dire sincèrement ma pensée ; mais que peut-on dire de l'amour à dix-huit ans, sinon, bien sûr, que l'on y croit ?

(Nous écoutions tout à l'heure « Elsa » que chante Monique Morelli ; et nous savons par cœur les mots d'Aragon — non « par cœur et à rebours » comme la leçon du jour, mais peut-être comme on sait une prière.) Que puis-je dire sinon que je sais bien déjà que « c'est difficile » et « qu'il y a les ennemis mortels de l'amour » ? Qu'il faut se garder des conceptions superstitieuses, qui vous font, à quinze ans, sanctifier des émois naturels ? — et, ici un aveu — que j'ai pleuré pour m'être engluée à ce miroir aux alouettes qu'est le premier sourire venu ? Cela n'est guère original... Que je ne sais pourtant rien de l'amour ? Vous le croirez aisément. Résolue à ne jamais être « objet » ? Bien sûr. Résolue à l'amour. Et « cela existe assurément ».

Et encore que je regrette ce voile de silence pudiquement jeté sur ce sujet (si souvent tabou) qu'est l'amour physique.

Qu'il faut être adulte et de corps et d'esprit pour connaître le prix de ce que l'on donne ou de ce que l'on reçoit ; que la chanson a parfois tort, qui affirme « Dix-huit ans, c'est bien assez pour... »

Que me mettra en colère qui regrettera le temps jadis aux amours surannées, couvrant avec effroi ses yeux au spectacle de notre « ère de sexualité » : car les garçons et les filles de mon âge ne sont pas plus dépravés que ceux des générations passées. Trésors de tendresse à donner. Quête d'absolu et de pureté. Il faut me croire.

Je retourne au travail... non sans regrets. Vous avez bien de la chance !

Lundi soir
[11 juin 1962]

Abasourdie. Comment vous dire ? J'ai laissé passer la première stupeur, le premier enchantement aussi. Je ne voulais pas vous faire de ces compliments étourdissants, assourdissants et exclamatifs — superficiels pour tout dire, mondains et de bon ton, réconfortants peut-être à qui quémande l'approbation du public à venir, mais qui — je veux le croire — ne vous auraient pas satisfait. [...]

Je pense qu'il me sera difficile de vous dire mes sentiments à la lecture de ces trois pages : Isabelle[1] vous ressemble trop — et les mots ne me viennent plus pour juger de cet amour présent et absent à la fois. Aussi bien n'est-ce pas pour que j'en juge que vous m'avez donné à lire ces lignes, mais pour que je puisse fêter cette poésie neuve, m'y recréer et m'en réjouir, n'est-ce pas ? Je me souviens d'*Hiroshima, mon amour*... Ce soir-là aussi je suis restée muette.

Et encore : Ne craignez-vous pas de vous jeter ainsi tout vif à la face des vivants et que leurs yeux ne soient point aveugles à discerner ces « pays souterrains » ? « Souterrains » dites-vous. Et moi je crois et dis : toujours refuges à ciel ouvert — et trop pénétrables — même aux yeux d'adultes. Je n'arrive pas à savoir si vous vous dépouillez ou si vous vous enrichissez — ceci ne pouvant peut-être se réaliser que par cela.

Je ne vous dirai plus rien ce soir; trop raisonnable et consciencieuse et préoccupée bachelière en puissance — je vais éteindre ma lampe. [...]

Vous, mon père, ma mère, et quelques personnes encore qui ont l'âge de mes parents, me faites penser qu'il n'y a pas d'adultes — mais seulement des masques d'adultes. Découvrir la vulnérabilité de ceux qui furent dieux en ma petite enfance ou de ceux que la société efface commodément en leur substituant une étiquette — « personnage respectable » (et vous vous désolez sans doute de traîner ce titre après vous !), c'est retrouver le sens de la tendresse humaine. Et cette découverte multipliée, et toujours à refaire et toujours entreprise, est peut-être ce qui me fait heureuse. Souhaitez-moi de ne pas devenir aveugle, monde clos à autrui !

[29 juin 1962]

Vacances, vacances! Venues tout soudainement! La tête libre, les chansons qui vous reviennent, les cahiers que l'on voudrait mettre au feu... réconciliée avec les arbres et le soleil, rendue aux longues promenades, aux rêveries du soir au bord de la Garonne, rendue aux livres préférés, aux amis retrouvés, aux lettres si longues que l'on voulait écrire! Ma joie est haute. Croyez-vous donc qu'il faille que j'attende les résultats, la conclusion de cette « cérémonie fatale » (selon le mot de mon amie Josette)? Fût-elle désastreuse que je n'en sentirais pas moins le goût délectable de la liberté retrouvée! Au demeurant, je crois pouvoir avouer sans fausse honte un bac moyen où, si l'accident déplorable me fut épargné, j'aurais tout de même dû mieux faire. Il n'en faut plus parler car ce sont les vacances, et j'ai bien des choses à vous dire puisque j'ai laissé sans réponse l'envoi des pages précieuses qui me chantent la mer que je ne connais pas, et la lettre qui les accompagnait, puisque je ne vous ai pas dit encore combien les quelques mots reçus au début des épreuves m'ont apporté de réconfort. J'enrageais de ne pouvoir vous écrire et craignais que vous ne vous fâchiez de ce silence et de la désinvolture qui semblait être la mienne. J'ai lu. Je me disais : Quand tu auras fini ces révisions-là, seulement alors, tu pourras lire ces pages... Elles étaient ma tentation. Très belles et très hautes, et très authentiques, et suscitant en moi le désir de voir et d'entendre encore, celui de découvrir cette beauté dont vous m'assurez que je n'en puis avoir aucune idée. Je les ai aimées comme celles de Saint-John Perse et d'Eluard : aussi précieuses et aussi lumineuses, et me laissant aussi libre d'entendre l'indicible suggéré. J'irai samedi à la poste afin de vous les renvoyer mais hâtez-vous, je vous en prie, d'achever l'œuvre, que je la possède enfin toute. (Vorace, direz-vous ! Oh oui, vorace de toute chaleur.)

Pour « Isabelle », pour cette invocation, il faut que je vous dise : elle cesse un instant d'être Isabelle pour redevenir vous, et seulement vous, l'espace très bref de quelques mots (je l'ai senti à la première lecture, mais je n'osais vous le dire ; du reste cela ne détruit rien). C'est lorsqu'elle supplie : « Jette-moi, jetons-nous au cœur de cette fête que le *Carnaval* de Schumann évoque intensément... » Non, Isabelle ne peut alors évoquer aucune œuvre, aucun poème, aucune musique qu'elle puisse reconnaître et nommer. Isabelle balbutie, attentive au plaisir rêvé, « haletante, étourdie » elle-même, quémandeuse, assoiffée : tout est musique en elle, mais non musique reconnue ; submergée, elle ne peut pas à cette heure nommer, se souvenir d'une œuvre et comparer ; elle ne peut crier que son désir et non comparer la fête appelée à celle évoquée par le *Carnaval* de Schumann, fût-il exactement ce qu'elle entend en elle-même. Isabelle n'a besoin de connaître aucun musicien, aucun poète : en elle sont musique, poésie, feu et brises inconnues ;

ne la rattachez à rien; il faut qu'en votre œuvre elle soit seule; ou du moins dans une invocation pareille : seule avec son désir. Je ne sais si vous comprendrez ce que je veux dire ici : n'en prenez pas ombrage; c'est seulement que j'ai spontanément senti comme une fausse note, et peut-être ai-je une sensibilité fausse. Il faudrait que vous puissiez donner ces pages à lire à quelqu'un qui vous dirait si je me trompe. Vous n'aurez pas de lectrice plus exigeante que moi à présent que je sais à quelle hauteur vous pouvez élever une évocation. [...]

[8 septembre 1962]

Je me suis enfuie, très incivile, ne vous offrant pas même le repos d'un moment : « Les enfants m'attendent, il faut que je les fasse chanter... — Ah, et que chantez-vous donc ? — Oh, des chansons... des chansons... (!) et grand merci d'être venu ! » Sitôt surgie, sitôt partie. [...]

Ce que je voulais seulement savoir, c'est si vous aviez vu que j'avais de la peine. Non, n'est-ce pas ? J'étais sans faille, et mon rire sonnait juste ? Je vous ai offert un visage en vacances, des yeux sans ombre, un sourire délié, et vous avez cru que ce frémissement des lèvres naissait sous la caresse du matin ? Comme j'ébauchais un avenir lumineux, vous avez eu ces mots : « Vous avez une nature heureuse... » Une nature heureuse... Mon sourire intérieur débile s'accrochait à ce refrain sarcastique... J'ai acquiescé bien sûr. On finit par croire à sa propre apparence : je parviendrai à croire à ce bonheur si évident, si lisible sur mon visage.

« Me raconter ? » J'ai voulu le faire. Vous m'aviez conseillé d'écrire : « Deux pages par jour, n'oubliez pas. » Vous aviez raison : il est grand temps de châtier cette langue rustique, de l'assouplir, de lui donner un honnête maintien. Au premier soir d'août, dans la solitude haïssable et délectable, j'ai pris un cahier neuf. Un cahier d'écolière et ma tête trop lourde. Ce que j'ai alors écrit, je vous le livre : une dizaine de pages qui se sont faites je ne sais trop comment, ni en quel temps. Elles me sont devenues étrangères, comme si une autre que moi avait ajusté ces phrases, comme si elles avaient été tracées en un temps révolu ; elles résonnent comme les voix au fond des vieux châteaux de nos rêves, ou peut-être des paradis perdus. « Le vert paradis des amours enfantines[1]... » — « Tu es une femme à présent », a dit mon père en me caressant les cheveux. Et peut-être songeait-il qu'on ne naît pas impunément au monde des adultes.

Vous ne comprendrez rien à ce monologue disloqué si je ne me montre pas plus explicite. Seulement les mots m'écorchent, qu'il faudrait dire pour expliquer. Engluée au grand rire tendre d'un poète de dix-neuf ans qui brise sans savoir qu'il brise. J'ai cru à ce qu'il écrivait pour moi, et de là vient ma peine. Parce qu'il ne fallait pas y croire, voyez-vous. Je me croyais si forte, entre mes livres, raillant les émois des adolescentes de mon âge... Et voyez, je suis comme elles sont toutes ; dans ma prison de chair, très vulnérable...

Vous me parlerez de la mer, afin que je rêve aux vacances véritables, afin que je m'évade, n'est-ce pas ? Je ne suis pas triste à présent, seulement très lasse. Et j'oubliais de vous le dire, malade. Piètre lectrice que celle-là que l'été laisse sans enthousiasmes derrière les volets clos, et qu'il faut que vous consoliez, Ami !

Samedi
[15 septembre 1962]

J'ai pris l'enveloppe que me tendait ma mère avec une feinte nonchalance, en continuant la phrase anodine que j'avais commencée en la voyant venir vers moi — comme s'il se fût agi d'une missive quelconque, la traditionnelle carte en couleurs que vous adresse un voisin des lieux choisis où il villégiature, — comme si j'en pouvais différer quelques minutes encore la lecture, comme si réellement votre lettre ne m'eût pas brûlée, aux doigts, comme si je n'avais pas peur de ce que j'y lirais ou comme si je le savais déjà... Ma mère sortie, fébrile, j'ai déchiré l'enveloppe. (Je ne saurai jamais sans doute décacheter posément les lettres attendues!) Abasourdie. Puis, presque aussitôt il me prend une envie de chanter à tue-tête, de danser la gigue, et je saute à bas de mon lit pour annoncer à ma mère interloquée que j'ai écrit des poèmes et que vous les aimez. Quelques minutes plus tard le médecin m'a trouvée en train d'extérioriser l'extravagance de mes sentiments en jouant avec ma filleule — seize mois — venue me rendre visite. Fou que vous êtes de susciter une joie aussi insensée! Comment voulez-vous donc que j'excuse tout le jour ce sourire débridé? Prenez garde, j'ai tellement envie de vous croire, tellement envie d'écrire encore, tellement envie d'accepter ce bonheur... Voyez, je n'ai pas même appris aux leçons prodiguées cet été, la prudence et la circonspection ; je n'ai pas même appris à douter, à aller à pas mesurés à la rencontre de la chance ! Et ma lettre aujourd'hui risque fort d'être incohérente, bien plus que n'est la vôtre.

Mais d'abord ceci : ces pages sont à vous, et vous les garderez. Vous m'aviez demandé de les écrire et je l'ai fait en toute innocence. Lorsque je vous les ai envoyées, j'ai pensé que j'avais peut-être tort, et que j'allais peut-être déchoir, dégringoler des hauteurs où votre amitié m'avait conduite. Si tout d'un coup j'allais ne plus être « digne de Gordes » ! Cette crainte inavouée au matin d'un examen ! Et voilà que vous m'assenez le poids de votre admiration (Y pensez-vous, Ami ?), que vous me consacrez poète, et que vous me tendez très solennellement la main. Vous n'êtes guère plus « raisonnable » (vocable maternel) que moi !

Une copie ? Je vous l'aurais demandée pour ma mère si j'avais pu lui montrer ces pages. Mais elle sait quelle vérité y est dite, et ne veut pas les lire. J'ai eu trop de peine à la persuader que je ne souffrais pas pour lui apporter déjà ce démenti brutal. Du reste je n'aime pas que l'on me plaigne et les mères savent si bien faire cela ! Cela n'aurait pas tellement d'importance que vous perdiez ces feuillets dont je possède les brouillons ; et puis je sais les plus simples de ces chansons pour les avoir fredonnées avant de les écrire. Que cela paraisse ?!!!!!... Mais il n'y a là qu'une vingtaine de pages ; il faut attendre, vous me jugerez à la persévérance, « à l'œuvre » ! (Dois-je vous avouer que j'ignore qui est Robert Mallet[1] ?)

Et cette question, Ami, cette question cruelle, folle... « — Les avez-vous écrits au temps où vous étiez heureuse ? »... J'ai eu toute une année pour connaître ce grand garçon nonchalant (et taciturne — son rire, c'est plus tard), une semaine pour l'attendre après qu'il m'eut écrit, cinq jours pour apprendre l'amour, le reste de l'été pour m'ennuyer. Ce garçon qui lisait Aragon pendant les cours de philosophie et qui nous le fit aimer à tous, en nous parlant un jour d'Elsa. Non, je n'écrivais pas « au temps où j'étais heureuse ». Bien trop brefs, nos soirs. Et Maman, cruelle : « Mireille, à neuf heures et demie, tu dois être couchée... »

Et voilà que vous le blâmez, comme si vous ne saviez pas qu'à coup sûr je vais le défendre, comme s'il n'était pas dans l'ordre des choses que je me fasse véhémente pour que ne l'atteignent pas vos reproches. (Et comment aurait-il pu être jaloux de moi, puisque je n'avais jamais rien écrit ?) Non, je ne vous raconterai pas cette histoire qui fut presque sans paroles parce qu'il ne m'est pas possible d'en parler autrement que sous la forme de ces phrases que vous lisiez hier ; vous la déchiffrerez feuille à feuille ; vous pouvez croire ce que j'en écris, car je suis dépourvue d'imagination et je n'invente pas. [...]

[19 septembre 1962]

Jour faste ! En tout temps vos pages reçues ce matin m'eussent comblée ! ces pages, ce livre sur lequel vous preniez des notes, ces cartes postales — précieuses, et que, bien sûr, j'emporterai à Toulouse la semaine prochaine — votre lettre, tout cela offert aujourd'hui, parce que j'entre en convalescence et reprends goût à toutes choses, en devient comme plus savoureux encore, et cette lettre (écrite sur ce papier que je n'aime pas, avec ce stylo que vous n'utilisez qu'au pis-aller — et dans une position fort incommode : genoux repliés contre mon ventre) n'est que pour vous dire aussitôt ma gratitude ; et je vous dédie le sourire qui me revient ! Délectable « pêle-mêle » — et délicieux votre « si vous le voulez » — quand c'est vous qui me rendez aujourd'hui si joyeuse ! (Et personne ne s'y trompe, ni mon père qui, me glissant un regard amusé, demande si j'ai pris connaissance de mon courrier.)

Je refuse de commenter encore ces pages, dont je sais déjà qu'elles sont belles au-delà de toute attente, et d'une vérité qui s'impose, évidence suffocante ; je le refuse parce que j'ai lu très vite, fébrile, gourmande. Mais je le ferai longuement avant la rentrée. Je veux seulement vous dire, au sujet des pages d'Isabelle, qu'elles m'ont bouleversée et que je ne comprends pas pourquoi vous aviez eu peur qu'elles me choquent. « Isabelle » sera sans doute de vos ouvrages celui que je préférerai ; ce que vous pourrez dire de la mer et des femmes — du corps féminin plutôt —, fût-ce toujours aussi intense, aussi luxuriant, aussi jaillissant, que ce que je viens de lire, me touchera moins que la souffrance, l'amour de cet être unique que j'aurai eu la chance de connaître avant sa naissance « au monde ». (Et je pense aujourd'hui, comme lorsque vous m'aviez envoyé la suite de ce passage, que je jouis d'un privilège immérité. Si je ne m'en étonne pas davantage, c'est peut-être parce que je vis encore dans l'univers du merveilleux. Peau d'Ane ou Cendrillon... !) Il faut bien comprendre aussi que vous entrouvrez les portes des jardins secrets où me conviait un certain sourire (Je vous enverrai bientôt ce que j'ai écrit ces jours de fièvre, quand je ne pouvais dormir, dans mon lit) — que vous parlez de joies et de souffrances qui, parce que je n'en possède qu'une prescience (à la fois inquiète et avide) confuse, me troublent plus que je ne le voudrais — qu'Isabelle est la femme, et que je ne suis encore... mettons [qu'] un « bout de femme », ou une femme en puissance ! Isabelle est fascinante.

Ailleurs : une phrase que j'ai beaucoup aimée : « Mais le propre des jeunes filles est de n'avoir pas d'avenir, de porter un moment sur leurs épaules et leurs seins la beauté du monde, la confiance, la pureté quelquefois, et puis de devoir renoncer... » Je pense à mes amies. Mais je ne veux pas encore dire toutes les pensées que suscite en moi cette première lecture, ni les joies, ni les images ; cela serait trop incomplet, trop bref aujourd'hui. Seulement ceci, encore une fois : que j'éprouve à vous lire une sorte de tendresse émerveillée. Et encore que je ne sais pas si j'oserai écrire après vous — ou du moins si j'oserai vous envoyer ce que j'écris, qui semble tout pâle, tout fluide et presque inconsistant à côté de cette abondance haute en couleurs, de la flamme vive de ce verbe.

Non, Ami, cette lettre ni la dernière ne vous priveront pas de la « longue réponse annoncée à une lettre précédente ». Et cela est vrai que j'ai beaucoup à vous dire, à vous demander aussi ; je vous promets de le faire, mais je vais manquer de temps pendant quelques jours car rien n'est prêt pour la rentrée. Votre souhait est presque réalisé : presque guérie de corps, guérie de mon amour (Relisez donc ma première page : je me suis délivrée moi-même jour après jour — c'est étrange, je vous parlerai bientôt longuement de cette guérison voulue obstinément dès le premier jour parce que la souffrance ne me sied pas, — de cette desquamation, inachevée bien sûr, mais sûre)
et incorrigiblement confiante, n'ayant pas cessé d'être Moi.

Je vous souhaite la même confiance (Dites si la vôtre est intacte) et puis je vous dis à nouveau « Grand merci ! »

Jeudi 20 h 30
[20 septembre 1962]

Je commence donc cette longue lettre que je continuerai tout au long de ces quelques jours de sursis qui me restent avant la rentrée. Le mot sursis s'impose ; ma sœur vient de quitter la maison avec ses compas, ses équerres, sa planche à dessin, sa blouse neuve... tous ces accessoires qui composent la panoplie traditionnelle de l'écolier. Elle passe cette année la première partie du bac, et moi qui n'avais pas encore pris conscience du cap franchi, j'apprends par ma petite sœur que... décidément, nous vieillissons !

Je commence ma lettre, ou plutôt je continue celle envoyée ce soir, et dont les dernières lignes ont dû vous surprendre. Vous me désiriez « bientôt moins malheureuse », et je me suis orgueilleusement déclarée « guérie de mon amour ». Pour plus de vérité, je dirai que je suis en convalescence. Une chose est certaine : guérie des rancœurs, du désarroi, de la souffrance. Il reste la tendresse. Je ne suis pas guérie de la tendresse, décantée, posée. Comment cela a-t-il pu se faire ? Songez que j'avais tout le jour durant cette fin de mois de juillet trente enfants à aider à vivre ces jours de vacances — je ne dis pas « à garder » ; il ne s'agissait pas d'une « garderie » ! — parfois quatre-vingt-dix à faire danser ou chanter. Interdiction de pleurer devant eux, ou même d'avoir l'air triste, ou de rêver. Interdiction de pleurer devant ma mère qui aurait souffert, devant mon père parce que nous nous traitons mutuellement avec virilité ; interdiction de pleurer quand j'étais seule par discipline personnelle, et parce que cela n'aurait servi à rien. Début août, quelques jours de grand désarroi, de déraison : ces pages que vous avez. Mais à chaque jour un progrès, un apaisement. « Péan » : épuisée après l'avoir écrit (c'est en lui-même un acte de délivrance) ; mais plus libre. Pas tout à fait bien sûr. Pensées couleur de la saison qui vient. Mais pas de dévergondages d'imagination. Votre convalescente l'est doublement, voyez-vous... L'agitation, les préoccupations de la rentrée achèveront l'ouvrage, et si ma solitude et les soirées trop longues, ou le spectacle détestable de la ville certains soirs me rendent plus vulnérable à la tristesse, je vous appellerai à l'aide et vous saurez bien trouver les mots nécessaires pour que je ne perde pas pied.

Vous m'écrivez : « la confiance infinie brisée et pour toujours ». Non. Incorrigible de confiance ! C'est même ma « tare fondamentale ». Ce n'est pas la confiance qui est brisée, c'est une gangue — je ne sais comment la nommer — peut-être est-ce l'enfance. Desquamation. Éclosion. Comme si je naissais à moi-même. Pourtant ce n'était pas tout à fait la première fois que je souffrais de la sorte ; déjà, à seize ans — mais il s'agissait alors beaucoup plus d'un conflit personnel, d'un problème d'adolescence — crise d'existence, que d'un chagrin d'amour ; et tout cela si platonique. Ami, il faudrait parler, bavarder avec vous très longtemps, c'est si long à raconter une adolescence... Qu'il me suffise aujourd'hui de vous rassurer : je suis « Moi » plus que jamais « désaliénée » — allant vers la maturité.

[...]

Samedi 10 h

« Alors, raconte... » C'est vrai, j'ai beaucoup de choses à dire, trop même. Pourquoi ne posez-vous pas de questions ? Presque chaque ligne de vos lettres appelle une réponse, mais je suis très en retard ; dites ce que vous voulez savoir, ce que j'explique mal. Je crois que peu à peu vous saurez tout de cet été si différent des autres.

Je reprends cette lettre, cette lettre merveilleuse écrite pour me consoler. Il est vrai que Gordes, ou la mer, m'eussent guérie, et votre présence aussi ; je ne sais pas être tout à fait triste dans la nature... Si mon père et ma mère avaient pu deviner ce qu'ils n'ont appris que le 1er août par une phrase laconique les invitant à considérer « ce chapitre comme clos », ils auraient voulu m'offrir cette diversion. — Vie végétative, oui ; il fallait durer, attendre, oui. Mais peut-être parce que j'étais blessée à vif, farouche et impassible (démesurément orgueilleuse soudain), j'aurais refusé toute « compensation ». Savez-vous que lorsque je souffre, je ne puis supporter que ma mère m'embrasse ? La voir pleurer me fut un supplice. Je préférais le silence de mon père.

Je souris en lisant cette phrase : « Défiez-vous des gens qui ont un grand rire »... Je souris parce que j'ai, presque continûment, non peut-être un grand rire, mais un grand sourire. Du reste vous l'avez vu ce sourire ; mais ce n'est pas un sourire de surface, même quand je souffre, ce n'est pas un sourire postiche, je vous assure. C'est la conséquence naturelle d'une enfance exceptionnellement heureuse, de l'amour qu'on m'a prodigué, et la manifestation de cette confiance dont je vous ai dit qu'elle était comme ma sève, ou ma substance.

[...]

Écrivez-vous sérieusement ces phrases : « Quelle femme acceptera sans en souffrir qu'il distraie toute une part de sa vie pour créer, qu'il s'évade de longues heures chaque jour en face d'une feuille, d'une toile, — qu'il passe un mois en tête à tête avec la mer ? Quelle femme acceptera des années la pauvreté pour qu'il réalise son œuvre sans concession ?... » Et cette question me brûle les lèvres, à laquelle il ne faut pas répondre si elle vous cause de la peine : « L'avez-vous seulement demandé ? » — Est-ce à nouveau un accès de misogynie ? Voulez-vous que je m'indigne comme je l'ai déjà fait une fois ? Voulez-vous vraiment que je me mette à nouveau en colère ? Mais si je le fais, je ne pourrai pas vous expliquer posément, clairement ; car il semble que vous ayez besoin d'explications, que vous souffriez parfois d'une méconnaissance douloureuse de ce que l'on pourrait appeler « l'âme féminine ». C'est peut-être présomptueux ce que je tente là, puisque je vous ai déclaré, il y a seulement deux jours, que je n'étais qu'une « femme en puissance », mais je ne crois pas que, les années passant, je désavouerai ces lignes. Je suppose aussi que vous me donnez la permission d'avoir — a priori — (on voit que je viens de passer un an en classe de philosophie) des idées sur ce que peut être un amant idéal ? Cette permission accordée je m'avance à pas très lents, parce que je ne me suis encore jamais exprimée sur ce point. A qui m'aimerait — et si on m'en laissait le temps ! — je montrerais tout ce que j'aime : non pour lui dire que je renonce à tout cela, mais pour qu'il me connaisse, pour qu'il sache quelle femme il tient dans ses bras. Est-ce que l'amour n'est pas connaissance ? C'est dans la mesure où il ignorerait mes pensées que je le tromperais, et non en ayant des pensées qui ne se rapportent pas à lui. De la même façon, je lui demanderais non d'oublier les étreintes nouées avec l'univers qui lui est familier, non de m'avoir pour seule pensée, non de passer ses heures auprès de moi, mais de me prêter son regard et de me révéler ce qu'il aime. Et ainsi voyez-vous, l'amour serait richesse, et non renoncement, surcroît de richesses et non frustration. « Qu'il distraie toute une part de sa vie pour créer », « qu'il s'évade de longues heures » ? Mais Ami, la plupart des hommes « s'évadent » de longues heures pour de tout autres motifs — parfois pour jouer aux cartes au café du coin ! Et vous croyez qu'une femme qui aimerait un artiste n'accepterait pas une évasion qui serait œuvre, pourvu qu'il la mît dans la confidence ? Et puis vous comptez sans l'admiration, sans le respect, sans ce que l'on appelle la « communion ». « Quelle femme acceptera des années la pauvreté ? » Cette phrase-là décidément me coupe le souffle. Cette phrase-là est monstrueuse ; je la juge telle d'abord parce que j'ai été élevée dans cette idée que chacun se doit d'assurer sa subsistance, et que je n'envisage pas de la devoir toujours au labeur d'autrui : père, amant ou mari ; d'autre part parce qu'on voit tous les jours des femmes « accepter la pauvreté », et que ce n'est pas montrer un grand héroïsme que de l'accepter par amour. Et puis une seule raison à vous opposer : Quelle femme accepterait ? Une femme qui saurait ce qu'est l'art. Et c'est peut-être la seule chose qu'il faille vous dire.

Vous parliez quelques lignes plus haut de

l'amant idéal. Pourquoi selon vous est-il trop tôt pour en esquisser le portrait ? Et quel portrait en feriez-vous ? Était-ce sincèrement que vous écriviez qu'il n'était sans doute pas le créateur ? Ou vouliez-vous m'entendre me récrier ?

Ce que j'ai écrit est bien confus ; c'est que je ne suis pas habituée à discourir des mérites amoureux ! Il faut me pardonner.

Samedi 16 h

J'ai relu tout à l'heure des passages de « mon » exemplaire (je ne vous ai pas dit encore combien cela me faisait plaisir d'en avoir un « à moi »). Je le commenterai longuement, sur les pages blanches, mais je ne puis que vous donner un acquiescement pour ce qui est déjà écrit. [...]

« Les seins comme un toast porté au jour environnant » ; j'aime beaucoup ces mots ; ils me font songer à ces sardanes que nous dansions interminablement après le souper, même à la veille du bac ; rites d'un culte du soleil, dirait-on : les bras levés, et les seins cabrés — j'allais presque dire dardés, et l'on danse comme pour saluer et honorer le jour, sans se lasser. Cela serait très beau une sardane dansée par des filles nues, sur le sable, devant la mer.

Et ceux-ci, parlant du genou : « fleur latente d'ombre et de lumière » et tant d'autres...

Vous me donnez aussi le désir de vraies vacances... J'aime tant la mer dont j'ai été privée cette année — même cette Méditerranée, « mer prisonnière », pas tellement pour sa beauté, mais pour notre alliance. Je me demande si un amant façonnera jamais mon corps comme le faisait la mer : un mois de soleil, de sable, d'étreintes

marines, et j'étais méconnaissable, parce qu'heureuse d'un bonheur animal, viscéral — moi « l'Intellectuelle » ! Je vous livre la première parole d'amour qui me fut dite (— lumière de six heures du soir sur la plage du Grau d'Agde ; seize ans et lui dix-huit) : « Sais-tu que tu es mon petit triton ? » Ainsi nommée parce que j'étais toujours la première au bain, et la dernière aussi, et parce que j'y venais même le matin alors que tout le monde dormait. (Les pêcheurs emmitouflés me disaient que j'avais le sang chaud ! Certes !) La seconde, le même été, fut un « Je t'aime » point final. La troisième et la seule, ce juillet, fut mon prénom : je vous ai dit déjà que ce fut presque une histoire sans paroles...)
[...]

Dimanche matin

Merveilleuse phrase de Proust :
« Les intérêts de notre vie sont si multiples qu'il n'est pas rare que dans une même circonstance, les jalons d'un bonheur qui n'existe pas encore soient posés à côté de l'aggravation d'un chagrin dont nous souffrons[1]. » C'est peut-être parce que je crois profondément cela que je suis rarement très triste.

« Mais que ma seule amie soit l'auteur de ces pages... » et vous avez souligné seule. Je suis très fière. Mais un peu étonnée. N'avez-vous jamais eu d'amie ? Vous m'invitez à dire qui sont mes amis. Mes amies d'abord : Josette, Michèle — dix-huit ans toutes deux, rencontrées cette année, très différentes. Vos confidences de « filles au grand jour » me font songer à Josette, si belle ; vos accès de misogynie — par opposition — à Michèle si pure. [...]

Puis il y a vous et Monsieur P., et vous composez tous deux un personnage à double face : l'homme. M. P. 87 ans, vert (de langage du moins : je ne l'ai jamais vu) homme politique et haut fonctionnaire. [...] Il m'appelle « ma petite enfant » et me donne des conseils d'« homme qui a beaucoup vécu ». Sans le connaître, je l'aime un peu comme le grand-père que je n'ai pas.

Et puis Vous, Ami, le seul en fait qui s'appelle ainsi, vous qui n'avez que ce prénom, que ce nom, que ce titre, à qui j'écris des lettres si longues, à qui je confie ce que ma mère même ignore, et en qui j'ai tant de confiance. Vous qui m'aidez à passer de l'enfance à ce qui la suit. Et vous contenez toutes les autres amitiés par le fait même que vous les connaissez, alors que tous ceux dont je vous ai parlé vous ignorent — sauf Josette.

Longue lettre. Êtes-vous sûr qu'elle ne va pas vous ennuyer ? Mais je m'arrête. Ces jours qui viennent, je vais devoir préparer mes affaires, faire mes valises, je n'aurai pas le temps d'écrire, ni de vous écrire. Je le ferai dès que je serai installée à Toulouse (aménagement sans doute vendredi ou samedi). Je vous donnerai alors mon adresse que je ne connais pas encore.

[...]

Parlez-moi de la mer.

[24 septembre 1962]

Lundi 14 h

Votre lettre, tout à l'heure, et voici que j'ai à nouveau tant de choses à dire. Vous éveillez les sources, Ami!

[...]

Mais « le poète souffre », et voilà qui me cause de la peine, d'autant plus de peine que mes mots ne vous consoleront pas, ne vous guériront pas de cette « sourde rage », cette nostalgie que vous avez d'une vie « riche et féconde ». Et je me récrie: mais la vôtre l'est, Ami! Elle l'est, malgré ces heures de « paperasses » (du reste ces heures comptent aussi) — parce qu'elle ne se réduit pas seulement à ces heures, parce que vous vous faites mémoire du monde malgré les « besognes ». Un jour viendra où vous pourrez n'être que cela, tout au long des heures si vous le voulez, où vous vivrez le jour durant sans qu'aucun instant vous échappe, « jour total ». J'allais m'écrier: « Je voudrais être à vos côtés ce jour-là »; puis je me suis mordu les lèvres — parce qu'ayant relu vos lignes, j'avais réfléchi à ce qu'était dans votre pensée un jour total! Mais cela ne fait rien, vous ne vous fâcherez pas, et je vous offre cette pensée jaillie sans malice, comme vous me tendez la main ou comme je vous tendrais ma joue. Je ne voudrais pas que vous soyez triste de votre exil dans les terres : vous avez choisi une maîtresse inhumaine, mais fidèle; et vous savez presque à chaque heure ce que peut être son visage; vous savez aussi que vos retrouvailles sont certaines; il me semble que cette longue attente que vous subissez, pour aussi déchirante qu'elle soit, doit comporter ses joies. Chaque jour qui passe rapproche l'heure du rendez-vous...

[...]

20 h 30. Merci de vos éloges et de votre confiance. Je travaillerai. Non, l'an ne sera pas perdu! Et merci de votre lecture critique. Je vais continuellement vous donner des travaux de correction, Ami! Non, je n'ai jamais écrit d'autres poèmes que ceux que vous avez lus. En lisant ceux que je vous envoie, vous vous demanderez : « Pourquoi cette avalanche de sonnets? » — C'est une question de rythme : les mots ne me venaient qu'en octosyllabes (!!!); une question de souffle : j'étais malade et ne pouvais soutenir longtemps l'effort de recherche; puis j'aurais voulu un poème pour chaque heure ou une heure par poème. Vous penserez aussi que décidément je vais beaucoup mieux puisque le ton est tendre, confiant, ou résigné. J'avais le 3 août vainement tenté d'écrire ce « Prélude ». (De 18 h à 20 h — de ce dimanche 15 juillet, je veux essayer de sauver chaque instant.)

« Dévastation » dites-vous. Oui, cela est vrai. Et surtout ce sentiment atroce de frustration, de vide, éprouvé jusqu'à son départ, alors même qu'Il vivait sous mes yeux. Ce que j'ai appris de l'amour en cinq jours? En fait, seulement ce qu'est un baiser, ce que sont mes lèvres, pour quelle œuvre elles sont faites. Mais vous savez que j'ai appris aussi, presque à la fois, ce que pèse le bonheur et ce que pèse la souffrance.

Mal commencer? Évidemment. Pourtant, il me semble que de cette douleur est né un surcroît d'amour, un surcroît de vie... Je ne sais pas bien expliquer cela; j'ai le sentiment d'être plus riche...

Réponse à vos P.S.

[...]

• « Le propre des jeunes filles est de n'avoir pas d'avenir... » Je pense à mes amies... en sursis. De certaines, on devine que cette heure est leur heure de gloire, qu'elles ne seront jamais plus belles, jamais plus pures. Pour d'autres, on a hâte de les voir accomplies par l'amour, la maternité — on devine que les fruits dépasseront la promesse des fleurs[1]. Pour d'autres... on lit déjà sur leurs visages l'amorce d'une chute.

• Bonsoir Ami. Je ne dors pas avec un ours en peluche (Quand j'étais petite, je préférais les arbres aux poupées), mais parfois avec des souvenirs ou des rêves. Mais le sommeil qu'il faut me souhaiter, et celui que je préfère, c'est l'anéantissement brutal, à peine la lumière éteinte, le sommeil d'une seule traite jusqu'à l'heure du lever... Bonne nuit.

Mercredi
[3 octobre 1962]

« Au moment où vous quittez vos montagnes et où commence une vie neuve. » Ami, je ne me reconnais pas. Il me semble que j'émerge d'un mauvais rêve; je vous disais que les préoccupations de la rentrée scolaire achèveraient de me « désaliéner ». Mais est-il possible, en si peu de jours, d'être si différente de ce que je fus cet été, de cet autre moi-même qui souffrit d'amour? Lorsque j'ai rencontré mes amies Josette et Michèle (classe de préparation à Fontenay), lundi matin, elles ne m'ont d'abord pas reconnue; j'avais encore mon visage de malade et elles m'avaient connue si joyeuse... Mais il y a maintenant quatre jours que j'ai repris une existence « normale », quatre jours que j'ai retrouvé mes camarades, quatre jours que je cours de la Faculté à l'École Normale, de l'École au restaurant, du restaurant à ma chambre, que je hante les rues tumultueuses de Toulouse; agitation, cohue, fièvre, bruit, désordre inévitable des rentrées, attentes aux guichets, repas hâtifs... Heureuse? non, sûrement; le bonheur n'est pas cette excitation de surface; c'est même tout le contraire; mais le moi qui fait surface ces jours-ci, vous l'ignorez tout à fait : petite personne énergique, positive, d'allure gaie, toujours en mouvement. Je n'ai pas le temps de m'attendrir sur moi-même, ni sur rien. Ami, dimanche matin, seule dans cette nouvelle chambre qui n'est pas encore tout à fait la mienne, j'ai voulu continuer les pages que j'avais commencé à écrire à la maison... je n'ai pas pu. J'ai voulu vous écrire... je n'ai pas su. C'est à peine si j'ai gribouillé quelques mots à l'adresse de mes parents pour les rassurer. Désaliénée, mais aussi rassasiée, sans faim, ni soif, ni aucun désir. Pas même celui d'entrer au musée des Augustins, à deux pas de chez moi. Pas même celui d'aller me promener sur les bords de la Garonne, le long des quais. Pas même celui de lire. J'ai emprunté ce matin à la bibliothèque du Centre [régional] de documentation pédagogique les œuvres de Gide et de Valéry ou plutôt des ouvrages de Gide et de Valéry. Ces livres sont sur ma table mais vais-je les ouvrir ? Existence animale. Entre le rire et les larmes. Et malgré l'agitation constante, l'ennui ; un léger écœurement ; et pourtant le sourire. Bizarre, n'est-ce pas ? Peut-être est-ce cela l'adaptation ? J'ai plutôt le sentiment qu'il me manque quelque chose.

Je « L »'ai revu ce matin, Ami. Cruel instant, et je ne vous en dirai rien.

Écrivez-moi vite, afin que je cesse de penser à moi-même, de m'épier, pour que je retrouve mes attaches, mes amitiés, mon poids. Cela ne se voit-il pas que je suis absente de cette lettre, comme de tout ce que je fais ces jours-ci ? — malgré tous mes efforts.

J'ai ouvert et je lis *Les Nourritures terrestres*. Et tant mieux si se déchire ma torpeur et si je pleure.

Chez Mme B.
32, rue des Paradoux
Toulouse

Toulouse. Lundi 14 h
[8 octobre 1962]

Ami, je savais bien que vous m'aideriez, que vous me redonneriez ce ton mien un moment perdu ! La preuve en est que je vous réponds aussitôt, comme si nous bavardions, sans rien laisser faire irruption entre nous. Je vous demande pardon de vous avoir donné si tard de mes nouvelles, après mon arrivée à Toulouse, mais cette lettre-là ne compte pas, il eût mieux valu, plutôt que de l'écrire, vous envoyer seulement mon adresse et vous demander... un répit d'adaptation ! Du reste, il n'est pas tellement nécessaire de m'« adapter » à la ville, cela serait même désastreux ; il fallait seulement que je me « rassemble » ; c'est chose à peu près faite ; hier j'ai pu écrire. Mais je crains bien que ce qui me rend à moi-même ne m'aliène en même temps, et qu'en retrouvant mon poids, je ne doive encore assumer ma peine. « Ce qui est très ennuyeux, c'est que vous soyez appelée à le revoir, de temps à autre, et peut-être souvent. » Ennuyeux ? Je ne sais. Oui je L'ai revu, et que vous dire, sinon que je L'aime, — et cette parole suffirait à vous expliquer que je sois à la fois émerveillée et tourmentée. Ami, ce diable de garçon me tient sous son sourire comme un oiseau dans sa main fermée. Je me croyais guérie, je me redressais, « le sarcasme à la bouche », cuirassée d'amitié, de franchise — mais c'était seulement une autre convalescence. Je L'ai revu, et comment savoir ce qu'Il pense, ce qu'Il sent ? Nous n'avons échangé que des paroles anodines, balbutiées, mais autour de nous nos camarades se sont tus, comme si vraiment « cela » se voyait. Je glisse... Ami, je songe à l'Isabelle de Giraudoux ; je songe à ces mots de Diderot, que vous écriviez, parlant des jeunes filles : « Vous n'êtes jamais que ce que nous voulons que vous soyez. » Suffit-il donc d'un sourire pour que je m'ouvre toute ? Pour que je me livre ? Je ne sais quel visage j'avais l'autre jour — celui des collines au lever du soleil, sans doute — l'éblouissement évident. « Nathanaël, je te parlerai des attentes[1]. » Sais-je ce que j'attends ? Sais-je ce que j'ose espérer ? S'il me revient — ce sourire ! — aurai-je le courage de lui parler d'Elsa ? Lui demanderai-je ce qu'il a fait d'Elsa, « ma sœur » ? Et s'il demeure auprès d'elle, saurai-je n'en pas souffrir ? et n'en souffrira-t-il pas lui-même ? Ils n'ont pas des âmes pareilles ; mais elle est belle, je le sais désespérément. Je Le verrai demain. Sais-je ce que je veux ?

Ami, je sais que vous êtes là, que vous m'aiderez s'il faut m'aider, comme vous aidiez l'amie perdue ; mais je ne vous donnerai pas les soucis qu'elle vous causa, et vous n'aurez pas à me gronder, sinon d'être triste. Car là est la faute. Je sais que je puis ne pas croire au malheur ou plutôt que je puis nier le malheur... mais lorsque je le fais, j'ai l'impression d'être absente de moi-même, ou d'habiter mes propres confins, ma surface poreuse (en sorte que je ne sais où est « la » faute entre l'oubli de la douleur et l'oubli de moi-même...).

Je vous réponds à bâtons rompus, glanant dans votre lettre, de ci de là la substance du dialogue. Et d'abord merci de tant de confiance éparse, merci de cette confiance jaillissante; vous parlez de l'amie; vous avez seize ans ou vingt ans je ne sais, vous avez mon âge, et moins que jamais je parviens à vous revêtir de votre identité « apparente ».

• La nuit? Je ne pourrais dire que la mienne. Les quelques nuits d'insomnie (si rares!) — surcroît de bonheur ou surcroît de chagrin, dans chaque cas la fièvre. Des instants de nuit dérobés entre les persiennes (à l'École : cette rage de devoir les clore quand la lune coulait sur le jardin), des instants de nuit goûtés sur la terrasse où je dormis quelquefois en juin dernier (juste avant le bac, pour me gonfler de bonheur, de poésie — pour compenser l'abêtissement du jour, pour « sauver mon âme[1] » ainsi que vous l'écrivez. Ami je ne puis voir sans la rage au cœur mes camarades revêtus de l'uniforme, Service militaire!!!).

[...]

• Je n'entends pas sonner l'heure au donjon du Capitole, mais au clocher de la Dalbade. Curieuse église, surgie d'entre des maisons de guingois, sur une minuscule place, tout habitée de pigeons, sauvage et comme inachevée du dehors, et dont les portes m'ont retenue l'autre jour. Avez-vous jamais regardé les vieilles portes d'une église-forteresse? matelassées pour feutrer les bruits, cloutées, bardées de ferrures antiques, lustrées, vermoulues, rongées, comme humanisées — Savez-vous que je loge tout près de l'hôtel d'Assézat, tout près aussi du musée des Augustins, où je suis entrée l'autre jour. Le jour où j'ai vu Michel. J'avais marché dans la ville jusqu'à la satiété, étrangère au tumulte, passante sans yeux — et vous savez ce que je contemplais —, marché jusqu'à l'épuisement; je suis entrée. Vous dirai-je la brûlure ou la fraîcheur peut-être, l'éveil... et cet aveu, tout de suite : que je suis restée deux heures dans le cloître avant de monter au premier étage, dans la galerie des peintures. Ce cloître... Le havre au cœur même de la folie; j'y suis revenue. [...]

• Sujet de dissertation. Devoir à remettre dans quinze jours : « Comment comprenez-vous cette phrase : "Les œuvres d'art sont d'une infinie solitude" ? » — ce qui du reste est mal dit. Le professeur ayant eu l'imprudence de nous donner ce travail au début de l'heure, je n'ai rien écouté de ce qu'il a pu dire et je lis avec étonnement un cours dont je ne me souviens pas ! Je pensais à vous — et je pensais aussi à moi, si courte et incertaine que soit mon expérience de... poète, puisqu'ainsi vous me nommez.

Je ne vous ai rien dit de ma vie de ces jours-ci, je veux dire des inévitables difficultés matérielles, des apprentissages. (Restaurants universitaires : collections de visages.) Je vous raconterai cela dans ma prochaine lettre à laquelle je joindrai peut-être — si elles sont achevées — des pages à placer entre « Sieste » et « Splendeurs ». Elles sont en prose, c'est-à-dire que les écrire m'épuise. (Il faut se méfier de la prose, si précise, si exacte, qu'en sauvant réellement les heures, elle tarit les sources; se méfier du désordre des rythmes — « Péan » : je me souviens, j'étais exténuée et je n'écrivis plus rien durant quinze jours.)

A bientôt, Ami. Cette fois je suis présente en ce salut.

Vendredi 17 h
[12 octobre 1962]

Ami, si présent, si solide, il faut que je vous rassure : j'ai goût à la vie et à tout ce que je fais ; vous prévoyez beaucoup de pleurs, beaucoup de peines ; je ne crois pas que je puisse souffrir par Lui plus que cet été, et voyez-vous à présent, il me semble que je saurai mieux supporter la tristesse et mieux goûter le bonheur ; puis ceci : je ne sais plus très bien distinguer la joie de la souffrance, elles ont maintenant le même goût de fruit d'automne, je pleure et je ris à la fois, je m'enrage et je m'émerveille du fardeau que je porte, ou plutôt de moi-même alourdie et présente.

Nous avons passé hier l'après-midi ensemble, avec des camarades, afin de discuter des problèmes posés par cette rentrée ; nous ne nous sommes presque rien dit, aussi gauches l'un que l'autre, aussi indécis l'un que l'autre ; il ne sait pas ce que je sens, bien que j'aie le plus lisible visage qui soit ; je ne sais pas ce qu'il sent : ce sourire : « grimoire indéchiffrable », et nous nous observons, avec entre nous ces souvenirs pesants. Et même s'il ne dit rien, je suis comblée par sa présence.

Non, vous ne jouez pas les oiseaux de mauvais augure : tout ce que vous me dites, je le sais vrai ;

mais je ne crois pas qu'entre nous, quelle que soit la solution, il puisse y avoir du gâchis ; de la douleur sûrement, mais ce n'est pas la même chose. Plus j'avance en amour et plus je vois que « c'est difficile ». Je n'ai pas une attirance particulière pour les exercices à la corde raide, mais que la porte soit étroite ne me fera pas reculer.

Ami, je lis cette merveille qu'est *Elsa* (je n'en connaissais que des passages) ; j'en ai le souffle coupé. Quand pourrai-je dire ainsi l'amour ? — *L'amour la poésie* d'Eluard. Mais je préfère Aragon. Ce matin *La femme au diamant* d'Elsa Triolet précisément, et ses *Souvenirs sur Maïakovski,* et voilà que prise d'une insatiable faim, je veux lire aussi Maïakovski... Et les heures passent trop vite !...

[...]

Je mange bien, je dors bien et ne souffre plus de la gorge ; la fenêtre de ma chambre donne sur une grande cour, sur le ciel et sur les toits ; la maison, une de ces solennelles demeures de maître, à porche sombre, perron, cour pavée, me plaît et j'y jouis d'un calme total ; mais ma propriétaire, du reste fort aimable avec moi, ne me convient guère ; 78 ans : du rouge sur les lèvres et les joues (une actrice déchue, a dit étourdiment Josette), si bien que cela en est nauséabond et écœurant ; très « honorable », n'ayant jamais rien fait que « manger, boire et dormir » (« Ma chère, vous croyez que ce n'est pas une belle vie, ça ? »), me racontant comment son époux l'entretenait. (Je ne puis trouver d'autre mot) — professant d'exécrables théories politiques (« Est-ce qu'on a le droit de juger, je vous demande un peu ? ») — J'apprends auprès d'elle la patience.

[...]

Samedi
[20 octobre 1962]

Le temps vient déjà où je vais avoir moins de liberté : les cours à la Faculté des Lettres reprennent ce lundi ; je connaîtrai tout à l'heure notre emploi du temps dont il faudra bien que je m'accommode. [...] Mais ne craignez rien, j'aurai toujours le temps de vous écrire, et d'écrire. Sur ce dernier point, je réclame vos conseils et vos critiques.

Je vous ai parlé dans ma longue lettre de septembre de Monsieur P., à qui j'avais confié que je me guérissais en écrivant. Comme je ne lui donnais aucune précision à ce sujet, il a cru qu'il s'agissait d'une nouvelle — (Quelle idée cruelle, l'auriez-vous eue ?) — et il me donne des conseils de composition qui sont certainement excellents théoriquement, mais qui font se dresser mes cheveux sur ma tête parce que je ne puis pas considérer les faits froidement, objectivement, et parce que j'ai horreur de « raconter » ! Je lui ai répondu que c'était impossible, sans oser lui dire encore quel était le ton de mes pages, et cela parce que les ouvrages pour lesquels il fut deux fois lauréat de l'Académie française n'ont certainement rien de commun avec votre œuvre, ni l'œuvre d'aucun poète ; je suppose qu'il s'agit de souvenirs politiques ou d'ouvrages historiques. Rien de rébarbatif chez lui — il est au contraire étonnamment jeune pour son grand âge (87 ans) — mais une ironie dont j'ai assez peur. Lui enverrons-nous ce que j'ai écrit et qu'il me réclame (« Faites-le pendant que je suis encore là... »)? Je crois que je vais subir le régime de la douche écossaise, et qu'après vos compliments, je devrai courber la tête sous des reproches qui, pour être bienveillants, ne m'en toucheront pas moins...

« Il me manque cruellement le temps de la lecture... » Il me manque cruellement — et non faute de temps — la musique. Je sais qu'il vous semblera paradoxal que j'écrive cela à Toulouse, où le lendemain de mon arrivée j'aurais pu entendre Pablo Casals, où s'est déroulé voici quelques jours le Concours international de chant... Mais il aurait fallu sortir le soir, ce que je n'ai pas fait encore, ayant besoin de repos. (Et je le sens cruellement au moindre excès!) Cependant, je n'y tiendrai pas longtemps... Je tâcherai seulement d'être plus « raisonnable » que l'an passé.

Non, je ne connais pas ces deux œuvres de Mozart — *Concerto pour flûte et harpe* et *Concerto pour clarinette*[1] — et c'est presque impardonnable car vous m'aviez déjà parlé de cet exceptionnel enregistrement. (Mais comme l'on dit, j'ai eu des « soucis »...) Ami, quelle chance vous avez de pouvoir longuement, quotidiennement écouter des disques! (Mais non, je ne dis pas que votre vie est parfaite...) Michel, qui connaît personnellement Aragon, possédait des disques hors commerce dont je me suis rassasiée tous ces soirs de juillet, presque douloureusement; mais « Mon sombre amour d'orange amère[2] », je ne l'entends plus que chanté par Léo Ferré; avez-vous remarqué comme il est difficile de dire simplement un poème lorsqu'il a été mis en chanson ? Nous écoutions aussi Eluard, disant lui-même ses poèmes[1], et ces chants ukrainiens qu'Il avait rapportés d'un récent voyage en Russie ; Mozart... Tout cela me manque ; encore une absence.

« Les hommes aiment, les femmes se laissent aimer[2] » ? Cela est bien possible, oui. Je me souviens d'une soirée de dimanche pluvieux que j'avais passée l'an dernier avec Josette dans sa chambre à bavarder interminablement, et nous parlions le plus sérieusement du monde de la passivité de la femme en amour ! — aussi bien du reste dans l'ordre physique que dans celui des sentiments ; c'était pour nous en étonner, et... le déplorer. Cela nous blessait ! Sur la première page de l'un de ses cahiers de cours — je ne sais plus lequel — Josette avait écrit ces mots de Diderot à Sophie Volland que j'ai sus ainsi avant que vous ne me les disiez : « Vous n'êtes que ce qu'il nous plaît que vous soyez », ainsi que cette phrase de Simone de Beauvoir : « Mais si je ne puis m'accomplir qu'en tant qu'autre, comment saurais-je renoncer à mon Moi[3] ? » Je me souviens aussi qu'elle me dit un jour, évoquant un bal où elle était allée la veille : « Je déteste que l'on me prenne pour un objet. » Mais il y a tout de même une passivité physiologique qu'il nous faudra bien admettre !

Je crois comme vous que les grandes œuvres naissent plus souvent de la frustration que de la vie comblée. L'écriture (ou tout autre expression artistique) n'est-elle pas un acte de possession ? « Et si je l'écris, je le sauve » disiez-vous. Et quand on est comblé, à quoi bon une possession qui demeure, en dépit de tout, illusoire ? —

(Vous me demandiez si j'avais écrit d'autres poèmes « du temps où j'étais heureuse ». Je vous ai répondu sans m'expliquer : j'étais alors comme un petit animal repu qui sombre dans une bienheureuse léthargie ; je n'avais pas besoin d'autres richesses que celles que je possédais réellement ; en août, écrire a été pour moi un besoin ; reflet d'une autre soif. Je suis certaine que le bonheur me fera remiser au fond de mon tiroir, mes « feuilles blanches »... jusqu'à la prochaine fois ! C'est parce que je souffre moins que j'écris moins ces temps-ci... Mais je sais aussi que je n'étancherai jamais toutes mes soifs et que je crierai toujours vers quelque chose !)

[...]

Dimanche soir

Que ne puis-je fuir vers une ville où je ne connaîtrais personne, ou vers vous qui savez le prix du silence ! J'ai tout le jour parlé pour ne rien dire (et bu sans soif, mangé sans faim !) pour « honorer » des hôtes — (qui, du reste, m'aiment beaucoup) — qui sans cela m'auraient demandé si j'étais malade...

Et « que ne suis-je assise à l'ombre des forêts[1]... »

Jeudi
[25 octobre 1962]

Je n'eus que ce matin votre lettre, la concierge ayant oublié de me la remettre hier au soir. Il était sept heures et demie, et tout en pressant le pas pour arriver à l'heure à la Faculté, je lisais ce que vous m'écrivez et comme je ne pouvais m'empêcher de sourire de bonheur, les passants me dévisageaient curieusement ; non, les compliments ne me tourneront pas la tête, et savez-vous pourquoi ? C'est que vos louanges, tout comme les bonheurs qui m'échoient, me semblent être des rayons de lune, des morceaux de lune, de rêve, auxquels on ne peut jamais tout à fait croire, parce que « c'est trop beau » ! Tout autre que vous pourrait penser qu'une fausse modestie coquette me dicte ces paroles, que je minaude — mais vous Ami, vous savez bien qu'il n'en est pas ainsi ! Oui, je riais de joie ce matin, sans trop savoir pourquoi, ou pour trop de choses à la fois. Vous me croirez aussi, n'est-ce pas, si je vous assure que je ne sais pas « ce que cela vaut », que je ne sais pas « si c'est beau ». Je ne connais le goût de ce que j'écris qu'à l'instant même où j'écris, puis cela devient pour moi totalement insipide, totalement étranger, autre ; et c'est pourquoi j'ai tant besoin de votre jugement.

Je suis heureuse que vous préfériez « Crépuscule » ; je m'efforce souvent de me désengluer des rimes et des rythmes, mais je n'y parviens pas toujours... Je tâcherai d'écouter, de me souvenir encore. Il faut aussi que je vous dise... « Il faudra que la plupart de ces pages paraissent... ». Je crois que je le désire, mais je voudrais connaître la nature de ce désir, et à quoi j'obéis en acquiesçant (dites-moi donc pourquoi le poète veut être lu...). Et cet aveu, la pensée qui me vient aussitôt : Que dira-t-Il ? Que fera-t-Il ? Comment oserai-je encore le regarder ? Qu'est-ce que j'ai fait ! Qu'est-ce que j'ai osé écrire ! — Et ceux qui vivent autour de nous, croyant nous connaître, et qui ne savent pas, qui ne savent rien, que penseront-ils ? Et ma mère qui pleurera... Certains jours je songe qu'il vaudrait mieux que je me taise, que je donne à Michel sans un mot le cahier où sont recopiées les pages que vous avez lues, puisqu'elles sont de Lui... Cependant je cherche à dire encore d'autres choses, et je crois que je ne cesserai plus à présent que « ma langue est déliée »...

Ami, vous partez pour Hossegor ; je vous sais heureux — et je sais votre faim et votre soif de ce ciel et de ce sable et de la mer que vous allez revoir. Vous me direz tant de choses au retour n'est-ce pas ? Ou si vous le préférez, vous pouvez m'envoyer une simple feuille blanche ; je saurai lire ce silence d'enchantement. (N'est-ce pas qu'il est des silences plus sonores que bien des bavardages ?) « Cette semaine fut maussade, inquiète » ; je ne veux pas que vous soyez triste, ni que l'ennui pénètre en vous ! La prochaine fois, il faudra m'envoyer à la hâte un cri d'alarme et je vous raconterai (par retour du courrier !) de longues histoires des mille et une nuits ! C'est vrai, je fus silencieuse — et que d'heures perdues dans les couloirs de la Faculté où règne un désordre invraisemblable, que d'heures passées à attendre un professeur fantôme, à piétiner dans les files d'attente à la porte du restaurant! — et vous attendiez de mes nouvelles. Je vous en demande pardon, tout en vous grondant d'oser écrire que je ne dois pas me « laisser disperser par la correspondance »; vous mériteriez, pour ces mots-là, que je vous tire les oreilles : comme si ce n'était pas justement en vous écrivant que je me retrouve! et comme si vous étiez seulement une distraction...

Comment on prend congé d'un « jeune poète » ? Quand ce poète est un ami, on peut lui dire : « S'il te plaît, dessine-moi un mouton[1] ! », et si c'est une jeune fille : « Chante! » Mais pourquoi prendriez-vous congé de moi, vous qui ne me quittez pas vraiment? et pourquoi prendrais-je congé de vous?

Vendredi matin
[26 octobre 1962]

J'ai failli vous écrire, Ami, cette nuit tant j'ai eu peur de Vous soudain, quand je me suis aperçue brusquement que vous me connaissiez mieux que personne au monde, mieux que ma mère parce que je refuse toute confidence à sa tendresse — trop douloureuse qui me blesse —, mieux que mon père parce que nous demeurons tous deux face à face emmurés dans nos mutismes orgueilleux, mieux que Lui qui me tint dans ses bras et que j'aime. Comprendrez-vous ce vertige qui m'a saisie en me voyant tout ouverte et feuilletée par votre regard ? Je ne sais pas pourquoi j'en eus aussi brutalement la révélation. Il était très tard déjà et je m'étouffais un peu dans ma chambre, à l'heure des angoisses. Je voudrais que ce cri ne te blesse pas, mon Ami, qui est comme un puits — et mes joies et mes peines au fond — et que tu me dises si tu savais déjà que l'amitié, comme l'amour, a goût d'irrémédiable. Oui bien sûr, vous le saviez.

15 h. Jour d'ennui sur la ville. Mécontente de tout ce que je fais, de tout ce que je pense. Libre, mais dérisoire liberté que cerne la ville. Indécise comme à la croisée des chemins. J'ai vu Michel tout à l'heure et je fus devant lui et « les autres »

gaie comme un pinson ; je leur ai même chanté une comptine pour qu'ils l'apprennent aux petits garçons du C.P. et du C.E... « Comment va le cœur, de ce temps ? » — Couci-couça ! Fin d'octobre, grisaille. Désespérée ? Oh que non pas ! mais si lasse, souvent (Ami qui l'accabliez lundi encore, je ne vous écoute pas plus lorsque vous le maltraitez que je n'écoutais ma mère...)

J'attends — il y a par bonheur cette impatience qui m'empêche de sombrer tout à fait dans la léthargie — vos pages d'Isabelle, et vous savez déjà avec quelle ferveur je les lirai et je les savourerai ! Et s'il vous plaît, apportez-moi, oui, le beau galet promis. Car il est sûr à présent que je n'aurai pas de vacances pour la Toussaint.

Je viens de décider que je vais partir ce soir chez moi jusqu'à dimanche soir... pour que l'on me dorlote un peu ; et pour voir avant qu'elle ne meure une très vieille arrière-grand-mère qui s'éteint beaucoup trop doucement et souffre de se voir mourir, car elle est restée lucide. Ami, vous trouvez sans doute que je parle de la mort bien calmement. C'est que je n'en sais rien du tout vraiment, à moins que ce ne soit le goût de la mort qui me rende toutes choses si savoureuses, et qui me fasse flamber haut — Que savez-vous de la mort ?

Ce que vous me dites au sujet de Monsieur P. est tout simplement abominable. Je me dispute souvent avec lui sur bien des choses, mais ce n'est pas une raison suffisante pour le duper ! Ou je ne lui enverrai rien, ou je lui enverrai tout — (S'il ne loue pas, alors tant pis) — ou seulement ceux que vous préférez !!! De toute façon pas avant Noël parce que je veux d'ici là travailler encore. C'est mon habitude d'« engager le plus intime de moi » en toutes choses et il est vrai qu'il y a des « gens peu faits pour l'accueillir » et qui même le repoussent ! Mais je ne sais pas être parcimonieuse, même avec un être aussi radicalement différent de moi — et de vous Ami — que l'est Monsieur P.

Je dois vous quitter : il me reste à peine le temps de ranger mes affaires et d'aller prévenir Josette de mon départ.

De tout mon cœur votre amie.

Lundi
[29 octobre 1962]

Je n'attends pour vous écrire ni les pages d'« Isabelle » ni votre prochaine lettre, tant j'ai peur de vous avoir blessé par ce que je vous ai dit vendredi, tant j'ai peur d'avoir mal expliqué ce qui n'est que tendresse. Si j'ai eu « peur soudain de Vous » comme je l'ai écrit si maladroitement, c'est seulement comme on a peur devant quelque chose de trop grand ou de trop beau — et c'était devant notre amitié. Comprenez-vous? Les yeux tout englués de souvenirs, je ne vous avais pas vu venir — Peur ou émerveillement — Mais je vous en prie ne croyez pas que je veuille m'éloigner de vous : si j'ai prononcé le mot — irrémédiable — c'est sans le charger d'aucune nuance de regret! Je voudrais tellement être sûre que vous ne vous êtes pas trompé sur le sens de mes paroles, Ami.

Je ne veux pas en écrire plus long ce soir, j'attendrai pour vous raconter les menus faits de ces jours-ci et surtout pour vous parler poésie que vous m'ayez donné de vos nouvelles en me rassurant sur ce point qui me tourmente. Quelle stupide fille je fais, qui ne sait même pas vous écrire!

Mercredi matin
[31 octobre 1962]

Mon très grand ami, que faut-il que je vous dise pour que vous me pardonniez la tristesse de l'autre jour ? En lisant votre lettre, il m'a semblé que j'avais éteint quelque chose — une lueur absente cette fois de vos mots — et j'en ai encore le cœur serré. Puissent les quelques lignes d'hier vous avoir rasséréné... Je vous en prie, ami de toujours, ami parce que reconnu, oubliez les mots qui blessent, ce « feuilletée » maladroit (bien que je n'aie jamais songé, vous le savez bien, à un « amateur d'âmes »). J'ai seulement très mal exprimé *non pas l'effroi,* mais l'émotion qui fut mienne en vous découvrant si proche. « Révolte ? » Oh non, non ! Que cette pensée vous soit venue... Et je ne sais plus quel baume vous apporter pour cette écorchure. Mon ami, c'est seulement que depuis cet été, je suis assaillie par des sentiments démesurés, des joies déchirantes et des chagrins trop lourds, et que je grandis par soubresauts, avec véhémence et incohérence, faisant souffrir à mon tour, par mes débordements, ceux que j'aime. Je fais pleurer ma mère et je vous écris des mots fous et stupides ! Et comment me pardonnera-t-on ? Comment comprendra-t-on que je blesse à cause d'un amour vain et que j'ai des tendresses déses-

pérées et vindicatives, moi, la « petite fille » sage ?
— Croyez-vous que je ne sache pas ce qu'a d'extraordinaire, de merveilleux, cette confiance avec laquelle vous me parlez ? Croyez-vous que je n'en sois pas souvent émue jusqu'aux larmes ? Seulement mon amour irrité m'emplit de colère et d'angoisse parfois, et j'ai alors « peur » de tout ce que j'aime, parce que je sais maintenant qu'« il n'y a pas d'amour qui ne soit à douleur[1] » — et que je souffre par toutes mes racines. (Et aussi bien par le goût du petit matin ou la lueur d'une étoile — Par tout ce qui m'attache.) Ce qui est « irrémédiable », à vrai dire, c'est ma naissance au monde. — Le paradis perdu... (C'est seulement aujourd'hui que je comprends le mythe chrétien !...) Dites-moi, je vous en supplie, que je n'ai rien brisé. Je vous ai causé de la peine et j'en suis tourmentée, et je voudrais être auprès de vous et vous parler de choses telles qu'à la fin vous ne vous souviendriez plus de quelques mots amers en pure gratuité...
[...]

Vendredi
[2 novembre 1962]

Je suis tout de même venue, « séchant » l'unique heure de cours qui me retenait à Toulouse. (Voilà que je deviens bien peu consciencieuse, ou plutôt que ma confiance revalorise bien différemment les objets !) — Chaque retour à la maison m'est à la fois un baume et une épreuve : « jouant » l'enfance, je me procure l'illusion que je ne suis pas seule ; je m'endors un moment dans la sollicitude familiale, dans la quiétude du foyer ; et pourtant, je vous le confie, Ami, je ne sais si je pourrais me résigner à la vie de famille ma vie durant. C'est une chose que je ne puis dire à mes parents qui en seraient peinés et ne comprendraient pas que l'éducation qu'ils m'ont donnée n'est nullement mise en cause ; mais je peux vous l'expliquer, ou plutôt il me semble que vous ne trouverez pas monstrueuse cette pensée. Pour « fonder une famille », comme l'on dit, il faudrait que je n'aie pas ce sentiment que tout ce que je fais est provisoire, que toute possession est fugitive ; il faudrait que les années à venir pèsent aussi lourd au moins que les années passées ; il faudrait que je prenne très au sérieux mes gestes vains. Comment oserais-je mettre un enfant au monde ? Isabelle parle de l'absurde, du sentiment de l'absurde — Vous dirai-je que depuis deux ans ce sentiment latent m'occupe ? que je ne l'ai jamais avoué à personne (Comment dire cela à ma mère, à mon père ?) ; qu'il m'immobilise parfois tout entière et que s'il n'y paraît pas, si je me ranime vite, c'est que l'immobilité me paraît tout aussi vaine qu'autre chose. Il est vrai que cet été je ne songeais guère à cela : le néant avait un visage, un bien séduisant visage, un nom, une chaleur... Mais à présent... il me semble que je brûle la vie, exactement dans le sens de « brûler une étape » ! Mettre cette flamme-là en veilleuse... Je ferais vraiment une piètre mère de famille, une amoureuse désespérée...

Qu'est-ce que je suis en train d'écrire, mon Ami — et Vous qui ne prendrez pas ces propos pour une boutade de petite fille rageuse à qui l'on a pris sa poupée — que me direz-vous ? — (Ma mère vient de venir m'embrasser ; elle pleure parfois du silence où je demeure auprès d'elle, mais croyez-vous que je puisse lui dire ce que je vous écris ? Elle en souffrirait bien davantage que de ma désinvolture apparente).

Ce n'est pourtant pas cela que je voulais vous écrire aujourd'hui : je voulais vous parler de l'automne sur mes bois (et je dis « mes bois » comme le disait Colette — Colette, se peut-il que je ne vous aie jamais confié qu'elle enchanta mon enfance et que je n'ai pas cessé de l'invoquer dans mes domaines...) Cet après-midi je m'y suis promenée avec mon père et un de ses collègues. (Je soupçonne mon père d'être un poète méconnu qui, par pudeur, donne pour prétexte à de longues promenades la cueillette des champignons ou la pêche à la truite. Le plus souvent il part seul, mais pendant les vacances il m'arrive de l'accompagner. Je suis bien auprès de lui parce qu'il supporte le silence.) Fort peu de champignons... mais à mon tour je vous ai invoqué sous les hêtraies ou dans les sapinières ; je voudrais tant vous y conduire un jour. Je n'en sais pas parler encore bien qu'ayant dû les quitter, mais peut-être le ferai-je, cernée par la ville, pour déchirer son ennui. Vous ne m'avez pas dit si vous vous promeniez parfois — ni comment est cette « campagne » où vivent vos parents. — Quels paysages vous habitent (hors celui de la mer) ?

Samedi matin

« Voici le vent cornant Novembre[1]... » Il fait bon au-dedans. Où êtes-vous mon Ami ? au creux des dunes, dans le bois de pins, face à la mer ? Ivre, heureux et désespéré ? Comment était-elle lorsque vous l'avez retrouvée ? Dites...

Je pense que vous rentrerez demain soir, et que vous n'y trouverez point ma lettre. J'aurais voulu qu'elle soit la première flambée vous accueillant, mais je me suis attardée ; ce sera donc lundi matin, avant la journée de travail, comme le baiser que vous donnait votre mère en nouant votre cache-nez lorsque vous partiez pour l'école, il y a fort longtemps — Pour vous donner du courage !

[10 novembre 1962]

Ami, j'ai déjà commencé pour vous plusieurs lettres. Pardonnez-moi si je ne vous envoie pas celles écrites mardi, mercredi — ou si je ne vous remercie pas avec plus de chaleur de m'avoir envoyé ces galets que je laisse errer sur la table et la cheminée pour les prendre plus souvent au creux des mains, pour rêver, pour m'émerveiller. Mais saurai-je encore m'émerveiller? Je ne savais rien de la mort. Mercredi, j'ai appris que la mère d'Hélène était morte. Hélène, bien que plus âgée que moi, est depuis quatre ans comme une petite sœur qu'il faut protéger de tout mal; Josette et moi, parce que moins vulnérables en apparence, l'avons prise sous notre aile. Hélène est de ces gens qui vous donnent le sentiment d'être vivant, vivant auprès d'eux; elle aime et on l'aime très spontanément, très simplement. Je suis partie pour Narbonne dès que j'ai appris le décès, Josette est venue le lendemain. Que vous dirai-je mon Ami? Je ne raconterai pas ces deux jours, non. J'ai veillé avec Hélène auprès de la morte qui, dans son lit n'était plus rien, plus qu'une chose, une petite chose (trente kilos), puis auprès du cercueil. Nous aurions voulu qu'on ouvre les volets, qu'il fasse beau, qu'on l'enterre tout de suite — j'allais dire sans façons —, qu'il n'y ait pas de fleurs artificielles. Au lieu de cela, les volets fermés, d'horribles tentures à la porte, des gens dans toute la maison, de vieilles voisines qui se lamentaient, le curé, les cierges — Hélène en noir —, la famille qui s'étonnait de ne pas la voir pleurer davantage, de l'entendre dire : « Fermez la porte ! Arrêtez-vous de crier ! » — la famille scandalisée parce que jeudi soir elle est sortie pour se promener avec moi — Le corbillard qu'il a fallu suivre sous la pluie. L'église. Le prêtre qui osait parler d'enfer et de péchés, de fautes pardonnées, qui chantait. L'orgue. Hélène tout en noir devant moi. Je me suis effondrée et Josette a cru que je devenais folle. N'aller jamais à l'église et y venir pour un enterrement après être demeurée deux jours devant un cadavre puis un cercueil, c'était peut-être trop. Hélène était tombée sur son banc et nous l'avons crue évanouie. Ami, pourquoi orne-t-on la mort ainsi, comme si l'on prenait volupté à souffrir un peu plus ?

Je ne connaissais pas la morte, elle ne m'était pas chère, mais je n'en peux plus. Je ne comprends pas — L'Absurde. La vanité de nos gestes, de nos paroles. Le sentiment d'une comédie tragique. Je ne parle pas de la comédie de l'enterrement, ni de la vanité des rituels. Je parle de la comédie de la vie et de la vanité de nos soucis, de nos amours, de nos espoirs. Je sais que je peux vous le dire sans que cette véhémence vous fasse sourire parce que vous me savez sincère. Ami, je suis immobilisée, incapable de croire à ce que je fais, le front heurtant aux vitres, tout entière un grand point d'interrogation. Je ne comprends pas non plus pourquoi je pleure, je ne sais pas ce que je vais faire. Ou plutôt je sais, *et cela ne me console pas, que je me consolerai,* que je me ranimerai pour mieux retomber ensuite, que jusqu'au bout il y aura cette succession de bonheurs et de peines alternés où l'on se consume, la foi puis le doute, la confiance puis le désespoir, et jusqu'au bout l'incompréhension. Et pardonnez-moi d'oser le dire, « le bout », cela ne me paraît pas si loin que cela. Et quel chemin choisirai-je — et à quoi bon choisir — pour y parvenir ? Il y avait aussi cette pensée, torturante : cette femme qui est morte a porté vingt et un enfants, dont six vivent aujourd'hui — et je me disais hier soir que mon corps est fait comme le sien. Non, je ne comprends pas, je ne comprends rien, je ne sais plus et je ne peux plus croire que je sais, comme avant. Je ne me résigne encore ni à l'oubli ni à l'humilité, mais je suis entravée. Vous ne m'avez pas dit si vous oseriez avoir un enfant, et ce que vous lui répondriez s'il vous posait un jour toutes les questions que je me pose ou plutôt la seule qui m'habite. Ni ce que vous lui diriez s'il vous jetait au visage qu'il est malheureux et que vous êtes responsable de sa peine. Mais ce sont des choses que l'on ne dit pas à ses parents, il ne vous les dirait jamais.

J'avais grand peur hier soir à mon retour de Narbonne d'apprendre la mort de mon arrière-grand-mère (86 ans). Il y avait seulement une lettre de Maman disant qu'elle faiblit de jour en jour et meurt à petit feu, en le sachant. Ami, je n'en peux plus.

Mercredi
[14 novembre 1962]

Ami, je pleure et souris en lisant votre lettre, sans trop savoir pourquoi, avec une tendresse désespérée, comme je pleure et ris de serrer ma vie dans mes bras, de marcher, de parler, d'écrire; de toute fleur que je dessine sur le vide, de toute étreinte qui se referme sur le vide, de toute course dans le vide — et sans y rien comprendre. Et c'est cela le ver dans le fruit : cette exigence de logique que la mort frustre de tout rassasiement. Enfant, je fus toujours suffisamment nourrie par mes colères et mes enthousiasmes, je fus toujours suffisamment aveuglée; je sus toujours ce que je voulais faire, et je le fis; je fus reine, et je crus à ma royauté; je voulus construire! Vous rendez-vous compte? — construire — L'an passé, je m'enthousiasmai pour le marxisme. Je fus orgueilleuse. Et qu'est-ce que je suis à présent, écartelée comme le jour? Qu'est-ce que vous êtes Ami si semblable, si profondément semblable qu'il me semble marcher de front avec vous? Où allons-nous? nous qui connaissons le poids de nos richesses et leur vanité, la force de nos racines et leur fragilité! Vous me donnez la main, et cela ne nous console pas, même si cela nous émerveille; cela ne nous console pas plus que de contempler la mer à l'infini... Voilà que j'ai découvert ce que veut dire « assumer la vie », moi qui jusqu'ici la portais si allègrement que j'en niais avec véhémence le fardeau ; moi qui ne tremblais pas encore de la gaspiller ! — Votre lettre est belle, et votre amitié si présente que je ris et je pleure à la fois. Et comment pourrais-je ne plus vous écrire, « me détourner » ? J'étais seulement immobilisée — sachant pourtant qu'il était impossible que je le demeure longtemps, car rien n'est plus impérieux qu'une affection qui vous cerne : je savais que j'allais vous écrire, que j'allais écrire à mes parents sans nouvelles depuis une semaine, et que lundi matin, lorsqu'Hélène arriverait à Toulouse, il faudrait que je sois auprès d'elle. Je savais qu'on ne peut s'arrêter longtemps en chemin, et que toute lassitude est en fin de compte surmontée — et je souffrais plus encore de savoir vaine ma souffrance. Le suicide ? Oui, vous dites bien ce qu'il est : *l'échappatoire. Mais non la solution.* L'acte négateur de l'absurde mais parce qu'il est négation pure, totale. Je ne suis pas sûre de résister toujours au vertige du suicide, au désir de sommeil, à l'ivresse d'assouvissement ; je ne me fais pas de promesses ; je ne vous en fais pas ; je n'en ferai plus à personne ; mais je crois que j'ai trop de racines vraiment pour oser les trancher toutes à la fois. « Le droit de quitter le navire volontairement. » — Il n'y a plus en moi ce sentiment du droit, ni du reste celui du devoir. Le devoir de vivre ? Je ne vois pas ce que cela veut dire, non. Il y a seulement la peine de vivre, le goût, la révolte...

« Fin de civilisation » ? « Les derniers temps de l'homme » ? Non. Il y a des peuples très jeunes : songez aux Russes communistes — peuples jeunes, comme mes quinze ans —, entiers, violents, tout d'une pièce, démesurément orgueilleux. Ils vieilliront, sûrement. Nous, nous sommes sans âge déjà. Cette fin de civilisation n'est pas belle ? Elle est discordante — la discordance même qui nous habite —, quelque chose qui, de souffrance, se recroqueville — sans même avoir flambé. Le ver est à la naissance du fruit.

— Que donner la vie est un acte mauvais, immoral ? Non, ce n'est pas là ce que je veux dire ; le sentiment de l'absurde éteint le goût de moralité ou d'immoralité de mes actes ; ils sont seulement *amoraux* parce que vains. Si je ne sais pas que l'on peut connaître l'amour physique sans risque d'avoir un enfant ? Si bien sûr, je le sais depuis longtemps ! J'ai seulement voulu dire : mon corps *peut...* Je *peux* avoir un enfant chaque an de ma vie pendant à peu près vingt-cinq ans. Je *peux.* Pourquoi ? Pour quoi ?

La morte avait 59 ans, et n'a pas survécu à l'opération tentée — ultime recours — pour l'ablation de deux tumeurs cancéreuses à l'intestin. Mais il est évident qu'elle était tout usée déjà avant l'intervention. Pourquoi vous étonnez-vous Ami, que l'on puisse « *apparemment* oublier si vite », que l'on puisse chanter, sourire, bavarder ? Pourquoi vous en étonnez-vous plus que de vos gestes ou de mes sourires ? Êtes-vous toujours tel que vous révèle et vous livre votre apparence ? Depuis quatre mois que je saigne presque continûment, ma mère ne m'a jamais vue pleurer. Et lorsque vous êtes venu cet été, ne m'avez-vous pas vue sourire ? et ce n'était pas même un masque, ce sourire : simplement un moment de ma vie si diverse et divisée — Discordante vie.

Et l'on se dit : Que vais-je faire ? Que vais-je m'enhardir à faire ? — Je crois Ami que je vais étreindre ma vie autant que je le puis, très fort, la clamer avec démesure, mais je crois aussi qu'un jour, très vite et tout d'un coup, j'ouvrirai les bras, pour connaître l'amère joie de l'abandonner avant qu'elle ne me quitte *. « Ma part » ? Je la tiens toute, Ami ; je la tiens toute déjà dans mes mains, mesure comble — et peut-être que j'en sais mieux le goût parce qu'elle est en partie virtuelle ; peut-être que ce que je goûte le mieux, c'est ce que je ne sais pas encore d'expérience — Les ans n'ajouteront rien de plus dans mes mains, ils ne feront jamais que prolonger ma jouissance dès aujourd'hui entière, que la renouveler.

« Le monde sans Mireille... C'était un monde qui ne m'intéressait à peu près plus. » Je dirais que c'est là une pensée folle si c'était une pensée, mais c'est un cri de votre amitié. Il me *touche* et je n'« *estime* » rien. Vous ne me perdrez pas vivante — cette promesse-là, je peux vous la faire.

Cette fin de semaine, Ami, je « travaillerai » — afin de pouvoir vous retourner les pages d'Isabelle et vous donner à lire les rares pages écrites ces derniers temps. C'est étrange, je vais de démesure en démesure ; je ne dirais pas à présent les mêmes choses que j'écrivis cet été. Savez-vous qu'il me semble, à présent, que Michel fut seulement le *prétexte* de l'amour — qu'il n'en est plus que *le symbole, le signe* ? Pourquoi je pense cela ? Parce qu'Il est absent, et que l'amour demeure ; parce que la réalité de sa présence ne me cerne plus et que l'amour me comble. Michel, un mythe, et mon amour seule réalité — et pas tellement l'amour de Lui, comme ce fut ou comme je le crus (?) ; l'amour (tout court) et je crois que je pourrais

* Les lignes suivantes ont été insérées après coup : Quelle présomption ! Sais-je si la mort attendra... Il faut sourire de mon orgueil. Ami !

dire : sans objet, ou plutôt sans objet exclusif : moi, une flamme pour personne, pour rien, ma propre limite.

A tout à l'heure, à tout de suite, Ami qui ne me quittes pas.

Dimanche 21 h
[18 novembre 1962]

Je voudrais à cette heure toute d'apaisement, de rêve déjà, que vous soyez auprès de moi, sous la lampe; et nous parlerions, à l'infini; et nous saurions aussi nous taire, nous saurions écouter ensemble le silence; mais l'invocation ne peut faire que vous surgissiez, et vous écrivant, je souffre encore des limites de l'écriture que je voudrais totale, de ses trahisons, alors que je la désire entièrement lisible toujours. Il y a aussi ce décalage dans nos paroles : tout à l'heure il sera temps de dormir, et pourtant je songe à vous souhaiter le bonjour. Vous ne m'entendez pas encore... Et pourtant, mon ami « d'au-delà les ombres », je sais que vous allez me répondre, et que rien n'interrompt en vérité notre dialogue; je sais que, d'emblée, au premier mot de votre lettre prochaine, je vous retrouverai et que même à cette heure « je ne suis pas seule[1] », malgré l'absence apparente. Et de fait, il m'arrive de vous parler presque à voix haute...

Si vulnérable, si démuni dites-vous... Mais non : très riche de tout ce que vous m'offrez, protégé par le geste du bras que vous mettez autour de mes épaules; et réconforté parce que vous m'avez consolée — N'est-ce pas? Mais Ami saviez-vous vraiment, saviez-vous depuis longtemps que vous parliez pour Isabelle ? / « Ainsi les mois passent et vous n'allez pas mieux. » Je ne sais pas au juste, je ne sais plus s'Il est encore chair ou seulement symbole, souvenir ou savoir ; j'ai mal encore lorsque je vois des mains étreintes mais depuis trois semaines j'ai fait en sorte que je ne puisse le rencontrer. A ce jeu, vais-je gagner ou perdre ? Mais que faut-il gagner ou perdre ? Quelle loterie est-ce là ?

« Si vous vous mariez ! » Là non plus, non vraiment, je ne sais si je suis de celles qui se marient, ni si je le désire. Mais j'aurai peur sûrement, j'aurai peur d'un nouvel amour. Ma gorge se noue, Ami, je me tais.

J'ai lu tantôt le *Poème du sablier* de Robert Mallet ; c'est étrange, ces rencontres faites opportunément : Rilke, Mallet et bien d'autres... si opportunément que j'entre toute dans leur parole, délivrée moi-même par leur parole, et en même temps frustrée. Mais pourquoi m'étonnerais-je, puisque je vous ai rencontré ?... Ce que je vous envoie aujourd'hui a goût de fin *. J'écrirai peut-être encore quelques pages ; peut-être celles que vous me suggériez si je parviens à en recueillir la substance, puis je me tairai, pour cette raison très simple, mais hélas impérieuse, qu'il me faut à présent songer à l'examen que je prépare — et j'aime faire consciencieusement ma tâche ; du reste l'emploi de mon temps me laissera désormais moins de loisirs : sept heures de cours à l'Ecole Normale, vingt et une à la Faculté, et beaucoup de temps perdu en transitions. Le détail de mes occupations ? Je vous envoie un emploi du temps exact, vous saurez ainsi quand je

* En marge : Saurai-je me taire ?

suis disponible... pour écouter Mozart ou lire Saint-John Perse (Mais ce peut être tout aussi bien pendant un cours!). Ma chambre? Spacieuse, aérée : une haute fenêtre (au second étage) s'ouvrant sur une cour pavée comme le sont toutes les vieilles cours de Toulouse; la concierge y soigne des plantes vertes; quelques arbres, pas très hauts, dont je ne sais le nom; une vigne vierge sur le mur d'en face; la maison est très vieille et poussiéreuse; mais jamais je ne fus plus tranquille. J'apprécie chez moi une vaste glace de Venise, une armoire... colossale, un lit haut et large, avec des boules de cuivre, la table ovale; tapisserie jaune : au mur vos deux cartes postales et cette fleur très simple, de Picasso[1] : rouge, verte, noire.

[...]

Mais bien plus important ceci : que je vous remercie de vos pages, lues avec gratitude : La mer... dans ma chambre « Mais si! » Il est vrai qu'il y a déjà les galets épars sur la table, les cartes sur le mur. Je m'évade souvent, je pars en vacances; suis-je riche, Ami! et j'aime aussi ces lignes que vous écriviez parlant du rivage d'automne, et de l'amour, et de la mer, des lieux où je viendrai, n'est-ce pas? Merci encore de me les donner : je m'en saisis presque... voracement. Et vous pourriez écrire au haut de chacune de ces pages :

« Nathanaël, je t'enseignerai la ferveur[2] »,
car vous me l'apprenez véritablement, vous m'y invitez inlassablement.

[...]

Bonsoir mon ami, il est tard déjà; bonjour mon ami, je viens aujourd'hui pour vous accompagner tout au long des heures.
« Kalinka » Ah! taisons-nous ami, taisons-nous! Je l'entendis si souvent cet été...

Rilke... « Mais cela : contenir la mort,
toute la mort, dès avant la vie si
doucement la contenir et n'être pas méchant,
cela est ineffable[1]. »

R. Mallet

« Moi je vis dans le texte. Et tout reste possible[2]. »

Jeudi 14 h
[22 novembre 1962]

Mardi matin, lorsque j'ouvris mes volets, il neigeait ! D'emblée ce fut à nouveau l'émerveillement des hivers de naguère et je vous invoquai : Regarde ! — Mais à midi le pavé luisait ; il pleuvait.

L'après-midi, je lus les *Lettres à un jeune poète* de Rilke, dont je connaissais à peine quelques phrases ; ce sentiment poignant qu'Il parlait pour moi aussi, que j'étais concernée... et j'écoutais le cœur battant. Vous savez bien qu'il n'y a pas là vanité, ni aucune mascarade, et que je ne me donne pas l'air de comprendre ce qui m'est étranger ; seulement douloureuse reconnaissance. Je sursautais presque à certaines phrases ; j'avais oublié l'heure et le lieu, je m'ouvrais toute à la parole qui disait si bien ma vérité nue. Seule, oh combien seule ; malgré Toi, mon AMI — « Nous sommes solitude » — Mon père un jour déjà m'avait dit — ou plutôt crié, et désespérément, car nos « rencontres », rares, sont brutales et déchirantes : « Nous sommes seuls. » Mais je ne le savais pas encore. « Ainsi pour celui qui devient solitude, toutes les distances, toutes les mesures changent » — et ceci à quoi vous fîtes allusion dans l'une de vos lettres : « Le temps, ici, n'est pas une mesure. Un an ne compte pas; dix ans ne sont rien. Être artiste c'est ne pas compter, c'est croître comme l'arbre qui ne presse pas sa sève, qui résiste, confiant, aux grands vents du printemps, sans craindre que l'été ne puisse pas venir. L'été vient... », et bien d'autres choses encore que vous avez dû lire avec autant de ferveur que moi. Dans le commentaire bref qu'apporte à ces lettres Bernard Grasset, ces mots qui me firent tressaillir : « Un homme parfaitement heureux, quelque doué qu'il soit, ne créerait pas. » Maman à qui je l'écrivis il y a quelques jours ne le comprit pas; elle attend de moi des « choses charmantes »; elle attend que je dise mon enfance qui fut heureuse; mais comment ne pas voir que si je dis mon enfance, ce sera avec désespoir... ma « royale richesse » perdue...

(Ami si je vous ai fait part de ma « décision » de ne plus écrire, il y faut voir surtout que rien n'est mûr ces jours-ci pour être dit... Les deux pages que je joins à ma lettre datent de lundi; je n'ai pas fait exprès de fermer la boucle en parlant à nouveau de la feuille blanche, mais j'éprouve, aussi maladroite et sommaire que soit ma parole, le sentiment d'apaisement et de lassitude mêlés que vous donne un devoir achevé, un travail mené jusqu'au terme de la journée. Je reprends souffle. Et si le tout semble bien incomplet, c'est que nombre de pages en sont restées à leur première phrase jaillie spontanément, que je n'eus pas le courage ni le goût de prolonger.)

Je « repris pied » hors du livre juste assez tôt pour ne pas arriver en retard au cours de français que je devais suivre à l'École Normale de 16 à 18 h. Le professeur proposa à notre réflexion « le point de départ de l'attitude créatrice », « la raison d'être de la création artistique ». J'eus l'impression qu'on me hélait ! Je me fis toute présente et attentive (et ma table au premier rang touche le bureau du professeur dont je reçois en plein visage la parole). Hélas, hélas ! Je dus serrer les poings pour contenir ma colère, pour ne pas protester... Ineptie totale, avec en outre une ironie de mauvais goût, des insuffisances de langage ; des remarques qui se voulaient fort astucieuses et qui n'étaient que vulgaires ; et nul ne s'y trompait, certains même essayant une discussion. Je préférai me taire et construire au fur et à mesure le texte d'un tel essai ; ce matin le même professeur, qui ne sait à vrai dire que faire consciencieusement l'appel, ouvrir et fermer la porte, se balancer d'un pied sur l'autre, et se servir de sa chaise comme d'une escarpolette, « expliquait » une scène d'*Andromaque.* Racine ainsi galvaudé ! Et « cela » se dit « professeur ». Miséricorde ! ! !

Par bonheur, nos professeurs de la Faculté semblent plus aptes à l'enseignement de cette matière complexe, le français ; notre programme de cette année comporte l'étude de la tragédie en France du milieu du XVIe siècle à la fin du XVIIIe et (quelle chance) « la poésie ». Que sera ceci ? ? ?

Je lirai l'œuvre de Louise Labé, la correspondance d'Apollinaire et de Madeleine Pagès[1], *Le Rivage des Syrtes* — je sais bien que je puis vous « faire confiance », ici encore, et que vous choisissez pour moi le meilleur de ce que vous avez aimé. Il est vrai que je ne vous ai guère parlé de Lorca ; je vous ai seulement dit que je n'aimais pas lire ses poèmes traduits ; ils ont, dans la langue espagnole, une dimension sonore saisissante (et notamment ce grandiose *Chant funèbre pour Ignacio Sanchez Mejias...*, « A las cinco de la tarde » ou bien « Voces de muerte sonaron cerca del Guadalquivir »...) En français, ils « donnent à voir » mais la musique n'est plus la même. Connaissez-vous les poèmes de Miguel Hernandez (qui mourut au bagne d'Alicante en 1942, à peine âgé de trente-deux ans) ? Mêmes clameurs, même douceur que Lorca ; authentique voix de prince — J'apprendrai, lorsque j'en aurai le temps, l'allemand pour connaître la résonance vraie des œuvres de Rilke, et d'autres encore. Si j'ai parlé de « rencontre » de Robert Mallet, ce n'est pas parce qu'il me semble être un « prince », et je le connais trop peu encore — mais parce que son *Poème du sablier* est l'écho de mes préoccupations présentes (la nuit, les questions, « la nuit aux questions... »).

« Cela ne vous ennuie pas trop que quelqu'un parle ainsi pour vous... ? » Vous souriez n'est-ce pas ? Comme si vous ne saviez pas quelle gratitude est la mienne ! Comme si vous aviez besoin d'une véhémente protestation, vraiment ! Je souris moi aussi ; de tendresse. Parlez-moi de la mer et de la nuit et du silence, à l'infini. Enseignez-moi la ferveur. Mireille ou Nathanaëlle !

Je n'ai rien demandé encore au Père Noël ; c'est peut-être parce que je veux à mon tour combler ceux que j'aime. J'offrirai des roses — toutes les roses — à ma mère. J'en vis tant sur une tombe, l'autre jour ; roses qui ne consolaient même pas les vivants... inutiles à celle qui les recevait. Je ne sais pas très bien ce que je voudrais pour moi ; quelque chose que je puisse tenir dans mes mains, comme un visage, ou que je puisse écouter à l'infini comme une voix. Mais on ne demande pas l'amour au Père Noël, et les Noëls passeront longtemps sans que j'ose tendre les mains à nouveau.

C'est promis, je vous invoquerai « quand cela ira mal, quand cela ira bien » et je vous « autorise » à contempler mon sommeil. (Curieuse avec cela : car, comment est-on lorsque l'on dort ?) « Strictes nécessités de l'art » mais surtout privilège d'amitié.

Je flâne en votre compagnie, bien sûr et j'en oublie que tout à l'heure je fus seule...

Bonsoir AMI.

Dimanche
[25 novembre 1962]

« Que cela va être difficile, dans votre cas, l'amour. »

Difficile, oui.

Et je pense parfois, dans un vertige, impossible. Même avec Lui dont chaque regard remet tout en question.

Hier, Ami, je fus blessée. Je ne sais comment cela avait pu être, mais durant presque un mois, j'avais vécu seule, ne me mêlant à aucun groupe, fuyant la compagnie de mes camarades, suivant seule mon chemin, recluse dès le soir dans ma chambre. Et s'il m'arrivait de rencontrer un normalien dans la rue, si je parlais à la concierge, à ma propriétaire, j'étais comme dédoublée, me regardant agir, en retrait de mon apparence. Certains me crurent absente, malade. Hier j'émergeai, je ne sais pourquoi. (Pour respirer peut-être !) Revenante. Mais alors je me sentis exclue, par ma faute même. Autour de moi on parlait de choses que j'ignorais — d'une sortie en montagne projetée pour dimanche prochain, de la fête de Noël... Tu viens ? On m'apprit même que je jouais dans *Les Justes* [1] — mieux, que c'était « Michel qui l'avait dit ». (Mais évidemment j'arrivais trop tard : « D'où sors-tu enfin ? ») Je me suis à nouveau silencieusement heurtée à Lui — immuablement énigmatique. Et je suis repartie comme une enfant pauvre ayant désespérément regardé les jouets des vitrines. Seule à en crier. Josette, qui s'effrayait elle aussi de ne jamais me rencontrer, vint me voir dans l'après-midi. (Josette qui constate : « Les coins de tes lèvres ne se relèveront jamais tout à fait... ») Mais cette nuit, ce matin, aujourd'hui, je suis restée seule ; et le ciel bleu et le soleil ne m'ont pas réconfortée. J'ai marché longtemps, mais on regarde les gens qui vont seuls, dans les rues plus calmes qu'à l'ordinaire... Et j'ai beau à présent lire et relire votre lettre — et contempler la rose unique dans le vase, ou le ciel au-dessus de la cour — cela ne me comble pas.

[...]

Il est naturel que vous posiez des questions ; rien ne fut très simple il est vrai, hors peut-être mon amour entier et spontané. Il est vrai que Maman pleurait ou tout au moins s'inquiétait (elle pleura bien plus par la suite, malgré ma désinvolture apparente, ou peut-être à cause de cela) avant que rien ne fût rompu entre nous. Parce que, disait-elle, je n'étais pas « raisonnable » : trop passionnée, trop heureuse ; parce qu'elle pressentait peut-être que tant de violence serait génératrice de souffrance ; parce que mon père prenait ombrage du mutisme de Michel ; parce que je me refusais à toute confidence (Je vous demande un peu, ce que nous avions à dire l'un et l'autre du temps où le silence chantait !).

Ami, Ami, je vous demande pardon d'égrener sempiternellement mes chagrins, de ne vous apporter aucun réconfort alors que vous êtes digne des plus luxuriants présents. Je vous demande pardon par avance de toute tristesse qui vous viendra par moi. Je vous promets d'essayer de faire face à la vie ce soir, demain, d'essayer d'être heureuse, d'essayer de travailler, d'essayer...

Merci, d'être là, tellement, simplement.

Mercredi 14 h
[28 novembre 1962]

Ami, mon Ami, le seul en fin de compte à qui je parle, voilà que je vous accable du poids de ma solitude, voilà que je vous fais sentir plus cruellement la vôtre, et j'ai plus de peine encore parce que je vous fais souffrir. Mais puis-je vous écrire autrement que je ne le fais ? Puis-je vous écrire comme il faut à présent que je fasse pour mes parents, en mentant par omission, en disant seulement la pluie et le beau temps, le menu du jour et ce qu'il me reste d'argent ? Si je le faisais, c'est vrai, je nierais notre alliance. Je tricherais, et nous ne le voulons pas. Pourtant, que j'ai mauvaise conscience de ne savoir que vous désoler...

Ami qui écrivez de si cruelles choses, non je ne me révolte pas. Comment pourriez-vous juger autrement ? Et si vous L'accusez, c'est par tendresse pour moi. Comment pourrais-je vous en vouloir ? Il n'empêche que parfois vous vous trompez... Mais à quoi bon Le défendre et à quoi bon m'accrocher ainsi à cet espoir qui se désagrège ?... Faire les premiers pas ? Non, certes — Je pense ici comme Isabelle, comme Vous. Et quand je les ferais, où me conduiraient-ils ? Il n'y a pas d'issue à cet amour.

La retraite sans émergence ? M'y voici à nou-

veau emmurée. Je désapprends le monde — et vous ne sauriez croire comme j'oublie vite tout ce qui me fut enseigné ; comme je suis absente des lieux où je viens, des paroles que je dis et de celles que l'on m'adresse. Fermée comme un poing, quand je ne savais vivre que dans la confiance et l'abandon. Et si Vous n'étiez pas là pour que je partage ma vérité, que deviendrais-je ? Ami, saurai-je à temps redresser la barre ? Ou vous donnerai-je tout au long le spectacle d'un lent naufrage ? Vous m'empêchez de sombrer tout à fait, mais je manque de forces, vraiment. Il faudrait travailler beaucoup : mais je n'y arrive pas. Mon père pourra-t-il comprendre ce fléchissement ? Lui qui fut si fier de son écolière, si fier de sa lauréate (et je le vis pleurer pour ce succès)... Maman qui hait si fort Michel comprendra-t-elle que je me résigne aussi difficilement à cet abandon ? Ils n'ont tous deux presque rien su de ma peine, farouchement gardée, et je crois qu'il est trop tard pour leur expliquer. Je n'ai plus que Vous, Ami, et je vous fais souffrir autant qu'un père et une mère à la fois. Mais peut-être quand je serai guérie, saurai-je à mon tour vous aider à vivre, et mes lettres alors ne vous causeront plus que de la joie...
[...]
Ami, Ami, je veux oublier un moment tout chagrin et vous sourire. Est-ce que vous me voyez ? Oui, n'est-ce pas ? Alors, je souris, je souris... A bientôt...

Ami, je n'ai presque rien dit dans cette lettre, mais elle est seulement pour en attendre d'autres.

Samedi 17 h
[1er décembre 1962]

Ami, comme vous m'êtes secourable ! Comme vous savez bien tendre les mains et très persuasivement ! Je vous promets de guérir à la longue * ; il y aura, je le sais bien, des rechutes encore — les jours où il fera trop gris ou trop lourd, les soirs de lassitude ou d'esseulement, et quand personne ne m'aura souri, mais je gravirai la convalescence, bien sûr. Et je vous devrai d'avoir su vivre outre la souffrance.

J'ai reçu hier les prospectus de livres d'art ; vous dites que cela n'est rien, et moi je dis au contraire que cela vaut un grand merci, un franc sourire, un baiser : je ne sais combien de temps je restai à les admirer (— ainsi que je faisais autrefois, à la même époque de l'année, du catalogue des jouets). Le soir je me mis au lit très tôt et les regardai à nouveau ; j'aime tout particulièrement celui de l'ouvrage *Catalogne romane* — pour sa couleur je crois (à défaut du feu de bois que je ne puis allumer, je me réchauffe à cette gloire sur un fond rougeoyant) — et bien d'autres encore. Je ne les énumère pas parce que je ne sais expliquer la

* En marge : d'abord d'essayer !

nature du plaisir qu'ils me procurent, il suffit que je vous dise que j'en fus éclairée, réconfortée; et peut-être est-ce de me savoir si pauvre qui m'apprend à mieux aimer, à mieux goûter ce qui vaut de l'être.

Oui, je reprends pied (Mais il me semble que je masque seulement l'abîme, que je construis une tour; des souvenirs me viennent que je chasse, me sachant trop vulnérable encore); je m'applique à guérir, savez-vous...

J'écrivis ce matin une lettre véhémente à Marie-France, ma sœur, et à Michel. Non point « le mien », mais celui qu'elle aime. Car voici quelques jours, elle m'annonça simplement et brièvement : « J'aime un garçon de ma classe et il m'aime » et un peu plus loin : « Notre amour nous fait un peu peur. » Elle a dix-sept ans... Puisse-t-elle ne pas connaître le dénuement qui fut mien, puisse-t-elle ne jamais déchoir, tomber, tomber... Je vais trembler pour elle, comme trembleront mes parents. Je voudrais connaître ce garçon et le prier de ne pas la faire souffrir. Qu'ils veillent, qu'ils veillent tous deux!

Peut-être vais-je écrire bientôt, car j'en éprouve à nouveau, encore que furtivement, le besoin. Et pardonnez-moi, les mots qui me viennent sont encore d'amour, sont encore pour Lui. Mais plus sereins déjà. Seulement voilà qu'il m'arrive une étrange chose : je ne sais plus ce que c'est qu'un poème. Il n'y a peut-être que ceux qui n'écrivent pas qui peuvent en donner une définition. Très vainement, comme font souvent nos professeurs. Mais moi, vraiment, je ne sais plus, j'écris seulement par nécessité, pour me délester d'un trop lourd fardeau, et je ne juge ce que je fais que par le soulagement qui en résulte — Comment savoir si ces mêmes mots pourront délivrer les autres? — « Merveilles » — titre des pages à venir.

Ami, la nuit est depuis longtemps venue ; il est l'heure d'aller dîner (dix à quinze minutes de marche dans les rues — selon que je muse en chemin ou pas). Je vais chausser mes bottes, et plus petit Prince que vous ne croyez (à cause du pantalon et du cache-nez — C'est qu'il fait très froid ces jours-ci !) me hâter vers le restaurant où j'espère retrouver Josette. Au retour il me faudra songer à travailler. (Je ne vous convie pas à ces travaux d'histoire assez ennuyeux mais plutôt à la lecture des poèmes d'Eluard, un peu plus tard ; non, je ne dors pas à 9 heures et demie sauf lorsque je suis vraiment très lasse.)

Ami, si je te crois ? Oui, bien sûr. Tu peux me dire à chaque instant : « Regarde », tu sais si bien ce qui guérit !

Mercredi
[5 décembre 1962]

Je laisse inachevée la lettre que je commençai hier pour Vous, Ami, car l'heure alors était triste et le ton mélancolique ; je cherchais refuge auprès de Vous, hors des contraintes et de l'ennui. Ce soir, si je vous rejoins, ce n'est pas pour vous désoler encore, mais pour partager mes trésors. Souriez, mon ami, cela vaut bien un sourire que je vous parle de « mes trésors », n'est-ce pas ? Et puis vous voilà intrigué... Très raisonnablement il eût fallu que je passe ces journées-ci à me documenter sur les archives, ceci afin d'être en mesure de rédiger samedi un devoir de français historique — quatre heures durant au grand amphithéâtre — c'est ce que l'on appelle une « colle » — Et de fait je n'entends autour de moi parler que d'ouvrages concernant les archives... Au diable ! J'éclate... Pourquoi m'astreindrais-je à ce triste pensum, quand je sais fort bien que le jour de l'examen je composerai en français littéraire ? Donc, pas de « colle » samedi. Partant, j'étais libre ! J'allai Rue Roquelaine, au C.R.D.P.[1], et devinez ce que j'y lus... le numéro de novembre de la revue *Europe*, consacré à Eluard. Et j'oubliai tout un moment, me réjouissant, jouissant, l'âme haute et sonore... « Je fis un feu, l'azur m'ayant abandonné[1]... » Les poèmes lus tout à l'heure résonnent souverainement. Vous avez lu déjà sans doute *Dit de la force de l'amour*[2] — vous auriez pu écrire cette page Ami, c'est tellement votre voix... Puis je demeurai devant les livres d'art (parmi lesquels je reconnus ceux annoncés par vos prospectus) ne sachant lequel prendre, n'osant choisir, allant d'un rayon à l'autre, fébrile, avide et timide à la fois... Ce soir, j'ai sur ma table, paru dans la collection Zodiaque, *Catalogne romane* et je m'émerveille des très belles photographies : Cloîtres de Sant Benet de Bages, de Sant Pau del Camp — fresques romanes et peintures sur bois — parmi lesquelles cette « tête de Saint-Martin » dont je vous disais l'autre jour que j'éprouvais à la contempler un franc plaisir — uniquement je crois à cause des couleurs chaleureuses. J'ai découvert que je pouvais chaque jour passer quelques heures dans cette bibliothèque, en piller à mon aise les rayons... Pourquoi n'y avoir pas pensé plus tôt ?

Me voilà ce soir réconciliée avec moi-même, assumant l'amour de toutes mes forces qu'il a suffi d'un peu de beauté pour raviver. Peut-être vais-je L'aimer à l'infini à travers tout ce qui vaut d'être connu, d'être glorifié ; peut-être saurai-je L'aimer, oui. Ce n'est pas tellement l'oubli que je cherche, Ami, mais le courage pour me dresser et pour crier encore. Si j'y parviens, je saurai combien vous m'avez aidée à chaque instant : la générosité même. Et « je te promets Ami que si un jour j'ai envie de quelque chose... » Si je comprends ? Oui — très simplement — et notre amitié est trop vraie pour que je proteste comme l'exigeraient je ne sais quelles règles de bienséance. Moi je ne puis rien vous offrir encore, que mon affection très profonde, mais si profonde

Ami, si sincère, irrévocable ! Et peut-être est-ce le seul bien qui vous faisait défaut ?

Je vous parlerai de Josette, de Marie-France — de l'enfance, oui. (« Merveilles »...) Mais ce soir il est tard déjà et je vais me coucher, non sans t'avoir souri, d'un sourire si vrai, mon ami, que tu le vois, bien sûr, et que tu t'endors en souriant aussi !

Bouleversée par la photographie de Paul et de Gala[1].

[10 décembre 1962]

Ami, je suis venue à la maison. Pour guérir. Geste instinctif de préservation que justifie assez mon état physique (à la suite de l'angine de septembre, formule sanguine inversée — et extension du phlegmon ligneux, d'où nécessité de repos) mais que motive bien plus ma faiblesse morale... Alors mon ami, réjouissez-vous, je repartirai d'ici confiante et solide; il importe peu que cette année scolaire soit perdue, si je puis ensuite « construire » avec vaillance, n'est-ce pas? — J'aurais voulu vous écrire samedi avant de quitter Toulouse, mais j'allais plus mal que jamais, ayant passé la nuit à pleurer de peine, d'angoisse et de honte (car comment n'aurais-je pas honte d'avoir si peu de courage?). J'eus à peine le temps de ranger mes affaires et de passer quelques instants auprès d'Hélène toute désemparée : « Te voir malade, toi ! » — Ici, il fait chaud, on m'aime. Mon père et ma mère m'entourent d'une sollicitude poignante, maladroite souvent (Papa : « Mireille, tu n'es pas assez coquette, ma fille, tu vas aller chez le coiffeur... ») mais touchante. Ils ne comprennent pas toujours où j'en suis — mais c'est bien difficile, et il n'y a que Vous, Ami, qui y parveniez, et parfois Josette — Mais auprès d'eux, je me sens protégée de toute folie, je reprends pied. Ma grand-mère, Manou, est merveilleuse ; c'est une femme simple et peu instruite, mais d'une sensibilité si juste et d'un amour si haut que je la sens vraiment très proche de moi. Quant à la petite sœur, si grave soudain, si raisonnablement déraisonnable, si décidément amoureuse, la voilà à mes côtés, plus qu'elle ne le fut jamais. Nous avons longuement parlé ensemble le soir dans notre chambre (et Maman, à côté : « Il faut dormir petites... ») J'interroge : « Quel âge a-t-il ? — Six mois de plus que moi. Dix-sept ans » — et je les devine si purs l'un et l'autre que j'en ai les larmes aux yeux. Si purs et si jeunes (Nous l'étions beaucoup moins déjà...) Ce garçon répondant à ma lettre de l'autre jour a des mots de petit Prince : « Elle est si fragile ! Elle se croit très forte devant les garçons de la classe. » Et c'est très vrai. Il a beaucoup souffert, ayant vécu jusqu'ici en Algérie, et grandi dans un ménage désuni (mère remariée, et plus amoureuse que mère, laissant un peu l'enfant à l'abandon). C'est peut-être préférable pour leur amour : il sait le prix du bonheur d'aujourd'hui.

Ami, une de vos lettres me parviendra sans doute avec du retard, retransmise par ma propriétaire ; il faut m'écrire ici jusqu'à Noël. Je voudrais que vous soyez ici : je suis en train de regrouper mes... arguments, contre le malheur. Et vous êtes l'un des plus pesants. Quand je serai guérie, je viendrai vous voir. (En costume princier, c'est promis.) (Et nous publierons ces poèmes pour qu'ils ne pèsent plus si lourd dans mes mains.)

Me voici toute disponible, plus proche de vous que jamais, Ami.

Je relis cette lettre. Mais non, vous ne serez pas surpris de me voir accourir à la maison. Vous savez, « LA » maison... Et si fuite il y a, me blâmerez-vous de cette faiblesse ?
[...]

Jeudi matin
[13 décembre 1962]

Hier nuit, je songeais dans l'avant-sommeil — gratitude du corps et l'âme à la dérive très doucement, que j'allais t'écrire mon ami pour te dire merci à l'infini — et c'était le seul mot qui me venait aux lèvres, simplement répété, avec ferveur. La main tendue, c'est toi — la main solide. Ce matin j'attendais une lettre; il ne pouvait pas ne pas y avoir une lettre, n'est-ce pas? A présent que je l'ai lue, je ne sais pas si je vais parler ou déjà écouter le beau silence partagé — ou parler lentement, dans le silence pour que tu m'entendes mieux, Ami. Je ne sais pas ce que je vais recevoir demain de Toulouse et si je crois le deviner (le Noël du *Rivage* [*des Syrtes*], de certains Concertos, etc.), j'aime bien demeurer encore un peu dans l'attente, doucement gonflée, doucement pesante — la veille de Noël! — Mais comment ne pas sourire encore de gratitude, de joie — et regretter de n'avoir rien à offrir que mes mains ouvertes, et le sourire retrouvé? — Parfois je m'émerveille d'une amitié qui aurait pu ne pas être, et qui m'est venue juste à l'heure où j'avais grand besoin d'un ami. Je me demande ce que je vous ai donné en retour de tant de sollicitude... Pardonnez-moi d'avoir si souvent été égoïste, fermée sur ma souffrance, repliée sur mon être, tout occupée de moi, bien trop même...

Je poursuis ici mon hivernage confortable, comblée de tendresse. Je me cicatrise. Levée à onze heures (!!!) — défense de travailler —, j'occupe mes doigts à de menus travaux ménagers, je rêve. « Ici », Ami, à mon réveil, le bruit confus d'une classe enfantine au travail... J'écoute la leçon de calcul, la leçon de chant : « Tant l'on crie Noël qu'à la fin nous vient, Tout mon cœur appelle Noël[1]... » Derrière les vitres, je regarde les petites filles jouer, je reconnais ces frimousses si familières, quotidiennes en juillet, les rondes auxquelles nous jouions ensemble — et de si bon cœur — Le soir, mon père parle des jeunes instituteurs auprès desquels il passe ses journées, rédige des rapports, des lettres de conseils, établit des emplois du temps... Maman corrige des cahiers (toujours les mêmes exclamations de dépit, de colère et parfois un éclat de rire...) Ma grand-mère s'affaire silencieusement autour de l'évier. Je ne fais rien, et pourtant je ne me sens pas étrangère ici... Mon père même ne semble pas trouver insolite cette inactivité. On dirait que tous ont compris ce que je suis venue chercher. J'ai beaucoup de chance, oui... — « Tu n'as plus que le droit d'établir un programme de loisirs..., a ordonné le docteur ; je vais te donner un "euphorisant". » Drôle de remède pour une angine, n'est-ce pas ? La conspiration de la tendresse se resserre...

Tu sais, Ami, les « poèmes », si j'ai parlé de les publier, c'est que tu en avais parlé d'abord ; mais plus j'y pense, plus je trouve que cela peut attendre ; ils sont à toi, garde-les.

Et je te donne aussi le serpent. (Tu sais bien, le serpent... A étouffer !)

Samedi matin 10 h
[15 décembre 1962]

« Deux fois cinq ? » Je ne puis distinguer la réponse de l'élève, mais presque aussitôt monte un concert de protestations aiguës — « Non », dit la maîtresse. Au-dessous de moi, un chœur de voix menues alterne avec les paroles — ô combien persuasivement modulées ! — de l'institutrice. Cela bouge, cela s'étire et chante... Plus bas, un marteau insistant (on aménage une nouvelle classe). J'entends encore qu'on heurte de la vaisselle dans la cuisine, au bout du couloir, qu'on ouvre un placard ; ma grand-mère essuie des cuillers qui font l'une après l'autre sur la table le même bruit clair... Je suis dans mon lit comme dans une fourrure, bien au chaud, et j'écoute vivre la maison, et je rêve... C'est bon d'être un tout petit peu malade, en hiver, de regarder le jour pâle au travers des rideaux, de rester oisive de longs moments, de se raconter des histoires au creux des oreillers... Je pense à vous souvent mon ami, et je me rendors confiante. Hier m'est parvenue votre lettre de dimanche ; j'espère que déjà vous vous sentez « moins seul, moins dérisoire » ; mais ces mots me font mal ; est-ce que vous ne me savez pas auprès de vous, toujours ? C'est vrai que mon amitié n'est pas « le seul bien qui vous manquait » — pardonnez-moi de l'avoir écrit étourdiment — mais je suis bien sûre qu'un jour vous serez très riche, j'entends des vraies richesses, de l'amour partagé, retrouvé. Comment pourrait-il en être autrement ? Ne soyez pas triste mon grand ami, ne sois pas triste (Tu vois, c'est moi qui te console à présent).

[...]

Mon ami... Mais quel est celui qui apprivoise l'autre ?

Je t'embrasse de tout mon cœur.

Samedi 14 h

Je ne proteste pas, je ne vous gronde pas, parce que notre amitié est assez simple pour que je reçoive ce que vous m'offrez, mais comment saurai-je vous dire merci, Ami ? C'est vrai, tu sais, je ne sais plus avec quelles paroles accueillir ce que tu me donnes — Si seulement tu pouvais me voir sourire, Ami... Maman m'a apporté tout à l'heure cet envoi que mon Père Noël particulier me fait un peu à l'avance... Enfant privilégiée ! J'ai écouté le *Concerto pour flûte et harpe* et la première face du disque de Paul Robeson[1] (— et j'en ai pris grand soin en les manipulant). Je ne sais pas parler de musique mais je demeure interdite et tremblante devant la somptuosité de l'offrande. Ami, mon ami à l'infini, reçois mon sourire, je t'en prie, le sourire que tu réveilles — Merci tout simplement. J'écrirai plus longuement quand je surgirai de l'enchantement, mais à cette heure mon ami, j'ai la gorge serrée d'un bonheur fragile encore, mais triomphant.

Merci AMI.

Lundi 15 h
[17 décembre 1962]

Ami, je viens d'écouter la musique que nous aimons, Vous, Isabelle et moi... On m'avait laissée seule avec mes trésors ; à peine de temps en temps le bruit du vent dans la cheminée ; seule avec la musique, et j'ai fermé les yeux et je m'éveille à peine... et je suis tout près de Vous. [...] Et vous, Ami, je ne suis pas sûre que vous soyez tout à votre tâche : les vacances sont si proches, et si lourde la promesse de la mer retrouvée bientôt, si délicieusement poignante l'approche de Noël, le désir des retrouvailles si tenace et grandissant...

[...]

Je souris, mon ami, en relisant votre dernière lettre : comment avez-vous pu vous méprendre sur le sens accordé au mot « purs », lorsque j'ai écrit : « si jeunes, si purs... » ? Je n'ai pas voulu dire « si chastes » ; je n'ai pas voulu dire qu'un baiser, une étreinte étaient des actes « impurs » — et je ne conçois au contraire l'amour digne de l'attente, digne de la promesse, digne de l'espoir que s'il s'incarne ; un geste de l'amour peut contenir toute la pureté du monde. « Nous l'étions moins déjà », cela veut dire : « nous étions moins jeunes » — ce qui peut d'abord sembler une évidence mais signifie qu'il y eut dans l'amour, cet été, quelque chose de très lourd, presque étouffant — (Chez Lui aussi je crois, bien que ses actes ensuite semblent en contradiction avec cette maturité) qui n'existe pas, me semble-t-il, dans l'amour qu'éprouvent l'un pour l'autre Michel et Marie-France : ils babillent, se taquinent, se retiennent, se défont, rient, ébauchent des projets : on dirait qu'ils s'apprennent, alors que d'emblée nous nous sommes connus * ; et je vous l'ai dit, nous pouvions à peine parler, comme écrasés... Et ce temps-là, qui semble dérisoire si je « raconte », ne se mesurait pas aux horloges communes — (exactement comme le temps de la naissance d'un poème).

[...]

Je vais courir à la poste, pour que mon ami reçoive demain matin ma lettre — et qu'il l'emporte avec lui, et qu'il me sache toute proche, oui.

Pour que tu ne sois pas seul, Ami.

Je vais encore, ensuite, écouter Mozart — puis, quand il n'y aura personne et que je pourrai amplifier le son, Paul Robeson. Mais je renonce à parler de cette musique. (Vouloir dire l'indicible !) et même si vous présidez très inutilement une ennuyeuse réunion, vous êtes un peu ici, avec moi, et vous fermez les yeux...

* En marge : Mais vous penserez que je le connaissais bien mal, en vérité...

Mercredi 16 h
[19 décembre 1962]

Stridence des cris d'enfants dans la cour, l'excitation légère après la tasse de café, l'impuissance du verbe à délivrer un soleil au travers de l'averse interminable, la lampe allumée à quatre heures de l'après-midi... Cela, et d'autres raisons sans doute, me façonne un être aigu... Peut-être ma lettre sera-t-elle très incohérente. Mais je sais aussi que notre dialogue confiant est le remède sûr aux attentes indéfinies. Vous êtes à P., Ami, en un lieu dites-vous « propice à la rêverie, à l'évasion... » mais peu silencieux. M'entendrez-vous ? Faites-moi une petite place près de Vous... Là. J'ai bien envie de réclamer une histoire, mais vous ne parlerez pas si je ne réponds pas d'abord à vos questions ! (et c'est vrai que je ne vous dis pas le quart de ce que je voudrais que vous sachiez... il faudrait que je note tout au long de la journée ce que je vous raconte, presque à voix haute parfois...).

Marie-France ?

C'est lorsque je perdis l'éphémère privilège des talons hauts que je commençai à l'appeler la « petite sœur ». Affirmation péremptoire d'un droit d'aînesse ? Plutôt tendresse inquiète de mère poule qui voit croître son poussin... Bien que les

étrangers s'exclament sur notre ressemblance et qu'il soit arrivé que l'on nous prenne l'une pour l'autre, nous différons beaucoup : Elle, longue et déliée, moi trapue, pas tout à fait surgie de la glaise originelle ; elle, gracieuse toujours, câline, chatte, moi gauche, lourde et brutale dans mes affections ; elle, grandissant avec aisance, comme d'un seul jet harmonieux, tandis que j'oscille sans cesse entre deux démesures...
Hier encore « tricheuse » : coquette et railleuse, indolente un brin, travaillant sans hâte ni fièvre, première sans effort dans cette classe de mathématiques au Lycée technique, où l'entourent presque uniquement des garçons. Aime le twist et Charles Aznavour. Mais elle écoute religieusement Mozart...

Mais elle change et s'enracine, plus vulnérable et plus sincère ; le vernis craque et nous nous rencontrons pareillement aimantes et sensibles. Maman le sait bien, mais Papa refuse encore de s'en apercevoir, comme s'il voulait la retenir par sa sévérité maladroite dans la chaude tutelle qu'elle repousse... Difficile, le « métier » de père, lorsqu'il s'agit d'élever des filles de dix-sept et dix-neuf ans bientôt ! N'est-ce pas ?

Maman ? Directrice de l'école de filles — six classes, environ 180 élèves. Pour obéir à la tradition, chargée de la classe du CEP, dont le niveau baisse régulièrement et désespérément depuis la création du cours complémentaire, et surtout depuis la suppression de l'examen d'entrée en 6e : travail ingrat mais qu'elle accomplit avec une sérénité à peine altérée... vers le soir. Mais quand j'étais encore à l'école primaire, Maman était institutrice au CM2 et je fus son élève, c'est-à-dire celle pour qui l'on ne peut avoir aucune indulgence (situation qui m'honorait d'ailleurs, et dont je m'accommodais avec bonheur, fière de subir une loi plus dure!) Injuste même, avec mon assentiment entier : ce fut une histoire mémorable et dont on se souvient encore dans la maison dont le personnel n'a pas changé depuis lors, que cette fois où, première au classement, je fus reléguée au 3e rang par ma mère... « Mademoiselle », une institutrice célibataire qui nous chérit beaucoup, Marie-France et moi, se mit ce jour-là dans une grande colère — cependant que je savourais une complicité orgueilleuse... Mon père m'avait appris à lire lorsque j'avais quatre ans : maître inflexible sans violence, et pour cela vénéré. Nous habitions alors à la campagne, et le soir, lorsqu'il rentrait du hameau voisin où il exerçait, pendant que Maman s'occupait de la petite, toute petite sœur, il me faisait travailler dans la petite classe : je me souviens d'un soir d'été où nous étions assis l'un près de l'autre devant mon premier livre de lecture (ou peut-être la boîte avec les étiquettes-mots dont je me servais pour composer des phrases...) Dehors passent la voisine et sa fille avec de grands paniers... La porte est ouverte, on m'appelle : Est-ce que je veux aller ramasser de l'herbe pour les lapins ? (En ce temps, je m'y connaissais, car Maman élevait des lapins dans une masure au fond du jardin.) Je voudrais bien mais il n'y faut pas songer, Papa fait la sourde oreille : inutile d'insister. Ce soir, j'apprends à lire...

De quatre à sept ans, je fus élève de ma mère : une autre école, à deux classes cette fois : l'une où Maman régnait sur tout un menu peuple bien sage, l'autre comme un sanctuaire où les meilleurs, admis auprès de mon père, devenaient les « grands ». Redoutable honneur dont j'appréhendais la venue. (Lui dire « vous », comme il l'eût exigé ! J'en pleurais à l'avance.) La nomination de mes parents à L. m'en sauva ! Nous avions alors cinq et sept ans : la petite sœur entra au CP, moi au CM1...

Mais notre condition de filles d'instituteurs nous pesait bien plus à la maison qu'à l'école (il est vrai que l'école fut toujours la maison), car nous servions de... cobayes sur lesquels on expérimentait la difficulté d'une dictée ou d'un problème. « Si on le faisait faire à la petite ? » et la petite, l'une ou l'autre suivant le cas, après avoir vainement et timidement protesté, s'exécutait ! Point de trêve... A la table familiale, on se disputait sur un cas douteux d'analyse logique..., on parlait de verbes transitifs, d'accord de participes, de robinets remplissant un bassin... Brrr. Passe encore pour les dictées, mais les problèmes, Ami, quel pensum... Que mon père ou ma mère s'exclamât sur la sottise d'un élève, sur une réponse aberrante... et je préparais déjà mentalement la réponse, honteuse et ne soufflant mot dans mon coin si par hasard j'ignorais la réponse... Mais nulle rancœur pour nos parents maîtres. Au contraire, une immense gratitude, une vénération sans faille... Ô la suprême disgrâce que le mépris paternel... Et qu'on ne s'avisât point de blâmer et de s'écrier : « Ces petites, laissez-les donc tranquilles... » car, superbes, nous faisions bloc avec les parents qu'un intrus osait interpeller. (Plus souvent, du reste, une intruse attendrie et miséricordieuse.) ... Ami, Ami, je m'attarde au temps passé... Vais-je vous ennuyer ?

J'ai bien des choses à vous dire encore, je poursuivrai donc cette lettre demain : je n'ai plus que le temps de courir à la poste ; par bonheur j'ai de bonnes jambes.

A demain mon ami si grand, tout à l'heure, oui, je te dessinerai un de mes songes... A demain, à tout de suite.

Jeudi soir
[20 décembre 1962]

« A tout de suite, Ami... » Pas plus tard que cela : juste le temps de chausser mes bottes, de dévaler l'escalier (« On ne court pas dans la rue... on ne court pas dans l'escalier... ») Le postier était en train de « balancer » les sacs postaux à toute volée dans le fond de sa voiture : c'est dire que j'ai bien fait de courir... [...]

Où en étions-nous Ami ? Je me suis à peine interrompue, mais cela a suffi pour que la nuit tombe, pour que la maison redevienne silencieuse après que se furent éparpillés sur la place les enfants qui fêtaient Noël. Dans l'escalier, cela sent bon encore les mandarines du goûter... Où en étions-nous ? Il me semble que je n'ai pas fini de répondre à votre dernière lettre ; vous m'y parliez de musique, de Mozart, dont je ne sais vraiment rien dire sinon qu'il y a très longtemps que j'aime « ce qu'il a fait », qu'il est à peu près le seul dont je reconnaisse d'emblée une œuvre, même quand je l'entends pour la première fois parce que personne à ma connaissance ne parle de cette voix-là sinon lui... Mais vraiment non, ce n'est pas de la paresse, je ne sais rien dire d'une telle musique, bien trop haute pour que je hasarde des mots.

Seulement l'écouter, et l'écouter encore, infiniment...

[...]

... « Une mouette blanche ouverte sur le ciel, comme une main de femme contre la flamme d'une lampe, élève dans le jour la rose transparence d'une blancheur d'hostie... » Sans doute avez-vous lu déjà, Ami, les poèmes de Saint-John Perse[1] parus dans le numéro de décembre de la *Nrf* puisque vous me les annonciez dans votre dernière lettre. Je découvre une nouvelle fois que rien, non rien, ne ressemble à cette poésie... ces longues laisses indolentes ou véhémentes, poèmes « à toutes frontières de l'homme » situés, étirés et laconiques à la fois comme un vol; parole souveraine comme sans effort, ample sans ostentation, proue impérieuse — parole incontestable. Et j'aime que les premiers poèmes m'inquiètent comme la lente, trop lente dérive d'une buse au-dessus d'un champ avant la « fulguration verticale » d'une exclamation, d'une invocation, le « déchirement d'âme » ressenti à certains mots... Et voilà que je désire soudain que me soit donnée à nouveau, jetée au visage — délectation brutale — la luxuriance du monde d'« Enfance[2] »; voilà que je désire entendre les vents des grandes aires[3]... Mais il n'y a ici aucun ouvrage du maître.

Tout à l'heure, mon ami, c'est Noël... Tout à l'heure Noël et vous partez; déjà vous ne songez qu'à partir... et vous voilà au bord de la mer... Je tâcherai de n'être pas triste de votre silence — et puis tu as dit Ami que tu écrirais un peu pour moi... et c'est vrai que je vais avoir ta voix continûment à mon oreille; c'est vrai que je t'écouterai me parler de la mer. Offrande encore. Somptueuse encore. Si chaude offrande que je ne sais plus très bien si j'en pleure doucement ou si j'en souris à l'avance...

J'oubliais de te dessiner un de mes songes : la main levée un peu plus haut que mon visage, je trace d'une ombre légère sur le mur que soleille ma lampe une figure idéale où s'englue l'espoir d'un lendemain très clair. Un visage neuf pour redessiner un jour le mien en forme de soleil... Rêve que je fais tout éveillée bien sûr...

Vendredi
[28 décembre 1962]

Personne après Toi n'osera parler d'amour, personne n'osera parler de la mer. J'entends ta voix, mon ami, et j'ai le vertige, comme cette nuit où je m'aperçus que nous allions à la rencontre l'un de l'autre. Le vertige que l'on éprouve devant la mer sans doute. Comme devant tout ce qui atteint la démesure. Je ne sais pas te louanger, il faut seulement que tu saches que j'ai pleuré hier et cette nuit et tout à l'heure encore. Parce que submergée, offusquée. L'âme tout écarquillée pour boire à ta parole — et j'en porte le secret presque avec douleur comme un enfant à naître qui se ferait très lourd. Je n'ose pas croire que je suis ton amie. Je n'ose pas croire que tu as confiance en moi. Je tends les mains vers les merveilles comme un enfant pauvre incrédule devant une offrande inespérée, et je garde jalousement ce que tu me donnes, avec des précautions d'avare. Je lis en tremblant et j'ai la gorge lourde d'un cri de gratitude et de tendresse. S'il te plaît, parle encore, s'il te plaît raconte-moi le monde, prends-moi par la main pour m'apprendre à vivre. Je t'en prie.

Hier soir je suis rentrée à la maison avec mon père après avoir passé deux jours près de Grasse, chez ma tante. Papa avait décidé samedi de m'emmener avec lui. Nous revenions heureux d'avoir salué le soleil à défaut de la mer à peine aperçue, pâle, entre les collines. Je voulais te parler, Ami, d'une insolite Provence enneigée, ponctuée de vols d'étourneaux, des somptueuses fontaines de glace d'Aix et de Salon — et puis des néfliers en fleur, des plaqueminiers noirs et nus, chargés de fruits orange, étranges arbres de Noël, des deux cyprès à l'entrée du chemin, en contrebas de la maison; te parler encore du feu de bois dans la cheminée où nous faisions flamber du houx pour écouter le bref grésillement des baies ouvertes par la flamme. Je voulais te parler d'Isabelle, une toute petite fille si câline, attirée sans doute par mes genoux vacants, et qui, ces deux jours, n'a pas quitté mes bras, une toute petite Isabelle qui me ressemble, dit-on... (et dans la rue, comme je la tenais contre moi, une passante : « Tiene los mismos ojos que su madre... » le regard de sa mère... et je fus naïvement très fière soudain que l'on ait pu me prendre pour la mère de ce petit enfant...). Je voulais te raconter Noël... Hier soir, à notre retour, j'ai emporté tes pages et *Le Rivage des Syrtes* dans ma chambre, et, seule, j'ai commencé à lire. Et ce fut brusquement, Ami, comme si nous étions en face l'un de l'autre, comme si tu me parlais; et je voyais, je touchais, je humais la mer. Si bien que je ne pus dormir, pleurant dans mon oreiller. Dérisoire et pourtant comblée. Dérisoire petite fille et pourtant ton amie. S'il te plaît, garde-moi, tu peux avoir confiance en moi, tu sais... Même si je suis un bien compliqué petit prince, un bien lourd petit prince et qui traîne en chemin parfois, et qui te retarde, et qui t'empêche de travailler, qui met du désordre dans tes idées, qui ne sait même pas te consoler... Un petit prince fiévreux et véhément, à qui la vie tourne la tête et qui a grand besoin de ta main, Ami. Une amie qui oublie en t'écoutant ce qu'elle voulait te dire. Qui ne sait te remercier que bien maladroitement — t'embrasser, les bras autour du cou. Et c'est le baiser du jour de l'an, mais aussi bien de n'importe quel matin. Talisman si tu veux bien contre tous les dangers et toutes les contraintes.

Prends garde à toi, mon ami, sur les routes, par ce mauvais temps.

Lundi
[31 décembre 1962]

Je veux qu'en rentrant chez lui mon ami puisse lire une lettre accueillante comme un grand feu dans la cheminée, comme une musique chère, un sourire ; peut-être ma lettre de l'autre jour est-elle déjà parvenue à destination malgré les difficultés de circulation, les grèves ; mais c'est une lettre de petite fille transie, véhémente à force de tendresse — un cri de joie ou de douleur, on ne sait pas trop (joie de vivre — douleur de vivre) —, le tressaillement d'un visage un instant happé par une grande flamme d'un vent du Sud... Une lettre pour remercier un miraculeux père Noël — quand on n'y croyait plus déjà... — et où finalement je n'ai parlé que de moi, une fois encore. Il ne faut pas m'en vouloir, mon ami... (égocentrisme des enfants (!) ; mais les yeux s'ouvriront sur le monde, sur les autres, sur l'Autre).

Mon ami qui revient du bout du monde, avec sur ton visage les caresses d'une amante inhumaine — et son regard pesant encore sur ta nuque — il n'y a dans ta maison pour te consoler que les paroles maladroites d'une amie souffrant et s'émerveillant du poids de joies et de peines humaines. Et peut-être vaudrait-il mieux le silence — l'offrande du silence. Se retrouver et s'éprouver soi-même au cerne du silence. Écoute...

Puis, quand le cerne se fera trop étroit, oppressant, je te parlerai.

Devine, devine... ce que j'eus ici en cadeau de Noël ?

Autour de moi, mon père et ma mère, Manou, ma sœur, à l'affût de ma joie — prolongeant l'attente, jouissant déjà de ma surprise incrédule, du sourire déchiré, des gestes précautionneux, un peu tremblants... On m'avait dit : « Ferme les yeux... » Je les entendais rire doucement...

Un électrophone... plus beau que celui de l'école... Un électrophone que je vais emporter à Toulouse bien sûr; tu vois, je suis sauvée. A force de tendresse... J'écoute Mozart. J'écoute Robeson, Bach (*Offrande musicale.* Orchestre de chambre Pro arte de Munich, direction Kurt Redel — enregistrement Erato). Sonates de Beethoven. Chants d'Ukraine. J'écoute de la musique... Inétanchable, ma soif. Sauvée ! Le père Noël est décidément quelqu'un qui sait tout, qui devine à merveille. Et puis mon ami lui a soufflé dans l'oreille une supplique convaincante...

Je rentre « chez moi », à Toulouse, jeudi soir, bien que fatiguée encore. Le spécialiste consulté a déclaré sans hésitation « mononucléose infectieuse » — maladie du sang, donc. Il aurait fallu employer la cortisone au départ. « Mais à présent, ma cocotte (c'est un cousin de mon père !), il te faut seulement du calme et du bonheur... pas de colère, pas de soucis surtout, et je t'assure que bientôt tu seras tout à fait guérie. »

Je me demande d'où mon ami savait toutes ces choses... Je pars donc munie de précieux remèdes : *Le Rivage des Syrtes* pas encore lu parce que je m'attarde à déchiffrer la mer traduite en un poème somptueux — édifice écrasant, comme Elle. (Quand ai-je dit que ce visage me tourmentait moins que celui d'Isabelle ? ! Visage vers lequel je ne sais si j'oserai m'avancer... Il faudra me donner la main, le jour de l'épreuve...) Ce poème même. Mes disques. Tes lettres (mais bien sûr, Ami, qu'elles sont toujours à portée de mon regard !).

Le regard de ceux qui m'aiment — et c'est mon précieux viatique —

Ami, relisant cette lettre, je m'aperçois que je t'ai continûment tutoyé. Ce n'est pas de l'insolence tu sais, ce n'est pas de l'irrespect ; simplement puisque nous ne trichons pas, je ne me suis pas contrainte à te dire « Vous », à écrire « vous » quand je disais « tu ».

Écris-moi bientôt, mon ami, pour que je ne sois pas seule s'il te plaît. Raconte, si tu veux bien... Comment était-Elle ? Je te donne la main ; est-ce ainsi qu'il faut te consoler ?

Mercredi 8 h
[9 janvier 1963]

Mon ami médecin-père Noël-poète, c'est un pauvre sourire que je te fais ce matin — je ne peux tout à fait le cacher — à cause de la nuit longue, d'un poème dont la lecture me déchire et de l'exil après un surcroît de tendresse. En dépit de toutes mes richesses. En dépit de la « condamnation au bonheur ». Mais puisque tu me dis de sourire, Ami... voilà ! Cela tire un peu sur la peau et les paupières brûlent, mais le geste guérit très doucement. Le geste et la parole : que deviendrais-je si je ne pouvais te parler, t'appeler à l'aide ou te raconter mes joies ?... Cela me repose et m'apaise de pouvoir être pour quelqu'un un petit prince ; mais je ne sais qui l'emportera à la fin, du tendre petit prince ou de cette grande fille violente que je regarde aimer et pleurer avec démesure.

Qu'elle se taise maintenant, celle-là qui m'effraie. Tu sais Ami, par-delà la peine de cette nuit, j'ai tout de même des cris de joie pour t'accueillir. Inquiète d'abord de ne rien recevoir, à demi rassurée et surtout réchauffée par la carte venue d'Hossegor, tout à fait heureuse de la lettre reçue hier, qu'accompagnait le double présent d'une « page marine » et de *Corps mémorable*[1] dont la lecture m'a bouleversée. Oui, il faudrait retenir cette page de solitude — elle me fait un peu mal bien que les mots en soient retenus, comme resserrés pour modeler l'aveu d'une recherche plutôt qu'en laisser éclater le cri. De *Corps mémorable*... je parle à voix tremblante, parce que cela passe la poésie ; transie hier soir en le lisant, comme un pauvre qui demeure au-delà de la vitre claire. L'amour brise les mots d'amour dont je ne perçois plus la forme, mais la chaleur seulement. Merci, mon ami, simplement.

J'aurai ce soir ou demain seulement l'électrophone ; la musique me manquait ces jours-ci. [...] Josette ou Hélène viendront parfois le soir partager mon plaisir. Josette si apaisante, si « lénifiante », avec sa parole claire, précise chirurgie, qui m'aide à grandir « droit », me rabrouant affectueusement quand j'oscille trop dangereusement d'un côté ou de l'autre de la ligne d'équilibre. Hélène au rire fou et plus souvent au bord des larmes, retenant un sanglot. Qui refuse de penser à la mort de sa mère comme j'ai refusé de penser à celle de mon arrière-grand-mère (1er décembre dernier) parce que cela fait trop mal. Trop mal pour rien. Hélène qui se marie le 18 août — et nous ne parlons presque pas de ce proche départ parce que nous pleurerions dans les bras l'une de l'autre.

Nous avons tellement changé toutes, ces derniers temps — et l'on dit « grandi », « mûri », mais c'est déjà « vieilli » qu'il faudrait dire —, que nous ne savons plus très bien vivre. Submergées un peu — et pourtant plus droites, plus hautes... « Ces filles... ! »

Ami, il faut que je te quitte pour aller travailler (cours d'histoire économique à la Faculté). Merci d'« être là », tellement. Je t'embrasse tendrement.

Vendredi
[11 janvier 1963]

Ami, mon ami très grand, il faut me réprimander et non me cajoler, lorsque j'ose me plaindre et pleurer. Voici plusieurs mois que mes lettres ne sont guère autre chose qu'un journal de mes humeurs. Je ne fus pas une amie très secourable, et cependant vous me consolez patiemment et m'enseignez à vivre ; cette dernière lettre encore, que vous avez dû recevoir hier, était à voix tremblante ; il faut me pardonner ces rechutes (et sans doute y en aura-t-il d'autres, les soirs de pluie, de nuit crasseuse sur la ville, ou bien quand j'aurai vu Michel par hasard dans la journée... mais je tâcherai d'abréger ces moments de trouble).

Hier fut un jour clair de soleil et de grand vent ; nous nous sommes promenées, Hélène et moi, sur les quais jusqu'à l'heure du souper, sans parler presque, alourdies de bien-être, respirant la promesse du printemps. Puis nous sommes rentrées chez moi, et quiètes, silencieuses — chacune seule — nous avons écouté de la musique. Mozart. Les concertos. *La Petite Musique de nuit* que nous aimons avec prédilection. [...]

« Mais j'aime pour aimer, et je mourrai d'amour[1]. » Très belle cette photographie d'Eluard et de

Nusch[1]... A cause du soleil sur leurs visages. Et ce geste qu'Il a pour l'enfermer dans ses bras... Que regarde-t-Il, au-delà de l'heure, temps et lieu abolis ?
J'ai relu hier — plus calmement — *Corps mémorable*... Mais peut-on rester tout à fait calme, et comme détaché, à cette lecture ? Et puis-je ne pas penser que bien peu s'aiment comme ceux-là s'aimèrent[2]... Que cela va être difficile... Difficile... « Vous aurez l'amour. » Ce n'est pas si sûr, tu sais... Je vais être tellement intransigeante !

[...] Ce dimanche, Josette et moi participons à une sortie de ski (départ à 5 h du matin pour l'Andorre). Je ne sais pas si nous skierons beaucoup, mais il est sûr que nous ferons de bonnes parties de luge, comme naguère ! Enfance encore...

Ami, mon ami, à bientôt. Je t'embrasse. Je te souhaite un dimanche clair.
Le Petit Prince aura demain un beau cache-nez rouge que tricote sa maman !

Samedi

Ami, musique retrouvée, comme ta voix me manquait ! Ta voix qui me donnait le ton... Ma lettre d'hier, à cause de cela je pense, est toute ponctuée de silences, comme si je n'avais su comment dire les choses ; et comme une imperceptible appréhension à mettre au jour la phrase informulée dont on ignore encore si elle va jaillir vive ou poignante... et tout se résout en silence. Mais je sais que tu entends ce langage où se dissolvent et résonnent mes beaux joyaux d'enfance... Aujourd'hui je te souris du fond du cœur, un vrai sourire irrépressible, ouvrant le visage ; et comment pourrait-il en être autrement, puisque je viens de lire ta longue lettre chaude ? Parole rassurante et qui apprivoise. Ami, auprès de toi, j'ai le sentiment d'être à la fois intacte et préservée, meilleure, vraie, Moi tout entière, plus que jamais vivante. Oui, « c'est bon la tendresse »... Hier soir, au cercle des jeunes enseignants, nous parlions de la confiance. Et notre situation ambiguë d'élèves et de futurs éducateurs à la fois nous fit sentir combien ce pouvait être un sentiment différent chez l'enfant et chez le maître pour qui il se nuance d'inquiétude, d'indulgence peut-être. Je me suis souvenue de la confiance aveugle que je vouais à mes parents naguère, à certains maîtres — heureuse de découvrir soudain que tout cela était intact, et que tu en étais dépositaire : conscience du passage à l'âge adulte (se sentir mortelle) et pourtant, en dépit de tout, d'une confiance préservée. J'ai fini de vieillir, je crois ; tu m'as retenue juste à temps !

Ami, il faut que je te quitte (je dois faire ce soir tout mon travail pour lundi, puisque demain c'est jour de neige, de montagne, de soleil j'espère aussi). J'ai pourtant bien des choses encore à te dire — des « pages marines », d'Eluard, de la musique... A lundi, Ami. Je t'embrasse de tout mon cœur. J'espère bien venir « avant l'août », oui.

Lundi
[14 janvier 1963]

Ami, ami, hier fut un jour lumineux, intégral, vécu sans réticences, que le soleil et l'amitié prolongent aujourd'hui; je me suis surprise, au soir, en flagrant plaisir de vie, en flagrant plaisir de jeu, en flagrant oubli; et j'ai ce matin travaillé, d'une force nouvelle.

Il y eut le départ dans la nuit glacée — la course insolite dans les rues désertes à quatre heures et demie vers le lieu de ralliement, avec la hâte un peu fébrile des préparatifs d'un voyage —, mais aussi, il faut l'avouer, quelque sournoise appréhension, car depuis les alarmes de l'an passé, je ne me promène plus avec ingénuité par les rues noires. L'attente impatiente de l'autocar... Nous avons enfin quitté la ville vers cinq heures et demie. Le jour a été long à venir; pour voir la campagne traversée, il fallait souffler sur les vitres afin que le givre fonde. A Ax, le matin était clair déjà; puis ce fut la montagne de chaque côté de la route. Nous roulions dans l'ombre, au bord d'un torrent qui fumait; blocs chaotiques à l'aplomb de la route; plus haut, maigre forêt givrée : translucidité de ces concrétions calcaires, de végétation de grottes de sel. Enfin, là-haut, dans le soleil vers lequel nous montions lentement, un champ de neige, puis un autre, puis toute la neige... La montagne comme un visage extasié de gisante au profil bleu figée sous le ciel, autre visage infini. Le ciel oxydé, virant au noir, comme un regard lourd de désir; et sur les bras de terre appesantis dans un sommeil d'ombre, la saignée verte des eaux vives! J'aurais crié de joie!... Nous avons émergé au soleil enfin... Plaisir unanime sur les visages offerts au poudroiement d'écume pétrifiée. La frontière; quelques chalets et la neige encore, la neige, et le soleil, et le ciel, et tout cela, et seulement cela, et tout un jour, pour la première fois... Dieu, que de plaisir! — Puis, le jeu... Difficultés de l'apprentissage : monter la pente avec les skis n'est pas d'abord chose facile; rires; et la gifle fraîche d'écume, lorsqu'on tombe; et quand enfin on descend, le vent en plein visage, sur les lèvres ouvertes; soif étanchée, et soif encore... Jusqu'à quatre heures de l'après-midi. Alors, soudain, il a fait très froid; nous nous sommes réchauffés au feu de bois du refuge, puis nous sommes partis. Bonne fatigue des membres et du corps comme vidés de leur substance. (Bonne fatigue d'après les baisers.) Désir de sommeil. Désir d'une épaule, d'une chanson à voix très basse. Retour silencieux chacun somnolant dans son capuchon... A nouveau, marche dans les rues désertes, marche de somnambule; puis un sommeil noir et compact. Sommeil, avidement.

Aujourd'hui je te souris d'un sourire très vrai, mon ami. Tellement vrai, tellement authentique, que sûrement, tu le vois... A demain, Ami très tendre. Si je n'avais tant de travail ces jours-ci, je t'écrirais encore, à n'en plus finir... A demain...

Mardi (10 h bientôt)

Ami, mon ami, j'ai lu de Claudel ce matin, à voix haute, de *Grandes Odes,* puis le *Partage de midi* ! ! ! Depuis six heures du matin, avidement, et d'une voix que je ne connaissais pas, avec des larmes contenues et la gorge lourde de gratitude... Jubilation, et la poitrine comme délivrée, animal sans frein... Je ne savais pas que l'on eût écrit ainsi avant Saint-John Perse, non je ne savais pas !

... « Ô mon âme impatiente ! nous n'établirons aucun chantier ! nous ne pousserons, nous ne roulerons aucune trirème
Jusqu'à une grande Méditerranée de vers horizontaux,
Pleines d'îles, praticable aux marchands, entourée par les ports de tous les peuples !... »
« Ô mon âme, il ne faut concerter aucun plan ! ô mon âme sauvage, il nous faut nous tenir libres et prêts,
Comme les immenses bandes fragiles d'hirondelles quand sans voix retentit l'appel automnal !
Ô mon âme impatiente, pareille à l'aigle sans art[1] !... »
De *Partage de midi,* je n'oublierai pas, je n'oublierai plus l'extraordinaire scène de la « rencontre » d'Ysé et Mesa, que je pouvais à peine déchiffrer tout à l'heure à cause des larmes — mais larmes de joie. S'il te plaît, relis-la tout de suite. Je voudrais que tu sois là à chacune de mes découvertes ; il faut que je parle à quelqu'un et que quelqu'un m'entende, et que quelqu'un me voie rire et en soit réjoui. Dis que tu me vois et que tu m'entends, s'il te plaît.

Mardi 14 h

Ciel très bleu au-dehors, et grand soleil sur la façade; duperie un peu car il gèle; mais la lumière n'est pas une duperie, qu'est-ce que je dis là!

Je dois travailler, mon ami (exposé d'histoire de la Révolution). Je voulais attendre ta lettre pour envoyer celle-ci, puis j'ai pensé que tu serais heureux sans doute de la recevoir dès demain; de toute façon, mes lettres ne sont jamais terminées; il faut trancher à vif. (Mais la séparation, tu le sais, n'est qu'apparente.) J'espère que tu vas tout à fait bien maintenant. Je voudrais te savoir heureux.

Jeudi 16 h

Que fais-tu Ami? Écoutes-tu de la musique au coin du feu? Te promènes-tu? Il sera bientôt l'heure du thé (que j'apprécie fort moi aussi; le café, je l'aime seulement lorsque c'est Maman qui le fait... Sais-tu Ami que je suis très gourmande? incorrigible gourmande! Mais lorsque je suis très heureuse, je ne mange rien — je maigris alors à une rapidité incroyable, ce qui me fait penser que mon visage idéal doit être long, aigu... « comme un couteau », dit Maman. Peut-être verras-tu ce visage un jour. Sûrement. Ça va mieux, tu sais...) — Heure du thé, et le temps du rendez-vous quotidien avec Isabelle. J'espère que nul fâcheux ne viendra te déranger... Cela fait longtemps que nous n'avons pas parlé d'Isabelle; parviens-tu à te glisser dans sa peau? Mais peut-être es-tu moins seul maintenant. Tu ne m'as pas dit, Ami, ce que choisissait, ce que décidait Isabelle à la fin. La

vie, bien sûr. Mais la choisit-elle avec résignation, ou avec ferveur ? Je voudrais tant qu'elle guérisse, qu'elle dise le goût de vivre retrouvé, la splendeur de vivre, et l'espoir encore...
Tu me demandais un jour si les pages où Isabelle parle du désir étaient valables. Bouleversantes, à coup sûr. « Valables ? » Je crois, oui, — mais il faudrait attendre : tu sais, j'ai des désirs « neufs » — fruits verts, acides — Isabelle a trente ans. Il y a pourtant une phrase qui m'a arrêtée, une image : « fleuve pesant sur son estuaire colmaté », désir comme orienté... Non, je pense plutôt à l'insecte paralysé par l'araignée, au milieu de la toile — et qui entend battre, imminent, le cœur de la dévoreuse. Quelque chose qui se noue comme à la gorge un sanglot... Mais je ne sais pas très bien. Je te dirai plus tard.

[...]

Vendredi
[18 janvier 1963]

Malade, mon ami est malade, et je ne suis pas là pour le réconforter, pour le consoler, pour lui raconter des histoires ! [...] Guéris vite, je t'en prie ! Ton petit Prince ouvre à deux bras sur tes terres un grand soleil ; ton petit Prince délivre avant la saison tous les oiseaux prisonniers de l'hiver et se penche sur toi pour te dédier la promesse du printemps. Ouvre les yeux : tu vois bien que je suis là, toute proche, pour te garder de la maladie, de l'ennui, de la tristesse... « Je voudrais te savoir heureux... » J'aurais dû écrire : « Tu seras heureux. » Tu m'aurais crue, bien sûr, tu me crois déjà car nous édifions la confiance, à deux voix mêlées et alternées... Quelque chose de rond, de fabuleux, précieuse lune... et les grandes personnes ne peuvent la saisir — mais toi, tu dors avec la confiance contre ta joue, comme une autre joue : « Il ne peut rien t'arriver de mal. »

Je voudrais te dire la rumeur en sourdine du jour... Temps de grand vent salubre qui cerne et force la ville, rapts du vent dans les rues... Dans ma chambre, il fait bon... Si je demeure ici l'an prochain, je demanderai que l'on aménage la cheminée afin qu'il soit possible d'y faire du feu de bois. (Mais il faudra m'apprendre.) Bientôt trois heures de l'après-midi ; le travail en perspective... Mais j'ai des forces nouvelles et la même hâte joyeuse qu'au temps passé. La même jeunesse. Pourtant dix-neuf ans le dix-neuf mars, c'est vrai... et je vais délicieusement me laisser gâter par mon ami. Tu vois bien que je suis tout à fait, tout à fait dépourvue du sens des convenances. Mais mon ami serait bien embarrassé si je lui demandais « tout terriblement[1] » (Ce petit Prince... quelle exigence ! quelle inconscience ! et tyrannique avec ça...), aussi lui enverrai-je bien sûr s'il le demande une longue longue liste, longue comme ma convoitise. (Si Maman me lisait, elle serait tout à fait épouvantée et soupirerait : « Que de lacunes dans cette éducation ! » — Mais m'avoir faite disponible au bonheur, n'est-ce pas, c'est suffisant. L'essentiel même...)

Ami, quand est-ce ton anniversaire ? A vrai dire les poètes n'en ont pas, et chaque jour leur est fête. Chaque jour fête et naissance, n'est-ce pas ? Tu n'as pas d'âge et nous soufflons ensemble chaque soir la bougie d'un jour savoureux...

Dimanche 21 h

Comment vas-tu, mon ami ? Peut-être rêves-tu, ou bien te voilà déjà endormi — et je te donne la main (pour que tu n'aies pas peur du noir, là...) et j'achève à voix plus basse le conte que je te disais et que le silence prolonge infiniment... « Tu dors ? — Je dors »... et nous sourions à cause de la réponse. Dors. Il fait très froid sans doute au dehors, et tu as un peu de fièvre ; je chercherai pour toi des mots comme une eau fraîche et tu guériras demain ; je te raconterai le jour, le soir, la nuit, et le matin retrouvé, et les choses que les gens importants disent sans importance... Dors mon ami, dors ou rêve, et pense à ton petit Prince qui se réchauffe à ta tendresse, comme un oiseau transi que tu aurais pris dans tes mains... et le voilà qui se ranime, qui tressaille, qui chante; et puis ouvre tes mains : tu vois, l'oiseau ne s'envole pas. L'oiseau est bien. Bonjour, bonsoir, mon ami comme un arbre... Bonne nuit. Je t'embrasse.

Lundi 14 h

Brèves mais bonnes nouvelles de mon ami que j'accompagne bien sûr dans la campagne, sous la neige. Mais il ne faut pas prendre froid... (Heureusement, mon cache-nez est assez long pour deux.) Ami, rêves-tu d'une plage sous la neige? Cela doit être étrange... Insolite et poignant comme le rivage nu des Syrtes. Inhumain, et nous n'oserions pas parler... Il est pourtant bavard, ton petit Prince, tu sais! L'entends-tu, comme une source vive que l'été avait tarie, et qui s'en moque et coule vers l'été encore, pour être bue par le soleil?... Ami, je vais infiniment mieux; je vibre tout entière de je ne sais quelle promesse, de je ne sais quelle musique croissante; ferveur de sèves en lent soulèvement. On ne sait pas pourquoi, ni au juste à partir de quand le rapport des forces de l'espoir et de la tristesse s'inverse. Peut-être est-ce le soleil, dimanche dernier, qui a jeté sa lourde bague dans l'une de mes mains; peut-être la musique; mais plus sûrement la tendresse prodiguée. Tu m'as bien soignée, Ami. Vous m'avez tous bien soignée... mais toi bien plus que les autres. Tu sais les incantations pour exorciser le mal. Cet ami, quel ami... Moi, désormais, je veillerai sur toi. Donne la main; allons...

Mardi soir 21 h 30
[22 janvier 1963]

Ce matin me parvenait, en même temps que ta lettre, *Le Dit de la force de l'amour...* Mon silence d'alors, mon silence de ce soir, plus haut que tout cri de gratitude, voilà ce qu'il faut que tu entendes, Ami, mon ami. Et sans doute sens-tu combien ces quelques mots que j'écris viennent lentement, de très loin surgis, assourdis, résonnant longtemps, très bas...

J'ai attendu d'être seule, enfin, pour écouter parler Eluard; et pour t'écouter parler à travers lui... Mireille, à présent, se tait. Comme si le silence seul pouvait préserver un certain écho. Et je te parle à mots de velours, à mots feutrés, avec d'infinies précautions. Joie grave suscitée par la parole du poète. Joie grave infiniment suscitée par l'offrande. Et je ne proteste pas, je ne m'exclame pas, parce que tu es de ceux qui comprennent sans le secours des mots, et que je peux rester simplement silencieuse, mes bras autour de ton cou, jusqu'à ce que s'apaise le cœur battant encore un peu trop fort.

Bientôt dix heures... Tu vois comme le silence étire et ponctue ma lettre... Demain matin, je te dirai tout ce qu'un petit Prince bavard voulait te raconter, petit Prince qui s'endort déjà, confiant, heureux, la joue contre ta main. Bonne nuit, toi.

Mercredi 8 h

Bonjour, mon ami, bonjour ! As-tu bien dormi ? Du meilleur sommeil, sans rêves ? D'un sommeil heureux ? Toujours la neige au dehors ? Je n'y puis rien, tu sais : les nuages m'échappent... Ici, où nous fûmes cette semaine préservés du froid, il gèle à nouveau. Le petit Prince a mis son habit ce matin. [...]

Isabelle. Isabelle est lucide. Isabelle a trente ans. Et le final bien sûr est « dans la logique des choses ». Mais je me demande dans quelle mesure on peut vivre sans espoir... [...] Cette phrase : « Isabelle est lucide et comme elle n'entend pas composer avec l'amour, et la vie, elle sait parfaitement ce qui l'attend », je ne l'accepte pas, elle est en contradiction flagrante avec tout ce que tu as écrit jour après jour pour ton petit Prince en perdition. Isabelle est désespérée, et c'est « dans la ligne du personnage ».

Mais toi ?

et c'est une question atroce, je sais. Mais je la pose quand même. Parce que je suis ton amie. Je t'en prie, rassure-moi ; Eluard a aimé Dominique après la mort de Nush, il l'a aimée n'est-ce pas ? « La longue suite d'années grises et désertes... » Non ! non, non, non...

Et si tu ne crois pas, si peu que ce soit, qu'un visage peut surgir devant le tien qui abolisse la grisaille future, je n'aurai pas assez de toute la force que tu m'as donnée pour te consoler. Tu vas me répondre : Mon petit Prince, je vis d'espoir, et jusqu'au dernier jour, je vivrai d'espoir s'il le faut...

Tu n'as pas le droit de dire comme Isabelle « Je sais ce qui m'attend ». Tu entends, Ami, tu entends, mon ami infini ? Tu ne sais pas ce qui t'attend.
[...]

Jeudi 16 h
[24 janvier 1963]

Enfin le temps d'écrire longuement à mon ami... et c'est vrai que j'ai un tas de réponses en retard, si bien que je ne sais pas laquelle commencer.
Pourquoi je ne vais pas au cinéma le dimanche avec Josette? Josette a très peu de loisirs cette année, car elle prépare le concours d'entrée à Fontenay, et je la vois assez rarement. Lorsque nous nous retrouvons, ce sont d'interminables conversations, et nous ne songeons pas à sortir, alors même que nous le pourrions. Le plus souvent, c'est au restaurant que je la rencontre, le soir. Nous revenons chez moi après le dîner, et nous n'en finissons pas de bavarder. Très raisonnablement, Josette devrait me quitter à dix heures et demie, heure à laquelle passe un car. (J'exige qu'elle rentre chez elle en car, tu comprendras pourquoi tout à l'heure); mais nous prolongeons ces heures douces trop rares jusqu'à minuit (heure du dernier « bus »). Passé cette limite, il faudrait qu'elle dorme chez moi, et le ferait si elle ne devait le lendemain à l'aube aller chez elle chercher ses livres de classe. Mais elle pourrait rentrer à pied, penseras-tu... Non. Nous l'avons fait souvent l'an passé, et ne récidivons pas à

cause de sérieuses alarmes. La faune, comme tu le dis, n'est pas de premier ordre... Nous gardons le souvenir d'une nuit d'angoisse aux approches de Noël 61, après laquelle nous nous sommes, un certain temps... cloîtrées. Jusque-là nous avions pris un grand plaisir à revenir à pied du cinéma jusqu'à l'avenue de Muret et nous aimions la nuit passer sur les ponts déserts. Je me souviens d'un soir de grand vent où l'on pouvait à peine marcher sur le pont Saint-Michel... Cette nuit-là, très claire et froide, nous avons eu très peur. (Toulouse, même lorsque tout le monde dort, « les grandes personnes et les grands-parents, la bouilloire et le chien de garde, les mouches et l'araignée[1] »... n'est pas un séjour idéal pour un petit Prince... ingénu!) Et c'est vrai qu'il était deux heures du matin... Hautes portes cochères et le vent dans les rues, et le bruit de nos pas répercuté par les façades closes. Lorsque pour la deuxième fois la voiture blanche a freiné sans bruit près de nous, nous avons commencé à trembler. « Ne vous affolez pas », disait... celui qui se penchait à la portière, tandis que le conducteur manœuvrait pour nous barrer le passage à l'angle de la rue... Mireille ne s'affolait pas encore, non, inconsciente du danger... Et puis j'ai vu le visage de Josette si sûre d'elle et calme d'ordinaire, mais qui venait de regarder l'allure des deux individus... Te raconter notre retour jusqu'au domicile de Josette (et comment aurais-je pu aller jusque chez moi, seule?), je ne le pourrais que si tu connaissais les rues de Toulouse, la géographie de la ville... Il gelait, et nous marchions pourtant pieds nus dans de petites rues que nous ne connaissions pas, nos chaussures à la main. Au bord des larmes. La voiture est passée près de nous, phares éteints, très lentement; mais nous étions cachées derrière une voiture en stationnement. Nous ne sommes arrivées chez Josette que vers quatre heures du matin, transies, exténuées. Le lendemain soir, à huit heures, la même voiture contenant les mêmes individus a suivi Josette qui rentrait chez elle après le repas du soir... Ce ne fut pas fini, mais ce que j'évoque là est sordide, et je ne t'en dirai pas davantage. Cela a pourtant beaucoup d'importance : préservées, nous avons cependant entrevu l'an passé un monde atroce et pourtant banal — toute une profondeur insoupçonnée de fosse, de bas-fonds ; et c'est grave, même si personne ne le reconnaît, que des filles de dix-huit ans ne puissent pas quand il leur plaît aller écouter le vent au bord du fleuve, ne puissent pas se promener paisiblement dans la nuit. Je sais que tu comprends ma révolte d'alors, et l'exaspération sourde qui certains soirs encore me tourmente. Si tu étais là, mon ami, je n'aurais aucune crainte. On me laisserait tranquille, on te laisserait tranquille : parce que tu es un homme. C'est injuste ! C'est bête.

C'est triste, parce qu'au contact de ce monde cruel d'adultes déchus, quelque chose s'est brisé : une confiance spontanée... Deux ou trois fois cette année, je suis rentrée chez moi vers minuit ; je n'étais plus à l'aise dans la nuit comme avant ; je restais sur mes gardes... Ne sois pas triste : il suffira qu'une fois, en Provence, au bord de la mer ou ailleurs, tu écoutes la nuit auprès de moi, pour que s'effacent ces réticences. Au Plus-Tendre-Pays, je n'aurai pas peur, Ami... [...]

ם

Vendredi
[25 janvier 1963]

Heureusement que tu es là, heureusement que tu me parles et que je guéris à vue d'œil; car j'ai charge d'une petite fille très triste, d'une petite fille qui n'a plus goût de rien : celui que nous appelions « le fiancé » d'Hélène, à qui nous allions la confier, l'abandonne. Il n'y a rien à ajouter après ces mots, Ami, n'est-ce pas ? Ce garçon est fou, complètement fou ; abandonner Hélène... Le sourire d'Hélène, et sa confiance infinie... La raison de la rupture : il la sentait supérieure à lui, moralement et intellectuellement, et comme s'il pouvait par là affirmer sa puissance, il l'a rudoyée, tourmentée, délaissée; puis, lorsqu'il s'est aperçu qu'il ne serait pas maître d'elle, il l'a renvoyée. Voilà — Ton petit Prince est un peu las, à force de colère et de révolte... Et je redis : Heureusement, j'ai un ami, quelqu'un en qui je crois et qui m'a consolée... Sinon, comment pourrais-je veiller sur Hélène, comment aurais-je maintenant la force douce et sans relâche qu'il faudra pour lui donner encore confiance ?... Josette même a du chagrin ces jours-ci, un chagrin qu'elle tait mais qu'on devine dans son sourire moins affermi. Un sourire navré... Pourtant il est sûr qu'aucune de nous ne fera naufrage ; nous saurons vivre, vivre mieux, vivre libres. Pour moi, je ne peux plus être désespérée, le malheur n'a plus prise sur moi, tu m'as mise hors d'atteinte du mal, dans un séjour de confiance et de tendresse, et j'entends, et je vois, au-delà des larmes. Alors je veillerai auprès d'Hélène, jusqu'au jour où elle aussi se reconnaîtra hors d'atteinte, par la force de l'amitié.

[...]

Dimanche 10 h

Bonjour ! Bonjour mon ami... Je voulais t'écrire hier soir mais j'étais exténuée et me suis endormie à huit heures en te souhaitant une très douce nuit ; à peine le temps de songer que tu écoutais sans doute parler Isabelle, à peine le temps de te tendre une joue confiante... Comme j'ai bien dormi ! [...] Tout à l'heure, lorsque je me suis éveillée, le jour se levait à peine. Il n'était pas huit heures ; je me suis habillée très vite, et je suis sortie pour aller prendre une douche. La ville, à cette heure le dimanche, est silencieuse et déserte encore ; c'est ainsi que je la préfère ; on croise si peu de gens qu'on peut leur sourire — sourire de complicité bien sûr... Je n'aime pas m'éveiller après le jour : il me semble alors être en retard à un rendez-vous, et j'ai mauvaise conscience... Peut-être dormais-tu encore, toi, peut-être dors-tu encore ? Je voudrais bien venir m'en assurer, afin de savoir si je peux parler à voix haute ou s'il faut que je referme tout doucement ta porte et que je m'en aille sur la pointe des pieds... Tout de même, c'est péché que de dormir par un matin si clair, si bleu, et puis j'erre comme une âme en peine dans ta maison... Alors je t'éveille en riant.

Que vas-tu faire aujourd'hui mon ami ? Écouter de la musique, bien sûr. Parler à Isabelle. Et me parler aussi, non ? (Car bien sûr, je ne suis pas Isabelle ; et « tout nous sépare » ; j'avais surtout peur que l'auteur ne se sente parfois aussi démuni qu'elle... Mais tu me rassures, puisque tu crois que « demain il fera jour[1] ». Demain, oui, il fera beau ; — temps de grand soleil — Et c'est bon d'aller tout doucement vers l'été.)

Hélène non plus n'est pas Isabelle. Sa peine sera longue à guérir, mais au jour de sa souffrance, je la vois naître, grandir ; et peut-être après tout faut-il souffrir pour naître... « Mais à condition d'en avoir conscience... » Peut-être est-ce le malheur qui éveille la conscience que le bien-être engourdissait. « Non, je ne regrette rien... » Hélène, un jour, ne regrettera rien. Jusqu'à ce jour, il faudra rester auprès d'elle et lui donner la main. Et si long que soit ce temps de convalescence, je sais déjà qu'elle en viendra à bout. Cela la réconforte, tu sais, de voir que j'ai repris confiance. Il était temps, comment l'aurais-je consolée ?

Dimanche 17 h

Hélène et moi, nous sommes allées au cinéma tout à l'heure voir *Les Dimanches de Ville-d'Avray*[2]. Film bouleversant ; mais je voudrais n'en rien dire avant que tu saches ce dont il s'agit. Il faut que tu voies ce film, tu sais... (Tu n'oublieras plus le visage de cette petite fille, ni celui de son ami...) Peut-être le pourras-tu bientôt, lorsque tu seras à proximité de Paris ? Pourquoi te montrer si « récalcitrant » mon ami ? Deux semaines perdues pour Isabelle, cela est important, c'est vrai. Mais peut-être découvriras-tu, peut-être rencontreras-tu des gens qui valent qu'on les connaisse ? Tu ne sais pas encore ce que seront ces quelques jours, pourquoi leur réserver par avance un mauvais accueil ? Que vas-tu apprendre durant ce stage ? Il faudra me le dire, m'écrire même et surtout si tu t'ennuies. [...] Aimes-tu encore dessiner, Ami ? S'il te plaît, dessine-moi un oiseau bleu, qui s'envolera lorsque j'ouvrirai ta lettre...

Mardi
[29 janvier 1963]

« Quand nous nous retrouvons, Josette et moi, ce sont d'interminables entretiens. » Non, Monsieur, nous ne parlons pas chiffons, ou si peu... Josette qui a un goût très sûr choisit ses vêtements sans hésiter, sans balancer; le petit Prince s'habille simplement, comme il se doit (la petite sœur est coquette pour deux). Mimi a tout de même une préférence pour son manteau bleu (ou vert, on ne sait pas très bien) à cause de la couleur, mais aussi des boutons d'argent et du col si doux en laine blanche. (Elle possède plusieurs colliers qu'on lui a offerts, mais... c'est Hélène qui les porte.) Parle-t-on de garçons? Oui, mais pas spécialement (sauf Michel et le « fiancé » d'Hélène, examinés sous toutes leurs coutures, forcément). Des garçons et des filles que l'on connaît, et des adultes nos voisins, des professeurs bons ou mauvais, des camarades quittés, retrouvés. De ceux que l'on aime (à une exception près; je ne parle pas de toi : tu es mon ami secret, à moi toute seule). D'Hélène beaucoup. De Michèle que tu ne connais pas, qui nous donne du souci car elle est infiniment vulnérable et toujours triste, malgré nous. De l'amour — un peu, souvent, je ne sais pas... avec ou sans le mariage.

(Mais c'est la même chose, non ?) Tu apprécierais comme moi l'intransigeance de Josette. On parle de musique, oui, de poésie beaucoup : nous aimons toutes deux Eluard, Saint-John Perse, Aragon... Et puis nous nous racontons des choses du temps où nous ne nous connaissions pas, et nous évoquons à plaisir les heures partagées. Nous savons aussi nous taire, tu sais. Surtout nous taire et sourire. Il faut à chaque parole inachevée, légère, le silence qui la prolonge et lui donne son poids...

— Nuit — Merci de ta lettre de ce matin, mon ami, et merci infiniment d'avoir voulu me réconforter, « au cas où j'en aurais eu besoin ». (Et de fait, j'ai toujours besoin de tes lettres, car si l'apaisement m'est venu de notre dialogue, je sais bien que l'équilibre retrouvé est fragile encore, et que je m'effondrerais si ta parole me faisait défaut.) Et je suis, bien sûr, attristée ; mais comme il faut tout le jour que je tisse autour d'Hélène, à force de paroles, de silences et de gestes tendres, une douce armure de confiance — sourire pour la voir sourire, parler pour qu'elle me réponde et se délivre, lui désigner comme en passant ce qui vaut d'être vu —, je me prends moi-même au jeu et me console. Et d'ailleurs, pourquoi ne pas avouer que nous sommes soulagées, Josette et moi ? Ce n'est pas sans appréhension que nous pensions à ce mariage qui devait avoir lieu le 18 août. La gentillesse de ce garçon ne pouvait faire oublier tout à fait son passé récent, ni sa réputation de « noceur »... Seulement on croit toujours aux miracles. Tu as raison : Hélène l'échappe belle... Et c'est vrai qu'il est terrifiant de songer que l'on se donnera toute à quelqu'un que peut-être on connaîtra mal. Je crois que, dans la plupart des cas, les gens qui se marient n'ont pas conscience de ce qu'ils font; l'irrémédiable ! Ils flirtent avec la vie, comme s'ils pouvaient remettre à plus tard de vivre. Ils se savent mortels, mais ne se sentent pas éphémères. Ils font n'importe quoi, n'importe comment, et puis soupirent d'un air entendu : « C'est la vie... » Ces petits mots-là, lorsque je les entends, me donnent envie de crier.

Et nous, bien sûr, nous ne sommes pas « raisonnables », nous ne sommes pas « comme les autres ». L'aurons-nous assez entendu... Ma petite maman sait très bien dire cela, avec une moue d'indulgence grondeuse; et encore : « Ne sois donc pas si passionnée, si intransigeante, tu te blesseras. »

Je ne sais pas plus que toi jouer aux cartes. (Il y a quelques années, des camarades avaient tenté de compléter sur ce point mon éducation, mais je perdais si régulièrement, avec tant d'indifférence, qu'on m'a bien vite laissée tranquille dans mon coin.) Mon ignorance de la technique des mots croisés me vaut en général l'indulgence amusée de ceux à qui je l'avoue. Quant au twist... il suffit que la petite sœur amuse la famille; lorsqu'on s'inquiète de mon abstention, je prétexte ma gaucherie naturelle et l'ignorance où je suis de ces... rites.

Réflexion d'une amie de la famille : « Marie-France a toujours "eu son âge". Mireille... »

« Mon inaptitude à jouer, à me livrer à des actes gratuits... » Oui, mais je sais bien de quel côté est le ridicule, la vanité. Et plus loin : « Tu vois, je me dévoile, et ce n'est pas réconfortant. » Mais là, je sens que mon ami sourit. Nous nous comprenons bien.

Ceci encore : « ne pas prendre pour m'écrire longuement sur ton temps de travail, de sommeil, de musique ou de poésie ». Je voulais justement dire à mon ami qu'il ne fallait pas renoncer aux lectures du soir pour complaire à un petit Prince volubile. Si j'écris si souvent à mon ami, c'est qu'il est la seule personne à qui je puisse me confier sans aucune réticence; les parents, tu sais bien que malgré leur amour, ils ne comprennent pas tout. (C'est étrange que sans m'avoir faite, sans même m'avoir connue lorsque j'étais petite, tu me « saches » si bien.) Je te parle, tu me réponds et je vis mieux. Mais, bien sûr, il ne faut pas que je t'empêche de travailler en venant trop souvent me faire dorloter. Pour moi, je ne travaille vite et bien que lorsque je suis heureuse. Et si tu voyais comme je rattrape depuis Noël le temps perdu d'un premier trimestre au bilan nul! Ne me gronde pas, va...

Dans une prochaine lettre, je répondrai à toutes tes questions. (Maman me reproche souvent de laisser les siennes sans réponse.) C'est que j'ai vraiment trop de choses à dire.

[...]

Jeudi
[31 janvier 1963]

Oh comme ta lettre est belle, comme ta lettre est belle, mon ami ! C'est peut-être à cause de l'oiseau qui s'est envolé dès que j'ai déplié la feuille... (Pas celui qui dort dans ses grandes ailes, à la limite d'un rêve, soutenu du souffle d'un enfant [qui dort], mais l'oiseau du matin, comme un haut cri de joie...) Et c'est tout à fait l'oiseau bleu ; bien sûr, je ne l'avais jamais vu (Je crois que lorsqu'il est passé je fermais les yeux à cause du soleil), mais comment ne pas le reconnaître ?

Peut-être à cause de l'attente que j'en avais, ou à cause du grand baiser mouillé d'écume que tu me donnes. Et puis, comme tu sembles heureux ce matin, Ami ; sûrement, il fait soleil sur tes terres, et les sèves un peu folles crépitent sous les écorces, se bousculent. Tu vois, c'est le printemps. (Tout à l'heure par la fenêtre de la classe, je regardais les moineaux s'ébattre dans les branches encore nues ; dans le ciel autour, très pâle encore et diluée, mais certaine, une promesse.)

[...]

Tu parles des nuits de Provence, et ta parole a goût de promesse. Les nuits de Gordes... Je saurai, n'est-ce pas... Tout un royaume, et je m'attarde au seuil, interdite un peu. Tu es sûr que je peux entrer ? que les bêtes et les choses, dérangées, ne vont pas se taire ? que je n'effraierai pas le petit duc, ni les cigales ? A Toulouse, il n'y a pas d'oiseaux de nuit — seulement des chats qui se plaignent lamentablement, des chats hargneux comme l'ombre même de la ville.

Comment pourrais-je te gronder de ce que tu dis de ma sœur, quand parlant d'elle à Josette — et le petit Prince hoche la tête — je redoutais qu'elle ne soit un jour femme à faire souffrir. « Ravageuse » un peu. Et le jugement que je peux formuler n'a rien d'une impression superficielle. Elle est femme et l'a toujours été, infiniment plus que moi ; « fine, intense, jolie » toujours autant ; « bien organisée », oui ; chatte, un brin ; câline et malicieuse ; mais elle griffe parfois, terriblement... Pourtant, tu sais, il ne faut rien présumer de son avenir, et lui rendre cette justice qu'elle ne s'est jamais jouée d'aucun garçon et malgré sa désinvolture apparente n'a jamais flirté. Touchante par son amour d'aujourd'hui... Mais j'ai peur que plus tard, elle ne soit attirée par un garçon plus mûr, plus adulte : Michel a tout juste dix-sept ans... Mais non. Je lui fais confiance. Je leur fais confiance. L'amour peut-être décapera le vernis « mode » de Marie-France.

Et moi je suis « l'élément », dis-tu. L'argile à pétrir... La matière première... Je te crois, et je le sens. Quant à être fâchée... Voir Mimi huit ans, experte en réponses de haute malice... Et ne demande pas pourquoi je souris, sinon je croirai que tu es une véritable grande personne à qui il faut toujours des explications, une véritable grande personne aveugle. Je suis injuste : je l'aime beaucoup pourtant ta question... Lorsque je souris des paroles de Maman, c'est parce qu'évidemment elle se trompe. (D'ailleurs elle le sait et ne parle ainsi que pour se rassurer.) Lorsque je souris des paroles de mon ami, c'est que mes lèvres retrouvent ce pli qu'elles avaient, du temps de mon enfance, de rire de bonheur à tout venant; c'est que je n'ai pas désappris l'émerveillement, ni la ferveur, ni la soif. — AMI... — « Comment veux-tu que j'aie la moindre envie de me lier avec qui que ce soit, puisque j'ai une amie ? » Mais il me semble que mon amitié n'est pas, de ton aveu, « le seul bien qui te fasse défaut » ? (Je te taquine, mais à voix tremblante, Ami. Sotte fille !) Tu sais, je ne vaux peut-être pas qu'on m'aime si fort. Tu es un très grand Prince régnant, aux infinis royaumes; et moi un tout petit aux mains nues; encore est-ce ta générosité qui me fait prince... En tout cas il ne faut pas — *je te gronde très fort !* — refuser de connaître les autres. Quand je dis « connaître », bien sûr... on ne connaît pas vraiment ses compagnons de travail. Mais si tu ne vas pas à leur rencontre, peut-être laisseras-tu passer de merveilleuses chances... Mon ami à moi, je dois me défendre d'être un petit Prince exclusif et tyrannique, je dois me défendre de mettre mes mains sur tes yeux et de clore à deux bras ton horizon... Mais si des « autres » il ne te vient que du mal, alors je me mettrai entre eux et toi.

Jeudi. Nuit. 10 h

L'oiseau que tu m'as dessiné vole dans ma chambre... J'ai eu soif tout à l'heure de quelque chose de très beau; j'ai écouté Mozart. Infiniment...

Mon ami, mon ami, donne tes mains à mon visage pour que je dorme. L'ange m'a oubliée ce soir... Je t'embrasse.

[...]

Vendredi

Mon meilleur ami, [C'est vrai que les gens parlent de « leurs amis » comme s'il pouvait y en avoir beaucoup à la fois. Tu sais, quand je dis « mon meilleur ami », ce n'est pas par rapport à d'autres, mais par rapport à toi : mon ami « meilleur » qu'il ne l'était hier... Mais te comparer à d'autres... non !] * — il faut que je travaille... et je vais avoir plus de plaisir encore à préparer ma dissertation, puisque tu m'aides à la faire. Voilà que je te donne même du travail supplémentaire, alors que tu n'as pas assez de tes loisirs pour mener ton œuvre à bien ! Je t'avais bien dit que j'étais terriblement encombrante... Garde-moi tout de même, s'il te plaît... Qu'est-ce que je deviendrais sans toi ? Je t'embrasse fort, comme je t'aime.

Nuit

... Tu parles d'adhésion immédiate au *Concerto pour flûte et harpe,* et de lente imprégnation du *Concerto pour clarinette.* Je le sens ainsi moi aussi ; le premier reçu d'emblée, si parfaite réponse à ma soif, que je m'étanche, me délecte ; jouissance sans ombre, comme d'un grand soleil sous lequel je m'abolis ; j'oppose au second une intime résistance — naissance d'une inquiétude, angoisse latente : je suis le premier ; je suis *devant* le second ; située à une distance secrète... Cela me

* Le passage entre crochets a été écrit en marge. Il est appelé par un astérisque.

fait songer à l'émerveillement pur d'un certain « Crépuscule[1] » — communion — et à l'atmosphère du lendemain soir — dualité. Et ce doit être aussi la différence entre l'instant de volupté et celui qui le suit, non ?

Je pourrais parler dans cette dissertation de la connaissance que j'eus d'Aragon et d'Eluard l'an passé. J'ai aujourd'hui cette impression, peut-être injuste, qu'Aragon écrit parfois sans obéir à cette nécessité absolue dont parle Rilke ; qu'il s'emballe comme un petit cheval ; qu'il bavarde... Est-ce que tu sens ce que je veux dire ? Eluard n'a pas de ces feux d'artifice ; il voit si loin, si haut que d'emblée on ne peut le rejoindre, mais après, on n'en finit plus de découvrir...

...

Ami, peut-être achèves-tu tes préparatifs de voyage ; il ne faut pas être triste : tu sais bien que je t'accompagne... Pars-tu en voiture ? Sois prudent... ces terres où tu vas me sont étrangères, je ne puis y faire la pluie et le beau temps (à moins que tu ne me les donnes !) ; prends garde au verglas... Et puis, ne joue pas les misanthropes : tu es d'accueil et non de refus ; et si tes compagnons ne valent pas que tu leur fasses bienvenue, regarde au-delà de leur visage, au-delà de ton ennui le signe que je te fais... S'il te plaît, fais-moi un grand sourire... Là... Encore... Et le pédagogue poussiéreux qui t'accablait de propos insipides s'étonne de ton allégresse... Mais comme tu as un sourire attendri, comme ce monsieur-là a été un certain temps petit garçon, comme ce monsieur-là s'ennuie à force de parler de choses sérieuses, il se met à rire doucement lui aussi... Quand tu auras réveillé tous leurs sourires d'autrefois, tu ne t'ennuieras plus, et pour ta peine je t'embrasserai... D'ailleurs je t'embrasse tout de suite pour te donner du courage... — Mon ami fabuleux... tu es un peu comme l'oiseau bleu : je ne te vois pas, mais je sais que tu es là, tout près... ta main comme une aile contre ma joue. Bonne nuit, toi. Dors au creux de ma tendresse.

Samedi

Oh, mon ami fou, comme tu me gâtes ! Je n'osais espérer ce matin un signe de toi ; pour me consoler à l'avance je pensais qu'à cause de cette grève des postes, évidemment... Comme on dit, je « me faisais une raison ». Et me voilà choyée, encore une fois...
[...]

15 h

Si tu voyais comme il neige bien ! très finement mais continûment depuis ce matin dix heures, et tout à l'heure, lorsque je suis sortie, le sol glissait dans la rue déserte sous une poudre craquante ; en plein visage un baiser froid, joyeux... Si tu étais là, nous irions dans la campagne, là où personne n'a marché ; je pense à « mes » bois profonds que je voudrais que tu connaisses. Je ne m'y suis jamais promenée par temps de neige ; non que j'eusse peur du loup : mais ma mère et ma grand-mère n'auraient pas permis que je m'en aille seule ; et Marie-France, petite fille de porcelaine, préférait à l'aventure les jeux tranquilles dans la cuisine chaude. D'ailleurs, c'était plaisir que de la voir jouer : à la poupée, maternelle, indulgente à souhait — ou à l'institutrice, avec un sérieux inimitable, rédigeant de véritables cahiers de préparations, se penchant à droite, à gauche, sur d'imaginaires élèves, haussant les sourcils, faisant les gros yeux, excédée parfois, puis à nouveau patiente... Moi je n'ai jamais vraiment su jouer; j'aimais les arbres et les livres; et j'étais, me dit-on, « toujours dans la lune »; il paraît qu'un jour j'ai oublié l'heure du dîner, et qu'on m'a trouvée assise dans la cour, en train de rêver. Quelle drôle de petite fille! Un peu cheval sauvage aussi, genoux égratignés et tabliers déchirés aux ronces parfois... de cela je me souviens bien. Ami, tu me raconteras tout ce temps où nous ne nous connaissions pas, veux-tu?

...

Hélène est venue me voir. Pauvre petite fille amère et lasse... Mais elle dit elle-même, malgré sa peine, que la rupture nette est préférable à une vie de pis-aller; tout ou rien, n'est-ce pas? Tu sais, je crois que tu es un peu injuste lorsque tu parles du désir de sécurité des filles, du désir de certitude... L'amour, ce n'est pas précisément la sécurité, ni le confort; c'est quand on commence à aimer vraiment quelqu'un qu'on s'aperçoit de la fragilité des choses et des êtres, de leur fugacité, qu'on éprouve les limites des gestes et des paroles; on souffre, comme devant toute chose trop belle, trop grande. Non? Tu devrais bien plutôt parler du désir d'aimer quelqu'un, du désir de grandir, de faire craquer les gaines douillettes, d'une grande soif de liberté; la racine du vent, voilà ce qui pousse les filles; c'est précisément tout le contraire d'une recherche de la stabilité... Je m'arrête : mon ami a un petit sourire en coin, et puis n'est-ce pas, à dix-neuf ans...

Monsieur Miracle, souverain contre le froid, la faim et l'ennui, peux-tu guérir aussi le torticolis dont je suis affligée depuis ce matin, et qui me donne un air penché, comme si ma tête était plombée du côté droit ? Tu souffles sur le mal ? Alors bien sûr cela ira mieux tout à l'heure.

Ami, mon ami, où es-tu ? Je m'ennuie de toi malgré tout ce que tu m'as donné... Il est un peu plus de cinq heures de l'après-midi : peut-être roules-tu vers Paris ? Peut-être, bien au chaud, parles-tu pour Isabelle... Quel goût avait ce dimanche ? Moi, apparemment j'ai été seule ; et je sais bien qu'il ne faut pas se fier aux apparences, je sais bien que tu me donnais la main ; seulement, comme je souffrais un peu, je ne le sentais pas toujours. J'aurais dû t'écrire plus tôt, mon ami expert en délivrance. Que me prescris-tu ? Suis-je sotte ! Je n'ai qu'à lever les yeux (pas la tête, aïe !). Comme ils se laissent infiniment contempler et caresser, ces visages... Te souviens-tu de cette reproduction d'un portrait d'Égyptienne, que tu m'avais envoyée l'an passé ? On ne pouvait soutenir son regard et, dans ma chambre, ce visage se trouvait à l'étroit ; mais ceux de la Vierge et des saintes[1], celui de la Jeune Fille au chapeau[2], tournés vers un paysage intime, ont un espace intérieur et secret qu'ils creusent, qu'ils imposent. On peut les regarder tant qu'on le veut sans crainte de réciprocité, comme du dehors, par un huis.

Sais-tu, il a neigé ici, et j'ai descendu ce matin dans ma royale cour... Personne encore n'était levé lorsque je suis sortie : plaisir du vierge sous les pas et de la fraîcheur sur les lèvres ; jour plus salubre qu'à l'ordinaire, d'autant que le ciel était clair. Ce soir, j'ai vu sous la neige le cloître des Augustins, aux longs cyprès se profilant entre les rosaces de pierre, désert et sans oiseau. Un moment, j'ai erré entre les chapiteaux et les gargouilles, les statues d'apôtres et les gisants démesurés. Mais ces figures de pierre me donnaient froid, alors je suis rentrée chez nous. Je crois que je suis un peu malade ; pas triste, oh non, pas triste puisque j'ai un ami, seulement fatiguée. Tu veux bien me cajoler ? C'est vrai que je me fais lourde à ta main ; je me demande si ma mère éprouve l'exil de ses genoux ? Tu es sûr que tu peux me garder, que je ne vais pas t'empêcher de travailler ? Je me ferai toute petite près de ta cheminée, et je promets de demeurer sage comme une image. Il fait bon chez toi, mon ami, on a bien chaud au cœur.

Lundi

Voilà mon ami revenu, qui n'était pas parti « pour de vrai ». Mon ami qui prend son ton le plus intransigeant pour « m'assener une vérité explosive » en craignant de me faire mal ! ! ! Et j'ai relu plusieurs fois ta lettre tant je comprenais mal ces scrupules, ces excuses... « Pauvre, pauvre petit Prince, pardonne-moi... » La vérité, c'est que je suis tout à fait de ton avis (et j'aurais bien voulu que tu entendes certaines longues conversations de l'an passé, dont je te parlerai), seulement chaque fois que j'ai essayé de le dire, on m'a traitée de folle ; Josette et moi nous devions sembler l'an passé de bien étranges créatures à certains de nos camarades... Alors, avec toi, oubliant que décidément j'avais un ami pas comme les autres, j'ai eu cette phrase... prudente : « Mais c'est la

même chose, non[1]?... » Et tu as peur de m'avoir blessée!!! Mais crois-tu que je ne sache pas depuis longtemps que ces couples que je vois vivre autour de moi, vivre mal, ne s'aiment pas vraiment?... [...] Je souris — un peu tristement — lorsque ma mère dit que je ne peux rien comprendre encore à l'amour; nous ne parlons pas de la même chose, nous ne nous comprenons plus... Heureusement, j'ai un ami qui, dépassant toute attente, proclame que « l'amour exclut le mariage ». Je ne suis pas tout à fait folle donc; ou si je le suis, mon ami l'est aussi, et je suis heureuse de l'être.
A demain, toi. Je t'embrasse.

Mardi
[5 février 1963]

[Merci, Ami, tu arrives toujours à temps, tu parles toujours à temps, tu es ma sauvegarde *...]

Ami, tu auras de moi tout à l'heure deux longues lettres, mais je ne peux attendre pour répondre à la tienne lue et relue à n'en plus finir. Je te préviens qu'il est tout à fait inutile de me gronder : j'ai travaillé hier avec une constance qui a suscité l'admiration d'Hélène et j'ai la conscience en paix... Et d'abord que je te remercie de cette page d'Isabelle aux si doux reflets; que de merveilles tu sais, et comme tu les dis bien! Tu écris un livre à la fois désespérant et merveilleux, un livre qui déchire et pourtant console par ce qu'il évoque... Tout au moins est-il promesse poignante à qui peut faire, des regrets d'Isabelle, ses convoitises. « Le pain tendre des nuits partagées. » Et cela aussi me reste à connaître, fruit d'une autre saison... Et même si je n'y dois mordre jamais, que cela soit possible m'éclaire, m'apaise, me réconcilie avec les jours à venir.

J'en viens à ton réquisitoire intransigeant et pourtant semé de contradictions. (Parfaitement,

* Ces deux lignes ont été écrites une fois la lettre achevée.

Monsieur !) Je t'ai rassuré hier : ce que tu me dis, loin de me peiner ou de me choquer, me *délivre*, me *rassure*. Songe un peu : j'étais au bord de renoncer à cette vérité soupçonnée que tu cries bien haut, *j'étais au bord du reniement*... Pardonne-moi : chaque fois que j'ai essayé de m'exprimer sur ce point, ou les gens se sont indignés ou les gens ont souri avec indulgence en pensant qu'évidemment je n'étais qu'une petite fille parlant à tort et à travers, une petite fille qu'il fallait envoyer au lit puisqu'elle déraisonnait. L'an passé — et du reste durant toute ma scolarité — j'étais la benjamine de la classe : on me pardonnait en souriant mon intransigeance... « Cette petite Mimi... On voit bien qu'elle n'a pas vécu, qu'elle ne sait pas ce que c'est que la vie... »(? ? ! ! !) *Dans le meilleur des cas*, on me concédait que deux êtres pouvaient s'aimer sans se marier, — qu'« *à la rigueur* » *l'amour*, « *avec ou sans le mariage* » *cela revenait au même*. D'où cette phrase à laquelle tu réponds longuement et qui eût passé pour un comble d'audace au jugement de mes respectables interlocuteurs ordinaires. Je n'avais encore rencontré que Michel et Josette aux yeux de qui le mariage soit non seulement superflu, mais encore quelque chose comme une réticence à s'engager dans la vie commune, un doute à la première heure, et plus qu'une union, l'amorce d'une faille.

Lorsque j'ai voulu le dire à mes parents, je les ai inévitablement blessés — et c'était scandaleux bien sûr ce que j'osais... (Tout aussi scandaleux que cette question posée à ma mère pendant les vacances de Noël, un jour de grande tristesse : « Pourquoi m'as-tu faite ? ») Mais je crois que si j'ai un enfant — un enfant que j'aurai désiré, et non conçu par hasard — je saurai lui répondre, maintenant (quelle vanité tout de même !) : « Je t'ai créé parce que... et je t'ai créé pour... Tu es la négation de l'absurde. » Mais peut-être n'oserai-je pas donner la vie... Moi je me sens un peu ta fille, parfois, souvent, parce que tu m'aides à grandir. Quel effet cela te fait-il d'avoir un enfant à élever ? — une fille secrète... Merci de ton serment d'amitié : tu sais, je n'ai *jamais, jamais* pensé que tu m'abandonnerais, jamais, tu entends ? Si j'ai écrit que ta parole pouvait un jour me faire défaut, c'est que je songeais que nous sommes éphémères, l'un et l'autre. Si je te crois ? Il demande si je le crois ! Je t'embrasse.

Je m'aperçois que j'ai oublié de te dénoncer tes contradictions. Tu parles de « dilemme ». Il n'y en a pas. « La passion *ou* le mariage. » Mais s'ils s'aiment passionnément, pourquoi veux-tu que deux êtres songent un seul instant à... demander une autorisation à qui que ce soit ?

S'ils s'aiment passionnément, avec folie et lucidité désespérée à la fois, tu crois que d'instinct ils n'écarteront pas les solutions de facilité, tu crois qu'ils « s'adonneront à l'amour » entre les travaux ménagers et les soucis domestiques, liés par un... contrat ? — Dilemme ? Mais en quoi ? Il me semble qu'il n'y en a pas, que c'est tout vu. Il y a les tenants du mariage, et les autres. On ne peut pas être à mi-chemin...

Mercredi 14 h
[6 février 1963]

Mon ami à moi, vite, vite, donne-moi la main, parle-moi, cajole-moi... Là... Cela va mieux, cela va bien, et j'aurai ce soir assez de forces, ce soir et demain, autant qu'il en faudra... Car tu n'ignores pas qu'il faut que je veille auprès d'Hélène. D'Hélène si lourde, et qui s'appesantit encore dans une lassitude, une immobilité physique et morale contre laquelle se brisent tous mes élans. D'Hélène qui n'a presque que moi pour l'aider, mais qui est si fatiguée qu'elle ne saisit même pas ma main tendue. Encore a-t-elle eu le réflexe de préservation de venir se réfugier chez moi où elle a dormi ces deux dernières nuits — un peu comme j'avais couru à la maison. (Mais Elle, n'a plus de maison : après la mort de sa mère, des oncles sont venus s'installer auprès de son père âgé et malade.) Je la soigne de mon mieux, je la dorlote, mais j'ai peur de fléchir sous son poids. Ce matin, ayant la migraine, elle n'est pas allée en cours, et lorsque je suis revenue à midi elle était au lit encore, ne dormant pas, immobile, silencieuse. Hier, elle est restée dans ma chambre à somnoler devant le radiateur toute la journée. Je préférais sa révolte; je sais ce qu'elle éprouve maintenant, et j'ai peur. Josette aussi — et Josette est la clairvoyance même — Cassandre. J'ai peur qu'Hélène ne résiste pas au vertige du sommeil, au grand désir de sommeil; être impulsif s'il en est — sans ressort maintenant... Tu as dû remarquer déjà que je ne parle pas de la même façon de Josette et d'Hélène. Josette te ressemble par bien des côtés; par sa générosité, par sa force, qui n'est pas d'impulsion mais de dépassement; maîtresse d'elle toujours, malgré une sensibilité aiguë : je m'appuie sur elle. Hélène s'appuie sur moi. Hélène est quelqu'un dont on se sent responsable. Elle porte le poids d'une enfance et d'une jeunesse bien différentes de mon passé. Famille pauvre et famille nombreuse; un père qu'elle ne pouvait admirer, pour plusieurs raisons. Des parents déjà âgés, illettrés. Et tout le poids de la société, des traditions, de l'ordinaire. Elle a grandi comme poussent les filles dans les villages du Midi; comme a grandi ma mère j'imagine; aimant danser, rire, flirter, s'amuser; et là, tu vois comme nous nous séparons... Et pourtant si grave parfois... Elle cherche, elle se cherche, et j'ai peur qu'elle ne puisse pas se délivrer. Moi, je ne peux guère que lui donner la main, lui offrir de rares mais affectueuses paroles, je ne peux qu'être là, faisant bon visage en dépit de tout... Oh, mon ami, comme j'ai besoin de toi, et de ta voix constamment, pour ne pas faillir, pour l'aider à vivre... S'il n'y avait tes bras autour de mes épaules pour m'empêcher de reculer... Ce matin je priais en moi-même — Faites que j'aie une lettre aujourd'hui, une lettre... Et mon ami m'avait écrit, mon ami était là. Tu es là. Et je peux me taire, je peux sourire, je peux chanter. Je peux courir, jaillir, je suis libre! Donne-moi la main, nous allons prendre notre élan du haut de la plage et nous élancer vers sa rive marine; nous allons entrer en courant dans la mer... (J'aimais bien ce jeu quand j'étais petite.) Tu sais, je viendrai cet été dans le royaume que tu me donnes. Il y aura sûrement à cette époque le voyage de promotion — et c'est un très beau voyage, en Grèce — mais comment veux-tu que j'attende encore tout un an pour prendre possession de mes terres? Lorsqu'on m'a parlé de ce voyage, d'abord j'ai été heureuse, puis, très vite j'ai pensé : « Mais alors, mais alors, quand m'en irai-je dans mes terres de Gordes? » Et mon ami parle de « sacrifice »! Il me semble bien, tu sais, que le sacrifice maintenant serait de partir avec mes trente camarades (d'autant que je suis devenue un tout petit peu « asociale »... C'est du joli!!!) et de contempler trop vite au-delà des vitres du car les paysages traversés. Évidemment, les grandes personnes n'y comprendront rien, mais c'est sans importance... Et moi, comment te remercierai-je d'une telle offrande?

Mon ami, très petit garçon encore — ceux avec qui je jouais cet été avaient pour lieux de prédilection les ruisseaux où nous barbotions à notre aise... Nous nous sommes même baignés un jour dans cette eau vive, si froide... L'orage qui s'amassait nous a contraints à lever le camp à la hâte : la déroute fut plaisante car les petits, s'étant mis tout nus, couraient dans le pré ayant enfilé plus souvent les habits des autres que les leurs propres, et tout mouillés encore... Retour glorieux au village! — Mon ami, raconte-moi encore ton enfance, et tout le temps passé; raconte-le, à nous deux nous retiendrons les richesses que tu croyais perdues. « M'ennuyer »? Veux-tu que je te gronde très fort? Tu ne sais pas que je t'écouterais à n'en plus finir?

Il faut que je travaille, encore... Alors, très vite :

Pourquoi croyais-tu m'avoir fait de la peine par ta dernière lettre ?
Pourquoi dis-tu de mes lettres qu'elles sont « un peu grisantes » ? Ce mot-là m'a un peu étonnée. A bien y réfléchir pourtant, c'est vrai que nous nous grisons de paroles jamais dites, comme des enfants au soleil s'enivrent de leur course. Notre amitié rend au langage sa plus haute magie... Langage pur, neuf : « Ha ! très grand arbre du langage[1]... »

Mon ami, mon ami, comme un très haut pays perdu — et moi je viens comme un grand vent réveillé, délivré. Tu te rends compte ? J'ai un ami qui tient dans ses bras le soleil !

Et je t'embrasse, comme le vent titubant et riant.

[...]

Jeudi

Sais-tu ce à quoi je pensais ce matin, dans mon lit, reculant le moment de repousser les couvertures ?... Et c'est une question à laquelle, décidément, je ne peux encore répondre. Mais toi, peut-être y as-tu déjà pensé : Un homme et une femme s'aimant passionnément — et je n'en connais pas autour de moi — peuvent-ils vouloir un enfant ? Peut-être ma question te paraîtra-t-elle étrange, et si je la posais à tout autre qu'à toi, mon interlocuteur me croirait folle. Est-ce que la passion exclut l'enfant ? Voilà un grave problème — et ce n'est pas le petit Prince qui peut y répondre aujourd'hui. Et pourtant, si ceux qui vivent et aiment passionnément vivre ne donnent pas la vie... Ou bien sont-ils d'autant plus vivants que derniers et tout à fait mortels ? Le sachant, le voulant ainsi ? Je ne sais pas, je ne sais plus. Que me dira mon ami ? J'éprouvais, ces dernières vacances, un bonheur viscéral à serrer contre moi cette petite Isabelle dont je t'ai parlé, et peut-être ma chair désirera-t-elle un jour s'accomplir... Pourtant la grande fille sauvage, impérieuse souvent, dit non, jalousement, farouchement, non à tout autre qu'à celui que j'aimerai, non même à notre enfant ! Peut-on être à la fois amante et mère ? Et « l'instinct maternel », qu'est-ce que c'est ? Comme tout cela est difficile... Évidemment, je ne peux pas aller demander à ma mère son avis : il ne fait aucun doute ; elle parle avec attendrissement de ses prochains petits-enfants et même Papa sourit à cette perspective en se promettant d'être encore aussi ferme et sévère qu'il le faut... Moi, je ne sais pourquoi, à ces paroles auxquelles tous applaudissent, je me tais et contiens quelque chose comme une exaspération latente, la même colère sourde qui me saisit lorsque des membres de la famille, bien intentionnés, demandent avec des sourires inquisiteurs si on ne va pas « bientôt fiancer ces petites »... Tu dis que je suis incapable de faire de la peine à quiconque ? J'ai pourtant causé beaucoup de chagrin à ma mère en refusant de combler son désir de confidences. Ce soir où je suis rentrée en pleurant à la maison... ce soir au crépuscule éteint déjà, ma mère est venue dans ma chambre, et s'asseyant sur mon lit : « Alors, ma fille, racontemoi comment cela s'est passé... » Je me suis mise en colère, et plus tard encore, je l'ai blessée en lui déclarant que Mireille amoureuse, ce n'était pas sa petite fille, mais une femme dont la vie ne la concernait pas, et qui ne raconterait rien. La famille attablée autour de mes secrets ! Non, non et non... Marie-France les comblera, heureusement. Moi... je les quitterai, en essayant de les faire souffrir le moins possible. Mauvaise fille, oui : mais quand j'aimerai quelqu'un, serai-je encore parente de qui que ce soit ? Je sais que ce que je dis peut sembler monstrueux — J'aime pourtant beaucoup mes parents... Mais je ne peux m'accommoder de la vie de famille. Crois-tu que je pourrai, le jour où il le faudra, le leur faire comprendre sans les blesser ?

Tu vois, j'ai parlé tout d'une traite, et comme tu l'écris : « Je me révèle, et ce n'est pas réconfortant. » Il faut dire tout de même que ce n'est pas moi tout entière, cette voix sauvage, puisque j'aime aussi tendrement, tout doux et sans faire de mal. Comme un petit Prince. Mais demain, qui prendra le dessus ? — Ou bien saurai-je composer à deux voix ? Tu ne me savais pas si compliquée, dis ? Il ne faut pas m'en vouloir ; je tâcherai de ne rien renier. Et mon ami, mon ami m'aidera.

Ami, parle-moi de mon royaume à venir ; pour que je puisse en rêver souvent... Dis-moi où tu me conduiras... Je t'écoute, comme font les petits enfants, les yeux agrandis pour mieux contempler les merveilles... Je t'écoute infiniment, jamais rassasiée. Dis...

Je t'embrasse, de tout mon cœur, de toute ma voix...

(Je n'ai pas encore rédigé mes « vœux » ; et ce n'est pas une question de politesse : je m'attarde à plaisir...)

Vendredi

Ami, ô, mon ami... J'éprouve les limites du langage, et mes propres limites aussi — limites écartelées continûment... et qu'est-ce qui va naître ? Ce n'est pas de tout repos de grandir. Demain me donne le vertige, et pourtant j'ai soif infiniment, j'ai faim infiniment de nouvelles nourritures ; je n'en finis pas de venir au monde. Et qui délivrera cet oiseau battant de mes poignets ? — Ah, pardonne-moi, pardonne-moi cette incohérence. Je suis abattue contre ton épaule, mais comment consoleras-tu ce bonheur de vivre si poignant qu'il m'est douleur ?

Jeudi soir[1]

J'ai aimé — paysage intérieur, imminence de l'été et de la royauté... ces clameurs souveraines :

« Les sagaies de Midi vibrent aux portes de la joie
Les tambours du néant cèdent aux fifres de lumière
Et l'Océan de toutes parts, foulant son poids de roses mortes,
Sur nos terrasses de calcium lève sa tête de Tétrarque[2]... »

Vendredi. Nuit
[8 février 1963]

Bonsoir toi, bonsoir, très doucement, très tendrement... Les gestes quotidiens ont longuement poli mes violences secrètes ; la tarasque engourdie somnole et cuve son ivresse ; je me ressaisis de ma voix, j'habite à nouveau le langage, et je me recueille toute, apaisée, dans ce lieu de rêve que fait ta paume contre ma joue... Ami, mon ami-à-moi, je voudrais ne point t'avoir blessé tantôt par mes paroles si brèves et déconcertantes. Vois-tu, quelque chose en moi s'exaspère souvent, comme l'imminence d'un accomplissement. Sens-tu comme je vais à l'approche de moi-même, à l'approche du « vivre », ébrasée parfois de ferveurs démesurées ?... Toi le « contemplatif, le silencieux, secret », tu as une petite fille-volcan, une petite fille-cheval-fou, et il faudra bien du temps avant que je devienne une femme... De grandes fièvres passagères me tourmentent et ma gorge se serre d'angoisse ou d'impatience, comme si j'allais bientôt être heureuse à douleur ; et l'approche de ce temps me bouleverse — et de savoir aussi que tant d'espoir peut être vain... (Mais non : « tu sais bien que tu y mordras ». Et ta voix si sûre, si forte, m'impose de croire au bonheur.) Alors je ne sais plus très bien ce que je dis, rien qui vaille sans doute, et peut-être que sans le vouloir je fais du mal. Pardonne-moi, je t'en prie, dis que tu me pardonnes, que tu me comprends ; je m'irrite de ne pouvoir démêler le jeu de ces confuses interférences en moi, je m'irrite de tant de démesure, et de tant d'impuissance. Ta lettre ce matin m'a causé tant de joie que les mots se sont mis à farandoler, et que je n'ai su te dire que des paroles incohérentes, bonnes à rien... Voilà. S'il te plaît, souris-moi pour que je me sente absoute, et garde-moi près de ton feu, silencieuse et sage... Bonne nuit, bonne nuit, Ami. Raconte-moi Gordes pour me faire un sommeil doré. Je t'embrasse. Un baiser de sable ; et des bras de sable autour de ton cou pour t'ensommeiller.

Je relis ta dernière lettre. Non bien sûr, je ne la laisserai pas traîner, pas plus que les précédentes. (Quelle drôle d'idée !) Pour le reflet sur ma joue des flammes de ton feu, ou le sourire émerveillé au seuil des terres offertes, je ne réponds de rien ! Je ne peux m'empêcher de sourire en songeant à la stupeur qui saisirait Maman à la lecture de tes « propos insolites » ! Mais il n'y a pas de danger... Quant à foudroyer mon ami, non, sûrement pas. Je crois plutôt qu'elle serait bouleversée, et peut-être bien plus par le ton de nos paroles que par ce que nous disons. C'est vrai pourtant que cela doit leur paraître étrange que je t'écrive aussi souvent ; il faudra que je leur demande... Mais tu sais, ils s'habituent peu à peu à cette enfant « pas comme les autres » ; et pourvu que je sois heureuse, tout le reste leur est égal. Nous nous disputons souvent, mais c'est toujours de ma faute, et parce que je ne sais pas m'expliquer ; ma mère, les larmes aux yeux, me prend sur ses genoux en soupirant : « Je ne te comprends pas, mon minou, comment es-tu donc faite ? » Mais au-delà de cette incompréhension, nous nous rejoignons par la certitude d'un amour réciproque. Cela donne à nos rapports quelque chose d'aigu, de douloureux qui n'existe pas dans l'affection qui les unit à Marie-France, si facile à gronder et à dorloter. Imagine qu'au lieu de demeurer silencieux, sagement secret, tu aies tenté continûment de jeter un pont ; imagine ce que tes « explications » auraient suscité, le trouble de tes parents soucieux de te laisser t'épanouir, et pourtant déroutés par tes idées peu communes... C'est ainsi, chez nous. Mais nous nous aimons tellement que les heurts, si violents soient-ils, ne peuvent rien briser. Sinon le confort... « Je les quitterai » t'ai-je dit — ce qui ne signifie en aucune façon que nous cesserons un jour de nous vouer cette tendresse poignante et nue... [...]

Josette tout à l'heure sonnera à ma porte les trois coups du code amical (Toi, tu entres sans frapper, et le plus souvent sur la pointe des pieds), et nous irons déjeuner ensemble au restaurant de l'École de commerce qui nous est ouvert le dimanche — à deux pas de chez moi... Je te raconterai, ce soir...

Oh ! Le temps a, enfin, choisi sa robe bleue !

Dimanche. Nuit

Malentendus... Je n'ai pas vu Josette aujourd'hui ; j'ai su par une camarade qu'elle est venue chez moi, mais beaucoup plus tard qu'à l'heure prévue, alors que j'étais partie ; peut-être ne s'était-elle pas réveillée assez tôt. Ce soir, j'ai couru chez elle (et comme il faisait bon sur les ponts où nous aimions nous promener l'an passé !) et lui ai laissé en signe de visite une petite lettre. J'espère qu'elle aura passé un moment avec Mout, aujourd'hui. Mout, le garçon qui l'aime. Problème : Josette, mon Intransigeante, ne veut pas seulement être aimée... Ni même aimer un peu, beaucoup. Mais absolument. Et la voilà perplexe, s'épiant, s'interrogeant : « Est-ce que je l'aime ? » J'ai connu déjà l'an passé un garçon très réellement épris d'elle, malheureux car, loyale et ne voulant pas le faire « languir » inutilement, elle lui avait signifié les limites de son affection. Tu vois, il y a aussi les trop aimé(e)s... Grande fille éprise de liberté, réagissant si différemment du commun des mortelles qu'alors même qu'elle attire les garçons par sa beauté sans fard, elle les... tient en respect. Sans aucune coquetterie, aucune affectation, et malheureuse lorsqu'elle est, bien malgré elle, « cruelle ». Mais cette fois, cette fois, Josette parle vraiment beaucoup de Mout...

Comment va Hélène ? Hélène est allée au bal hier soir. Si Josette est bien différente de la masse des autres filles, Hélène, au contraire... [...] Il lui faut un mari et des enfants, et ce confort qu'elle n'a jamais connu ; un bonheur ordinaire qui ne la déchire pas. Un bonheur supportable, paisible. Et des soucis domestiques qu'elle accueillera avec sa bonne humeur foncière recouvrée, en disant avec résignation : « C'est la vie... » (On ne peut être plus exigeant que lorsqu'on a connu, goûté, cette sécurité qui lui a toujours fait défaut.) Et je ne crois pas que je puisse, ni que je doive, lui ouvrir les yeux... D'ailleurs elle ne me prendrait pas très au sérieux : pense un peu, je suis si jeunette...

Tu me prends au sérieux toi ? Ou bien tu me trouves aussi « jeunette », « puérile » ? Dis, Monsieur-mon-ami ? Il est vrai que je ne vieillis plus, mais il ne faudrait pas que je « fasse l'enfant », c'est tout à fait détestable. Si donc tu me prends en flagrant délit, il est de ton devoir d'ami et de père de me réprimander. Promis ?

Il est grand temps d'aller au lit, tu sais ; ne veille pas trop. Je t'embrasse d'une bouche tiède d'avoir goûté au printemps ce soir.

Lundi matin 9 h 30

Printemps. Tendresse de ta voix. Sourire d'Hélène ce matin. Jour comme du pain frais. L'oiseau s'est endormi sous ton baiser... C'est promis, mon ami aura avant son départ une lettre porte-bonheur. Je t'écrirai ce soir. Bonjour, bon jour, TOI.

Lundi. Nuit
[11 février 1963]

Ainsi mon ami demande une lettre porte-bonheur... Ah je voudrais que ma tendresse te soit une sauvegarde infaillible et que ma parole écarte de toi les maléfices ; je voudrais que mes mains chassent les nuages, et qu'il fasse soleil sur tes terres ! Que nul chagrin jamais ne t'advienne, et si malgré mon vœu « le monde » est méchant parfois, que je sache tout doucement te guérir, comme tu as fait pour moi si patiemment lorsque j'étais triste. [...] Tu parles du sentiment de tes responsabilités à mon égard ; mais peut-être sont-elles plus doucement pesantes celles qui m'incombent et auxquelles je n'aurai garde de faillir. Tu m'aides à grandir, tu accueilles et berces le vent-fou, tu creuses tes mains à la mesure de l'élément — et tu ne trembles pas, tu ne recules pas devant ce levain de cataclysmes... Tu es mon ami. Moi, je dois préserver ce que tu me confies ; je suis un peu le régisseur de tes domaines en croissance, la gouvernante ayant les clés des lourdes armoires emplies de draps frais — ta fille aînée. Petite encore... Je suis ton amie. Et nous savons ce que valent ces mots que la ferveur gonfle et brise parfois, jusqu'à les réduire au silence. Tu sais bien, Ami, que la plus belle lettre que je puisse t'écrire

— et tu saurais assurément la déchiffrer — est la page blanche; page de grand jour aigu. Une seule et longue laisse poignante, une seule et longue salutation, une seule, et longue infiniment, louange... Mais pour te porter bonheur, pour t'apporter du bonheur, il faut que je me fasse humaine, audible, intelligible, apaisante... Et je te parle à mots très imparfaits, très incertains dont il ne faut retenir que le ton de berceuse très basse et douce, et d'incantation obstinément ressassée pour te garder du mal.

Dors bien cette nuit, mon lumineux ami. Je souhaite pour toi bien des merveilles à Paris; et le printemps sur ta route. Je t'embrasse comme je t'aime, très fort.

Mercredi
[13 février 1963]

Te voilà ! Et l'exclamation une fois jaillie, la longue plage d'un silence de reconnaissance... puis, solennelle un peu, la profération d'une parole distincte ; et tant de choses futiles et pourtant essentielles à dire que leur profusion m'entrave d'abord, et que je te parle à voix lente, comme façonnant et animant des mots nouveaux taillés dans l'élan massif. Ah, les structures anciennes ne me servent à rien, il faut inventer le langage, un langage-miroir pour m'y chercher, un langage-portrait pour que tu me connaisses, un langage-clef pour t'atteindre, un langage-outil pour transformer le monde, et geste pour le posséder... Et rien que des mots usés au fil des voix, si bien qu'on n'en discerne plus le relief premier, une langue érodée, qui se dérobe à la prise... L'exaspération parfois de ne pouvoir qu'assiéger sans fin quelque chose comme une clarté — l'irréductible citadelle ! Parole racine-de-vie mise à nu, naissance imminente indéfiniment différée ! Ouvrant sur le silence comme la passion sur la mort... Ah, je te promets de ne rien abdiquer, de ne rien renier, de ne jamais tergiverser... Là, je me tais — les yeux brûlés par cette lumière d'accomplissement et de fin de tout qui se lève demain, les lèvres consumées de soif, de satiété prochaine. Oh, j'avais grand besoin d'un ami qui sache comme tu le fais prendre ma tête dans ses mains, ma tête folle, avec grande indulgence, avec grande tendresse, me préservant au seuil des vertiges. Mais je ne sais plus très bien si mon ami rend mes limites habitables, ou si je ne m'y sens à l'étroit que parce qu'elles nous séparent...

Et pendant tout ce temps où je déraisonnais, tu étais là m'écoutant avec patience ! Tu souris avec un rien de malice, comme si tu m'avais prise en flagrant délit de colère... Tu souris comme fait Josette lorsque je parle plus qu'il ne faut... Tu as raison, je suis une insupportable gamine ! (Il me semble aussi que pour quelqu'un qui cherche son langage, je suis plutôt bavarde !) Ah, ces enfants... Promis, juré, je ne recommencerai pas. Viens au-dehors, mon ami : journée venteuse et claire...

Nuit

Je viens de relire ce que je t'ai écrit tout à l'heure, que je ne puis et ne veux effacer, mais dont je suis effrayée, ou peut-être offusquée, comme quelqu'un qui découvrirait un instantané de lui-même, son visage qu'il ignorait. Est-ce que je t'adresse souvent de ces discours fiévreux ? Ah, je crains bien que le mal ne soit incurable... Tu me gardes quand même ?! Non seulement tu me gardes, mais encore... Ami, mon ami ! S'il te plaît, ne dis pas, n'écris pas : « telle que je t'admire ». D'abord parce que c'est tout à fait déraisonnable. Puis, parce que sans que tu l'aies voulu, ces mots-là m'isolent, me retranchent derrière ce moi que je ne connais pas et qu'on aime sans que je parvienne à comprendre pourquoi. Et tu sens bien qu'il ne s'agit ici ni de modestie ni de vanité... Il y a seulement cette angoisse de ne pas savoir ce que je suis, entre l'incohérence, le désordre de mes états, et cette image de moi que me propose la sympathie d'autrui ; tant de louanges, alors que je me sentais toujours si pauvre, si faillible, si bonne à rien, m'ont toujours profondément étonnée. Puisque tu es mon ami, il faut que tu saches de moi un peu plus que cette légende familiale et scolaire, qui me déconcerte toujours autant. M'admirer ? Non, je t'en prie, je me sentirais si seule... S'il y a beaucoup de filles... ? Bien sûr ! Tu ne vois pas que je suis toute pareille aux autres ? Seulement j'ai la chance inouïe d'être aimée un peu beaucoup et de l'avoir toujours été — et d'avoir rencontré à temps l'ami. L'ami, qui pouvait m'empêcher de sombrer. Tu parles de miracle ? Notre rencontre est miracle, oui... Et plus loin : « gratitude ». Oh, mon ami fou ! Mon ami qui oublie qu'il m'a sauvée, et devra peut-être encore me sauver de bien des errements. Et ne vois-tu pas que cette amitié me grandit parce qu'il faut continûment que je me hausse pour t'atteindre ? Et que, n'y parvenant jamais, je m'étire à n'en plus finir ? J'ignore où tu me conduis dans cette longue course, mais c'est une voie haute que tu me montres et je t'en sais infiniment gré ; « gratitude » qui m'étoufferait si tu ne disais pas que ma tendresse te fait une place plus chaude en ce monde. Et de cela, j'ai très grande joie.

Très grande et douce joie, oui. Ah je ne permettrai pas qu'on te fasse du mal, non ! Mon ami, l'enfant que je n'aurai pas et le père que je me donne, n'aie plus jamais de peine... Dors maintenant, ta tête sur mon bras.

Jeudi. Nuit

Surprise heureuse ce soir d'un signe inespéré, « un petit signe de rien du tout » qui fait tellement chaud au cœur, et que je recueille au fond d'un grand silence pieux... Et j'aime que notre complicité soit grave, sereine, et que mon ami me retienne et me préserve, encore un peu. Pourquoi je veux que tu m'absolves ? Parce que je manque de mesure alors qu'il faudrait aller très doucement, très lucidement vers demain. Parce qu'au lieu d'accueillir tes préoccupations comme une tendre petite maman, je ne parle que de moi, et que j'investis ta retraite avec véhémence. Parce qu'il faudrait que je t'aide au lieu de te donner du souci. Je tâcherai de m'en souvenir toujours — de parler à mi-voix, pour te reposer et non te troubler... [...].

« Ce *Rivage des Syrtes* que tu n'as pas aimé... » Qu'est-ce que tu racontes ? Oh pardon, c'est vrai que... Accuse-moi de paresse. J'ai aimé ce livre. Et je me suis plusieurs fois reproché de ne t'en avoir rien dit. Au début, il m'aurait été difficile d'en parler : on se désenglue difficilement du monde des Syrtes, qui vous colle à la peau (plus qu'il ne s'y vrille) insidieusement ; et j'y demeurais — comme au cœur des cercles d'un sortilège. Ma chambre a certains soirs ce climat oppressant de lieu trop calme où veille et se noue l'événement... J'ai aimé ce livre, oui. Mais sens-tu que je n'en peux parler qu'à mots étouffés ? Livre qui enferme, comme le tien délivre * — et il n'est pas question ici d'ennui, mais du climat imposé. Et admirablement imposé : où se voit l'art de Julien Gracq. C'est une chose curieuse que cette quasi-

* En marge, cet ajout : je parle de tes pages marines.

impuissance à me délivrer du climat défini par un livre : celui-là m'inquiète, comme ce que tu écris m'exalte; aussi n'en puis-je parler de la même verve, avec autant de liberté. Il faudrait un chiffre... La plus élémentaire politesse eût exigé que je t'écrive ceci plus tôt; il faut encore que tu me pardonnes.

• J'espère que tu ne souffres plus de ton doigt — ah, maladroit que tu es! Là je souffle dessus! Si Mimi-un an-deux ans suçait son pouce? Pas que je sache. Ce que l'on me dit de ce temps, c'est que je fus jusqu'à la naissance de la petite sœur un insupportable bébé (cela ne t'étonne pas...) refusant de manger et de dormir, pleurant toutes les nuits... Quel gros chagrin? Marie-France au contraire fut si sage...

• Si j'aime mon prénom? Il me plaisait qu'il parle de la Provence et du soleil. Mais surtout, il est partie intégrante de moi-même, et je ne crois pas que je puisse répondre à un autre. On dit Mimi, par affection, comme on dirait « mon minou, ma perlotte »... Mais je m'appelle Mireille. Et toi? Il me semble que je ne peux et ne pourrai te nommer qu'AMI...

• Quels animaux j'aime? Les chiens lorsqu'ils sont petits, dodus et chauds, affectueux... Pas les chats : trop réservés, et je ne sais quoi d'inquiétant dans le regard. Les chevaux lorsqu'ils courent. Et les oiseaux, les oiseaux bien sûr. Les coccinelles et les faucheux. L'écureuil? Le renard? Il faudrait que nous fassions connaissance. Peut-être les ours. De préférence les bourrus, simples, chauds, aux rusés, adroits, gracieux, comme pour les gens.

• Les mets que j'affectionne? *Les frites,* les beignets aux pommes, les crêpes, la confiture d'abricots (sur du pain tendre), les pains perdus, le riz au chocolat, *la glace à la vanille,* les fraises à la crème, les fruits de mer, les truites lorsqu'elles ont été pêchées par papa, le gâteau de courge que prépare Manou, les gnocchi à la manière de ma grand-mère, *toute viande — presque crue* (!!), la salade (pas frisée). Et surtout qu'on ne me donne pas de vin! Je l'aimerais à la rigueur, mais deux doigts suffisent pour me faire tourner la tête. J'oubliais : le beurre frais, les yaourts « nature »... Et j'en passe... Je ne parle pas des fruits, bien sûr! Les œufs au jambon *... Mais je parle, je parle, je ne parle que de moi... Mon ami est tenu de répondre à ces mêmes questions. Mais je t'octroie un sursis car à ton retour de Paris, tu auras sans doute bien d'autres choses à me raconter... Ne te fatigue pas trop tout de même; si ta maman a renoncé à te sermonner, moi je vais élever (à peine) la voix... Et déjà ce soir, tu devrais dormir, d'autant que tu as conduit de longues heures. Là, ferme les yeux, dors, je t'embrasse tout doucement; n'ouvre surtout pas les paupières, je les ai closes de sable de mica noir...

Vendredi

Ton petit Prince exigeant joint à cette lettre la liste demandée — mais presque à regret. Tu devrais n'en pas tenir compte... Tu sauras si bien choisir, et me faire une surprise... Et puis j'en viens à ne désirer que ta tendresse, oui.

Je posterai demain cette lettre afin que tu la reçoives lundi matin, comme un visage s'offrant à ton retour.

* Cette dernière indication a été rajoutée après coup, *in fine.*

[Sur feuillet séparé]

Je rêve tout haut, veux-tu ?
... Un vase pour la seule rose à longue tige que j'achète (puisqu'ici les fleurs aussi s'achètent !) lorsqu'il fait décidément trop gris... ou peut-être un bougeoir ancien avec sa bougie que j'allumerai le soir avant de m'endormir... quelque chose de très doux et tiède pour ma joue dans le sommeil... ou un réveil à musique, parce que le mien, cassé, a une drôle de voix rauque et tressautante... un grand cahier aux pages jaunies, parcheminées, pour y raconter le jour ou pour dessiner le bonheur... Musique de Debussy (de l'intégrale de l'œuvre orchestral...). Poèmes de Louise Labé, de René Char... « Vents »... Un brin de lavande de Gordes... Un livre à toi que tu auras aimé il y a longtemps déjà... Un grand mouchoir rouge... Fleurs et fruits... *Le Partage de midi*... Tant et tant de choses, et tout ce dont tu me parles... Oranges... *Pelléas et Mélisande*... Enregistrement de *Lorenzaccio*... ou bien un chemisier blanc à manches longues et col à pointes, sans fanfreluches de dentelle... Et tout ce que je ne te demande pas, « tout terriblement »...
Mais tu sais, l'essentiel vraiment c'est une longue longue lettre de mon ami — ou peut-être très courte — cela peut revenir au même, un très grand sourire — ou peut-être incertain et grave, un baiser couleur de soleil, ou pas encore de baiser... Je voudrais que tu sois très pauvre, et que ne pouvant m'offrir rien de ce que je t'ai demandé, tu inventes quelque chose pour moi seule, invisible aux autres et sans prix. Et tu peux aussi ne me donner rien du tout, puisque nous entendons le silence.

Dimanche matin
[17 février 1963]

Nuit encore. L'ordre ancien rétabli : ma grand-mère et moi sommes seules debout. Ah, mon ami, quel signe plus certain de santé recouvrée, que ces levers, comme naguère, au petit jour ! et les tendres protestations paternelles : « Tu avais assez travaillé... » Aussi bien n'est-ce pas pour travailler que je me lève tôt, mais pour te parler doucement, à toi que sans doute le tohu-bohu parisien a déjà réveillé, mais qui peut-être las, t'attardes sous les couvertures. Mon ami très doux, il fait jour, tu sais, déjà... Ma mère attend que je lui apporte le café... Quant à la petite sœur, elle dormira longtemps encore, indifférente au bruit croissant, au grand jour pénétrant dans la chambre dont nous laissons les volets ouverts, aux allées et venues dans le couloir ; je doute même que la pensée du travail inachevé la trouble ; elle est naturelle à merveille.

J'eus hier ta carte, qui me fit tant de joie (et si visiblement...). Heureuse de savoir pour quelques jours mon ami délivré des soucis et tracasseries ordinaires, comblé et jouissant de tant de savoureux spectacles, mon ami qui va me revenir avec des yeux rafraîchis, émerveillés — et j'ai hâte de t'entendre raconter... Mais si tu es fatigué, il ne faudra pas m'écrire longuement; juste un mot pour me rassurer, pour que je sache que tu as fait bon voyage. Je t'écrirai de mon côté de sages lettres reposantes; je te dirai comme il fait bon à la maison; et tant de sollicitude... [...] Manou a préparé pour moi une croustade aux pommes; un parfum de gâteau chaud vaguait hier soir dans la maison... Le sens-tu? Ah je voudrais te donner ma part de gâteau; n'es-tu jamais gourmand? Oh, sûrement que si!

Hier soir, étudiant, je lisais une liste des prénoms adoptés lors des baptêmes civiques en 1793 : Orange, Persil, Groseille, Fougère, Angélique, Cerfeuil... Savoureux! Je ne songeais pas à ces prénoms-là l'autre jour. Peut-être vas-tu en trouver un juste à ma mesure; je vais en chercher un pour toi, mais je crains qu'aucun ne t'aille tout à fait; il faudrait l'inventer...

Bonjour, toi... Je te le dis encore — je voudrais que tu sois heureux. Je te souhaite un jour léger et gris, poivré un peu et diffuse, latente, la promesse du printemps.

Lundi. Nuit
[18 février 1963]

Mon ami ce soir est las et peut-être plus agacé qu'à l'ordinaire par le mors des obligations quotidiennes, brutal après la fête de ces derniers jours. Ah repose-toi, là — je ferme tout doucement, mais impérieusement à la fois, tes paupières — Écoute... Il faut que s'ordonne, que se répartisse le butin... Je sais qu'évoquant pour moi ta course heureuse — mon ami avide, tu vas rêver, laissant ta main immobile sur la page et souriant par-delà mon visage à ce que tu vis hier — et j'aime ce regard de petit enfant ébloui... Ne te contrains pas à m'écrire longuement, il suffit que nous ayons voulu être ensemble... Je fus donc à Paris. Et mon ami vint s'asseoir à notre table et goûter à la croustade aux pommes hier midi. S'il n'avait plu, nous aurions longuement marché dans les bois; mais le mauvais temps s'obstinant, nous sommes demeurés dans la maison chaude, paressant à plaisir; et nous n'avons presque rien fait, presque rien dit qui vaille, sinon vivre à tout petit feu très savoureusement et très nonchalamment... Chacun veillant ses grandes fièvres latentes. Pause. Tendresse. « Confort des cœurs », disais-tu (Et tu étais si présent vraiment qu'on ne me demanda pas de tes nouvelles, mon hôte — présent comme depuis toujours, puisque rien pour ta venue n'avait été changé à l'ordonnance coutumière.)

Le soir, comme d'ordinaire, nous parlions longtemps à voix basse avant de nous endormir — et c'était de nous-mêmes, pressentis... Me diras-tu qui je suis, mon ami ? Et me connaissant toujours mieux, m'aideras-tu à comprendre ce qu'il faut croire de moi, de ce qu'en disent les autres ou ce que je devine ?... Et nous parlions encore de vivre (— ayant lu *L'Immoraliste*[1]...) — Ah, comment vais-je vivre, comment fait-on pour vivre, sans déchet, pour vivre d'une flamme pure ? Comment vais-je choisir de vivre ? Et suis-je libre à présent de choisir — puisque mue par une intransigeance qui me fait bien voir ce que je dois faire, ce que je veux faire ? Mon ami-à-moi, peut-être ne saurai-je pas ; il y faut et toujours davantage, plus de patience. Il me semble que je cours d'un grand élan vers le soleil — que je me précipite. Pour m'accomplir et c'est peut-être en même temps me consumer toute. J'ai dix-neuf ans bientôt, et ne sais si j'en pleure ou j'en ris. Ma peine d'hier a saccagé mon ordonnance intime ; la morale mise à bas ; chancelante la tradition ; désordre ; beau désordre pourtant — mais il faut que je m'en saisisse, et que je ne laisse rien perdre. Le structurer, l'édifier. Tout est possible aujourd'hui : comment dès lors ne pas être ivre, et tournoyer entre toutes les richesses préhensibles, et n'en rien prendre pour avoir voulu tout emporter ?... Choisir me désespère, car plus qu'une élection, j'y vois le refus de ce dont je me détournerai. Peut-être vais-je, comme une abeille que sollicitent trop de senteurs, demeurer indécise... Rien qui me rassasie : et je désire ce que je n'ai pas, et me désole de devoir ne prendre qu'une part des offrandes. Me tailler une part : voilà ce que je fais sans m'y résoudre — et si démesurée que je la veuille, elle m'apparaît encore dérisoire... Je te disais cela. Tu avais des paroles très sages, c'est-à-dire très tendres, et je m'endormais à la fin, en souriant... Et décidément, il n'y a que ta parole qui m'apaise et me comble, comme une richesse qui me serait donnée sans mesure, prodiguée à ma soif depuis toujours et pour toujours, — ton amitié comme une éternité promise à l'insatiable que je suis.

Ami, mon ami, pourquoi ouvres-tu les yeux? Voilà que j'ai parlé trop fort encore une fois — alors que je voulais veiller à mots très mesurés ce rêve que tu fais; et c'est ainsi toujours: comme un petit cheval nerveux, je pars à la course. « Ce que je te reproche, dit ma mère, c'est ton manque de mesure en toutes choses... » Oui. Tu sais, il faisait bon ce soir dans la rue — si bon qu'on avait envie de danser. Hélène tout éveillée, humant le printemps, souriait... Dormons, car il est tard. Je t'embrasse et c'est un baiser magique — et nous voilà déjà au Plus-Tendre-Pays...

Mardi. Nuit

Bonsoir, mon ami de retour — et tu ne m'avais pas vraiment quittée... Mon ami sauf! Ah, ta lettre a beau être calme, et raconter à mots très mesurés les risques courus, je ne suis pas tranquille! Sois prudent, oui, je t'en prie. Pour nous. Mon ami qui vis pour moi, à présent, mon ami, et tu es responsable de moi un peu, c'est vrai... Mais ce n'est pas seulement pour veiller sur moi qu'il faut que tu vives; garde-toi pour ton bonheur de demain... « Mais qui parle ici de mourir? » Il ne nous faut songer qu'à vivre! A vivre encore, à vivre bien, à vivre mieux, toujours. Et j'ai besoin de toi, oui, et j'aime à penser aussi que tu avais besoin d'une amie, en sorte que nous nous sauvegardons l'un l'autre. Tu seras prudent, je le crois, et moi qui n'y pense pas, car je ne cours guère de dangers, je travaille à moi-même, pour être digne, autant que je le peux, de ta confiance. « Digne de... » Cela ne veut rien dire peut-être; si je croyais « mériter » mes joies, je croirais aussi « mériter » mes peines, et les unes comme les autres me sont venues sans que je m'y efforce. Et quelle présomption ce serait de dire que je « mérite » ta tendresse! Simplement je tâche de grandir à ta lumière. Pour nous, aussi.

Mon ami si généreux! Vraiment, « c'est tout pauvre, tout maigre », ce que tu m'envoies?! Tu m'as parlé pourtant de ce que tu as aimé ces jours-ci, tu m'as parlé de toi, et c'était ta voix familière, fervente et tendre. Aussi n'est-ce pas l'absolution qu'il faut que je te donne, mais un baiser...

Je lus hier la trilogie fameuse d'Eschyle, presque d'un souffle, à haute voix parfois, tant la traduction conserve au texte un rythme musical. Quelle grandeur, — des voix rauques presque toujours, ferventes —, et les psalmodies du chœur, balancées admirablement; style très proche * de celui de Valéry parfois dans *Eupalinos,* ou *L'Ame et la Danse*... (Que je voudrais un jour assister à la représentation de ces œuvres antiques — mais il faudrait que ce soit au théâtre de Delphes, et selon le rituel de jadis...) Transition à point venue entre l'étude de la tragédie et celle de la poésie qui nous occupera bientôt. Brutale question du professeur : « Qu'est-ce que la poésie? » Il nous y faut songer... Je m'en vais écouter sans souffler mot ce

* En ajout : (quant à la clarté).

qu'on en dira, et te le rapporterai. Pour moi, peut-être le sais-je moins que les autres ; il y a l'exigence poétique, et l'acte poétique, et l'œuvre poétique... Un langage (Et cela paraît banal), un rite, une délivrance et la possession à la fois. Sauvegarde. Châsse pour d'éphémères trésors... Allons, je divague ! C'est qu'il est temps de dormir — onze heures bientôt — Je ne m'attarde encore que le temps de te sourire — puis, les bras autour de ton cou, de t'embrasser doucement, et gravement aussi, car il s'agit d'un rite et non d'une habitude, et mes lèvres ferventes le disent assez. Dors, nous sommes chez nous.

Mercredi

Je pressais le pas, au retour du restaurant, sachant bien qu'à mon passage la concierge me ferait signe : « Hep, Mademoiselle... Il y a quelque chose ! » et sourirait de me voir si mal cacher mon impatience — ce qui ne manqua pas de se produire. Ah, l'enfant gâtée que je suis ! J'aime — et tu le savais — ces affiches qui éclairent ma chambre. (J'ai par chance de vastes surfaces disponibles sur les murs.) T'avais-je dit que des *Images de France*[1], Hélène et moi préférions d'un même goût celle de « l'océan des blés » ? Quant au fragment des *Très Riches Heures du duc de Berry* (dont je connaissais le « mois de mai » aux si fraîches couleurs — la dame verte sur son palefroi blanc —) et dont je vis d'abord le château de légende — tel que mon enfance en eût rêvé longtemps —, il me fait ressouvenir d'une scène de vendanges dans la campagne albigeoise auprès des ruines de Castelnau, en septembre, il y a trois ans... Verve rabelaisienne, dans la précision du

détail, mais aussi grâce du style — on songe à la « douceur angevine »... Te fut-il donné, Ami, de voir l'ensemble ? [A propos d'« images », connais-tu cet exquis *Portrait de jeune fille* de Petrus Christus, dont je vis ces jours derniers une reproduction ?]
Je ne sais plus très bien comment te dire merci, mais il est vrai que je ne cesse infiniment de le faire. Et tu le sais, n'est-ce pas ? — Tu éprouves mes bras autour de ton cou, oui ? Et tout le jour ma main dans la tienne, oui ? Tu n'es plus seul, dis ? Souris-moi, mon ami. Souris-moi. Je t'embrasse.

Jeudi
[21 février 1963]

Nuit, et je te parlai tout le jour, et malgré la rumeur autour, une irréductible, insoluble parole, en silences longs, en sourires longs, sourires d'étrangère au séjour imposé, et de qui se souvient des hautes terres entrevues... Combien plus lourds et savoureux, plus vrais mes royaumes rêvés! Plus vrai le cercle de tendresse où nous sommes chez nous que les villes nous enfermant, plus vrais le baiser donné, le baiser reçu, que les saluts réels qu'il nous faut dispenser habituellement! Mais qui voit que je suis seulement de passage ici? Et j'échappe à ce qui me cerne quotidiennement, bruits et gens, alors même que je m'y abandonne — mais vraiment oui, ce n'est que condescendance envers ce pitoyable moi asservi comme ils sont tous aux devoirs quotidiens. Et je suis parmi Eux, accomplissant les mêmes gestes, soumise à la banalité des conversations, et j'y réponds, m'écoutant répondre, et je m'ouvre à l'ennui, me regardant — mais alors même je me refuse, et c'est l'envers de mon visage que je montre... Et ce n'est qu'un miroir vide offert à ceux qui ne se penchent vers autrui que pour s'y refléter, pour surprendre un instant leur existence, dont ils ne savent que

les échos qu'on leur en renvoie — Mais toi, me cherchant, tu sauras ma pensée vivante et mon visage au-delà de la bouche et des yeux, et peut-être en auras-tu peur, comme à la fin on s'épouvante d'un regard qui ne cille pas et d'une stridence muette. Mon ami, mon ami, tu retournes mon visage et l'accules au vide, rien qu'avec des mots tendres, si tendres, que d'abord je ne souffre pas de la chair arrachée ! Mais, qu'est-ce qui va naître du labour de ces terres secrètes mises à nu ? Ah, s'il te plaît, apprivoise cette face brûlée, s'il te plaît, je t'en prie ; j'ai beau parler haut et rire parfois des entraves, je ne suis qu'une petite fille impuissante, et qui passera sans avoir rien fait qui vaille, sans avoir rien compris, rien retenu, rien reconnu, rien possédé — tout désiré ! Toute close de murs ! Et j'ignore même ce que je demande, ce que je te demande, et ne poursuis peut-être que ce que nul ne peut me donner ni obtenir pour lui. Et je te tourmente pour rien. Ô, mon ami, mon ami, je ne veux que vivre, et ne sais pas ! Enracinée et délivrée, et déferlante, et soulevée encore. Et la fin sera pareille à celle de l'oiseau qui s'épuise contre les barreaux jusqu'au dernier souffle. Il faut ouvrir la cage, car je ne puis vouloir que les ailes se ferment.
Garde-moi, l'oiseau fou — Je t'embrasse.

Vendredi.

Récidive.

T'avouerai-je que je ne pus dormir après avoir écrit cette lettre ?
Et ce qui m'angoisse ici, est la récidive. Car cette fois encore, je n'avais pas dessein de te parler ainsi, et puis entends ! Comme si les mots s'ébranlaient fatalement, et comme si toujours j'avais à crier une grande fièvre obscure. Tout autre que

toi verrait là quelque inflation verbale; mais ce discours non concerté, ces mots non prémédités, disent la vérité. Comme malgré moi, et c'est de cela aussi que je te demandais pardon : de n'avoir pas parlé *exprès,* et cependant, ces mots jaillis sont les plus valables...

Non, nulle coquetterie lorsque je me dis semblable aux autres. Je voudrais que tu puisses une fois (mais une fois seulement, bien sûr!) me voir comme me voient ceux qui ne m'aiment pas. Que devinerais-tu? Apparemment, je suis pareille aux autres, oui. Et pour l'essentiel, notre condition brève, fulgurante, ne sommes-nous pas tous semblables, tous aussi démunis? Les différences se situent entre ces deux ordres de vérité, que sépare la marge de la conscience. Et la marge, oui, peut être large.

Ceci dit, bien sûr, je veux être pour toi l'amie « unique au monde ».

J'ai relu tout à l'heure les pages de la « 5e heure », amères et douces — et tu sais, est-il besoin de te le dire? que j'écoute en retenant mon souffle cette voix désolée, embrasée du souvenir de pures saveurs, l'authentique voix d'Isabelle. Mais en l'écoutant, je ne puis oublier qu'elle parle au travers de toi qui te souviens aussi. « Pauvre, pauvre Isabelle, oui » — mais toi! Pour que tu oublies de te souvenir, ce soir je reste auprès de toi, te chantant à mi-voix la chanson que nous aimons tous deux, poignante... Mon ami-très-doux, mon ami-très-tendre, ton visage est dormant au creux de mes mains. Tu n'es pas seul, tu n'as pas froid, tu n'as pas mal; tu dors comme un enfant heureux. Je te garde, et je chante, et je t'embrasse.

Dimanche. Nuit
[24 février 1963]

Ami, ami, toi, parviendrai-je à t'écrire ce soir? L'orage reflue à peine. Je me tus hier et tout aujourd'hui, je voulus me taire, me refusant à te blesser, mais ce silence à la fin est trop mensonger, et je te demande pardon tout à la fois du mal que je te fais et d'avoir voulu te cacher ma peine. Donne-moi cette fois encore asile contre moi-même, ferme tes bras très fort; je vais te dire... Je me levai hier matin lasse déjà, sans cause apparente, je ne sais quelle rage au cœur qui me fit, abrégeant les préparatifs, quitter la maison aussitôt, et partir à pied, malgré le froid, à l'E.N. Des deux heures de cours que j'y suivis, j'avoue que je n'écoutai rien, si visiblement absente, et de soudaines larmes aux yeux, que je dus me contraindre à écrire; mais faible, dérisoire entrave — et cette pensée que je ne formulai jamais encore, mais latente sans doute jusqu'à ce jour, jaillissante soudain, impérieuse : Je partirai. — J'ai soif d'un grand pays salubre, dur, d'une terre infinie, austère, rare en hommes. D'une tâche humble, quotidienne, usure douce. Et n'ai besoin de rien d'autre pour douer d'authenticité mon passage, car à cela suffit le poids terrible de ma vie. Ne songeant pas même à créer : que pourrais-je sauver qui ne périsse avec les hommes ? Et que pourrais-je léguer à d'autres, moi qui ne sais rien retenir, et qui éprouve si fort (que l'échéance inéluctable déjà me paralyse) le sursis dont je jouis, et sa limite ? — Pourquoi le rocher se remit-il encore à dévaler la pente ? Peut-être parce que j'ai soudain désespéré de l'amour. — Je sens bien quelle peine je te fais, mais il me faut poursuivre. — Je te crois lorsque tu m'assures que je connaîtrai l'amour ; je te crois, mais ce que je vois plus clairement chaque jour, c'est que cet amour-là ne peut-être qu'« à douleur ». Je ne parle pas seulement de moi qui en pleurerai, mais de celui à qui je ferai cette triste, terrible offrande ; de celui que je tourmenterai par trop d'amour. Et tu me cries d'être démesurée ! Que cette fièvre me consume, c'est bien, je vis et ne veux pas d'autre sort, mais comment pourrais-je me résoudre à lier celui qui m'aimera à ce mal qui est mien ?

Je ne me savais pas mortelle et j'avais fait des projets. « Directrice d'École Normale. » Vanité ! — Qu'enseignerais-je à des adolescentes, puisque j'ignore également le bien et le mal ? Et puis, et puis il me semble que je n'aurai jamais trente ans. Et même si cela était, comment pourrais-je vivre d'ici là ? Des études sans enthousiasme, un travail sans ferveur, comment cela serait-il possible ?

Et comme je ne soupçonnais pas ce qu'était l'amour, je m'y dédiais sans réticences ; je le désire à présent, mais quelle angoisse me vient ! Je n'apporte pas la paix. Tu ne peux pas me démentir.

La voie haute à laquelle je ne saurais me dérober n'est pourtant sans ambiguïté discernable : je dois vivre et faire vivre. Je dois établir ici et en ce temps mon royaume et le partager. Mais j'ai si peur, si peur, si tu savais, de faillir — Mon ami, mon ami-à-moi, saurai-je ? Ah, ne me dis rien, ne me réponds pas ; garde-moi seulement près de toi, jusqu'à ce que s'affermisse mon courage. Tu es maître en espoir, et j'ai couru vers toi cette fois encore, te sachant mon seul recours. Tu viendras, je le crois, à bout de ma peine. (Et c'est la pensée que je péchais contre toi qui me fit tout à l'heure relever la tête.) Mais que te donnerai-je moi, inexperte et violente, que t'apporterai-je ? Je refusais hier de t'écrire une lettre triste, et je l'ai fait pourtant car notre dialogue n'a de valeur que total, car je ne veux et ne peux me dérober — Mais j'ai mal, t'ayant blessé, et n'ose même pas t'embrasser. Ce soir, je suis en faute, et je l'étais lorsque je pleurais ; coupable à chaque fois que je donne prise à la tristesse. Je t'en prie, donne-moi la main. Je te promets d'être calme cette nuit ; je ne pleurerai pas. Permets-moi de te garder ; devoir veiller sur toi m'aide et m'oblige à vivre, à sourire, à chanter, à aimer.

[...]

Mardi
[26 février 1963]

Tu avais besoin de moi, de mes bras, d'une chanson, et je n'ai su t'écrire qu'une lettre cruelle de petite enfant désemparée ! Tu avais besoin d'une main fraîche sur ton front, d'un baiser très doux, de paroles limpides, et j'ai pu l'oublier au point de pleurer seule dans ma chambre, comme si je n'avais pas su alors qu'il faudrait te l'avouer, et que tu en aurais de la peine. Et je t'ai fait du mal ! Mon ami, mon ami que j'aime tant et tant, je t'en prie, je t'en supplie, ne sois pas triste de cette lettre folle, pardonne-moi encore cette défaillance, cet instant de lassitude. Ah, si tu allais douter de moi, soudain ! Je t'ai dit tant de sottises ; c'est seulement qu'il est difficile de vivre, de naître ailleurs chaque jour, difficile de vivre mieux, comprends-tu ? Il est bien vrai que tu m'inventes à force de me choisir, mais il faut aussi que je m'invente, que je me choisisse et je suis en cela comme en toutes choses, violente et maladroite ; et c'est de moi que parfois je désespère ; de ce moi que tu ne connais pas encore, que tu n'as pas inventé, qui existait avant nous : car pour cette Mireille que tu crées patiemment je n'ai pas d'inquiétudes, tu la feras démesurée à ta mesure, elle saura être et vivre ; c'est d'elle, préservée puisque tu la veilles, que je prends force, et sans doute lorsque tu me connaîtras mieux, serai-je moins vulnérable à la tristesse. Quels mots te dire, quelles offrandes t'apporter, à Toi, blessé, et que j'ai si mal soigné ? Donne ta tête à mes mains, là, repose-toi contre mes genoux, ferme les yeux ; j'ai des bras plus grands qu'il n'y paraît, tu sais, pour t'accueillir et te garder — mon petit garçon devenu grand ; et je me souviendrai du geste dont ma mère m'entourait et m'apaisait, pour te consoler. J'inventerai un secret pour te le confier. Je t'embrasserai pour que tu sois délivré. Je ferai silence pour que tu t'endormes. Repose-toi... Je veux que tu sois bien. Écoute, je vais te faire une promesse, tout bas, une promesse comme on dit une prière, avec ferveur — très gravement, et tu me crois, et qui n'en finira pas de résonner secrètement pour nous. Difficile à tenir, c'est pour cela que je la fais. Je te promets de ne pas donner prise au malheur, de l'écarter résolument, de nous en garder autant qu'il dépendra de moi. Il faut sceller ces mots d'un grand sommeil confiant d'où tu naîtras plus fort, rétabli...

Je voudrais te voir bientôt. Il fait beau ici, depuis quelques jours, mais assez froid encore dès que la nuit tombe... Le 19 mars est un mardi, je crois, jour où j'ai le plus de cours ; mais si tu crois vraiment qu'il faut célébrer ce jour « faste », je m'échapperai ; sans doute le dimanche 17 mars ou le dimanche suivant irai-je à la maison (car Marie-France aura dix-sept ans le 21 mars, et Papa quarante-cinq ans le 20) ; il ne faut pas Les déposséder encore, tu sais ! Dans la semaine je suis surtout libre le mercredi. Tu veux vraiment connaître mon sentiment ? Je préfère que ce soit « dès que possible », et il n'est pas besoin de choisir le jour de mon anniversaire car la joie de notre rencontre ne doit rien à mon âge. Ce sera un jour hors le temps.

Et comme je voudrais aussi venir à Paris ! Il suffira que j'ose en demander la permission. Seulement cela : car je ne crois pas qu'on me la refuse (Quant à mon travail, il n'en souffrirait nullement : heureuse, j'ai plus de forces.) Mon ami, mon ami, comme tu es généreux, me donnant à profusion des rêves lumineux et fous... Je ne sais que tresser à ton cou un collier toujours plus pesant, un lourd collier vivant — Et tous auront beau t'en apporter d'autres, lorsqu'ils t'auront reconnu, nul d'autre que le mien, secret, ne te préservera. Dors. Il faut que tu dormes. Je t'embrasse pour que tu dormes.

Mercredi
[27 février 1963]

Nuit étoilée, claire, venteuse, comme ta lettre de ce matin, mon ami aux bras de sûr refuge. Se peut-il que l'hiver règne encore chez toi ? Ici le jour fut soleilleux à plaisir, et j'ai pris par la ville les plus longs chemins pour rentrer chez moi, marchant voracement, allègrement... Lestée de tes paroles que je me répète tout le jour pour conjurer les ombres, paroles en plein visage, comme un baiser d'accueil. Et comme tu tiens bien ma main, comme tu me guides sûrement ! C'est merveille de créer ainsi des liens, et de les affermir jour après jour, lucidement, gravement, avec ferveur... Merveille que de les éprouver si fort. Non ? « Et si ce que l'on élit vous apporte la plénitude... » Je comprends mieux ce que tu me dis du Beau en songeant à l'amitié. Un ami, un seul, c'est assez, c'est tout, c'est l'AMITIÉ, et on ne le sentirait pas plus profondément en créant toujours de nouveaux liens avec d'autres. Comme « chaque objet beau, véritablement, est la totalité du Beau ». Je comprends.

Ce soir, je m'émerveillai en contemplant des reproductions de peintres italiens (collection Skira) : Giotto — n'aimes-tu pas ce bleu vertigineux qui compose le fond de certaines fresques ?

— Paolo Uccello dont je n'avais vu que des reproductions en noir et blanc, alors que *La Chasse*, par ses couleurs, évoque un monde presque « surréel » ; Masaccio et d'autres qui m'ont enchantée.

Je lus ce matin *Les Mouches* de Sartre. (A croire que j'ai une curieuse attirance pour l'histoire des Atrides. J'ai découvert que Claudel avait traduit *L'Orestie* d'Eschyle, dont il écrit que sa jeunesse fut transportée d'admiration. Mais je ne peux juger de la saveur du texte ancien.) Ce soir *Le Maître de Santiago* de Montherlant, dont j'ignorais jusqu'ici le théâtre ; le ton a de la grandeur, mais parfois des chutes décevantes. Après cette lecture, j'en vins naturellement à penser au jansénisme. Tu es un petit peu janséniste — par ton intransigeance, ta rigueur ; à cela près que tu attends la grâce en cette vie d'avant la mort. Et je crois bien qu'il n'y en a qu'une : « la grâce de l'amour ou la grâce de Dieu » disais-tu... Il s'agit de ferveur. Tu avais en tout cas infiniment raison lorsque tu me traitais de fausse matérialiste : je découvre en lisant Claudel, Gide, Camus, Eluard, Rilke, je découvre en te parlant que tu ne te trompais pas. Le geste le plus authentique de ma journée est celui de t'écrire, et je te parle alors véritablement, comme si nous étions ensemble devant le feu, en sorte que le rêve se mêle au réel, plus vrai que le réel. Bien souvent, le dialogue suscite des réponses qui me révèlent à moi-même. Mon ami-Socrate ! Et si tu n'avais pas été là, expert en maïeutique, j'aurais somnolé longtemps, toujours peut-être, au lieu que je nais continûment. De ma peine même que nul n'aurait ordonnée, élaguée, qu'aurais-je compris si tu ne m'avais alors déchiffrée, rendue claire à moi-même ? Tu m'as sauvée, le sais-tu, le sais-tu vraiment ? Moi, je n'ai que des mains maladroites mais toutes chaudes de tendresse que je noue à ton cou et je suis heureuse que tu aimes ce collier-là ; et puis je t'embrasse pour te faire des paupières de mai, je verse sur toi toute l'ombre nocturne d'un chemin d'herbes en forêt, et tu t'endors. Je te garde ; demain tu seras tout à fait guéri.

Jeudi 9 h 30

Comment vas-tu ce soir ? Cette réunion ? Pas trop ennuyeuse ? Tu es un peu las, viens près du feu, il faut te reposer... Comme hier, il fit si beau que j'ai multiplié aujourd'hui les occasions de sortir, et me voici ce soir tout engourdie de bien-être, grisée d'avoir tant marché au soleil. Il n'y eut rien de savoureux aujourd'hui que le soleil et le vent mais cela suffisait pour que je puisse travailler sagement à d'ennuyeuses tâches. Et puis je te retrouve, et le jour peut s'achever où nous nous sommes parlé, marqué de notre double sceau ; s'achever scellé par un baiser de paix. Toute la monnaie des gestes et des paroles du jour que nous échangeons contre cet or-là. Comme nous sommes riches, mon ami... Je ne vis pas Hélène aujourd'hui. Je pense qu'à cette heure, elle est avec François. Qui, François ? Cela n'a aucune importance. Ç'aurait pu être un autre. Un très gentil garçon du reste, assez fortuné pour sortir tous les soirs. Hélène sort donc presque tous les soirs. Mais tant mieux, puisqu'elle est gaie et dort mieux.

[...]

Je n'ai pas l'ombre d'un puritanisme ; cela ne me gêne pas de voir les gens vivre comme ils font, mais cela m'étonne. Que penserais-tu si je te parlais, comme le fait Hélène, sans le moindre trouble, on ne peut plus naturellement, d'un « très gentil garçon », distrayant à souhait, qui m'amènerait au cinéma tous les soirs, même lorsqu'on ne joue rien de bon ? Que lui disais-tu, à ton amie ? Moi, je ne vois pas au nom de quoi je pourrais condamner une telle conduite, mais je sais aussi que je ne saurais m'y résoudre. Ce n'est pas une question de morale, mais seulement que ce qui semble si naturel à d'autres me semble une contrefaçon. Mais vraiment oui, que me dirais-tu, si j'étais telle qu'Hélène ?

Quelle bavarde je fais ! Il est temps bientôt pour les petits Princes et les grands d'aller dormir... Je te donne ton collier. Nous nous taisons un moment, tellement heureux que le silence seul... Dors bien, toi. TOI. Je t'embrasse.

Vendredi soir

Je vais te voir bientôt ! Jubilation secrète... Je viendrai donc mercredi si rien ne s'oppose à nos projets. Pourvu qu'il fasse beau ce jour-là ! Je t'embrasse. A très bientôt.

II

11 h 30 [6 mars 1963]

Tu ne dors pas encore, non, tu ne dors pas, puisque tu t'apprêtes à venir me rejoindre, puisque je t'attends et que tu vas me prendre tout contre toi, et me garder dans tes grandes chères mains souveraines, pour qu'il fasse soleil encore toute cette nuit. Te dirai-je, te dirai-je maintenant tout ce que je n'ai su exprimer tout à l'heure, tout ce que j'aurais voulu te murmurer à l'oreille ?... Mais je ne pensais guère, tout investie d'une grande fièvre qui m'exténuait, renversée et me laissant couler ; peut-être était-ce la fatigue du voyage, mais plus sûrement le poids de la chair et la stupeur ou l'extase de l'âme. Pas morte, oh non, mais vivante à la fois très loin en allée, et feu couvant sournoisement sous ton ombre. J'aurais voulu que nous nous endormions... Un autre jour je saurai te rendre tes caresses et j'apprendrai l'amour peu à peu comme un art très difficile d'arabesques et d'harmonies ; j'entends les gestes de l'amour ; car pour ce qui est de la ferveur, je sais, oh je sais infiniment t'aimer, comme ces mots ne sauront te le dire. C'est d'hier et d'aujourd'hui et de demain et de toujours. Hier ne sachant encore que la chère voix soleilleuse. Mais aujourd'hui j'ai appris ton visage — ton visage à la source; et ton poids (persuasif!) d'homme. Aujourd'hui, je connais aussi tes peines d'homme, et parce que je ressentais confusément qu'il manquait quelque chose à ce que je savais de toi, et parce que tu me les as confiées, voilà soudain que tu es complet, cohérent, vrai à en crier.

Écoute comme je te parle; c'est, à croire, notre ton de toujours et ce que je ressentais clairement aujourd'hui, c'est que nous étions à notre place tous deux, dans notre vérité, comme si, de toute évidence, nous avions dû naturellement nous retrouver là, et nous parler ainsi. Éprouvant depuis longtemps notre intimité — (mais moi, je n'osais y croire encore hier, et me croyais parfois présomptueuse). Et voilà que nous savons que nous nous aimons — et nous sommes heureux, heureux si fort, presque à douleur déjà — Nous sourions. Là!... Chenapan, vandale, qu'as-tu fait de ma bouche? Les lèvres me brûlent, ce soir, et jamais ne furent si lourdes et gonflées. Tu ris? Pis, tu récidives. Condamné à perpétuité à m'embrasser : tu t'y useras les lèvres, plutôt que d'y échapper!

Je dis des folies, bien sûr. Mais nous sommes tous deux fous à lier ensemble. C'est ta faute ou la mienne, mais j'aime bien cette aliénation-là... Il est très tard, très tard, tu sais, il faut aller... dormir. Bonne nuit, toi. TOI, TOI... J'ai mis tous mes trésors sur la table, et le rameau de sapin dessus, tout ce pourquoi je ne t'ai même pas dit merci, parce que je n'avais que le temps de t'embrasser. Et puis tu m'as fait ce soir cadeau de l'éternité : la « longue suite de jours »... et nul mot de gratitude n'y peut répondre, que le silence émerveillé. Il faut dormir; nous sommes si bien, si bien, à la mitan du lit...

Vais-je pouvoir cesser de t'écrire tout à l'heure ? Je ne fais que te parler continûment et rire, depuis ce matin où je me levai d'un jet, presque en dansant, éveillée par mon bonheur — et je souris, je ris à tout venant, à tout passant, à tout visage et au tien seul, t'aimant tellement bien, tellement fort que je n'ai plus faim, ni froid, ni sommeil, ni soucis. Et rien que tes bras autour.

Je pense un peu plus aujourd'hui... Je pense à NOUS ; à cet amour en lente germination comme un blé d'hiver, longtemps secret — et hier ce fut à n'en pas douter le printemps... Sais-tu pourquoi nous ne fûmes pas seuls, chacun, ensemble ? Il me semble que c'est parce que nous nous sommes longuement déchiffrés d'abord, avec tendresse, confiance, parce que je suis encore et pour toujours ton Petit Prince, et que je le fus avant que tu ne m'accueilles en cet « ordre différent »... C'est pour rire que je te demandais qui tu préférais, de Mimi ou du Petit Prince, car je ne saurais choisir, ni renoncer à l'un ou l'autre de ces privilèges. Mon amant, oui. Mais encore mon ami, et je serai ta très petite fille toujours, pour que tu consoles cette douleur de t'aimer. (... et s'Il me fait des misères, je viendrai te le dire !) (Et si Elle te donne du souci, tu te confieras à moi, et j'irai lui dire son fait. Je prévois qu'il te faudra beaucoup de patience pour en venir à bout et pour en faire enfin quelque chose qui vaille, comme un peu de soleil. Mais tu as tout ton temps et, je crois, ... beaucoup d'autorité !) Je pensais aussi qu'il devenait également facile de naître aujourd'hui — si bien délivrée d'hier, et de n'être qu'à partir de toi, comme d'assumer un contexte chaotique rendu cohérent par le seul fait que tu le prends en charge. Je ne sais plus très bien si je suis née d'hier ou de toujours — et cela ne veut pas dire grand-chose que d'avoir dix-neuf ans bientôt. Sans autre épaisseur temporelle que l'instant ou l'éternité. Toute présente. Tu me donnes d'être. Que ne me donnes-tu pas !

Et tu parlais de l'inconvénient qu'il y a à ne pouvoir supprimer tout à fait le corps de l'« autre », à ne pouvoir l'habiter... Mais il sera bon parfois d'être deux, pour s'éprouver, ensemble, partageant. Non ?

Je n'en finirais pas, je n'en finirais pas de t'écrire. Il faut pourtant que je travaille. Il le faut plus que jamais. Et que ne ferais-je pas maintenant ? [...] Tu me donnes aussi du courage. C'est de NOUS à présent qu'il s'agit. C'est sérieux.

Je vais travailler... mais tellement bien, avec les livres que tu m'as donnés... Hier soir, dans l'autorail, je les ai regardés un moment, mais toute la fatigue contenue jusque-là m'a prise soudain, et je n'ai pu que somnoler au rêve de tes bras. Je ne sais si le voyage fut long, car nous étions ensemble.

A l'ouvrage vite, que je te fasse honneur.

S'il te plaît donne la paume à ma joue, là ; et puis je, tu — nous nous embrassons.

[8 mars 1963]

Comment saurais-je t'écrire, comment saurais-je, comment le pourrais-je même, pleurante toute après avoir, tout hier et ce matin, ri d'un grand rire silencieux irrépressible?... Si je parle, je vais crier peut-être... Savais-tu que cela faisait si mal, si mal et merveilleusement? Qu'est-ce qui nous arrive et qu'est-ce qui m'arrive, dis? Qu'allons-nous devenir? Soleil, ô soleil, partout, à vous crever les yeux, de grand métal chauffé à blanc et miroitant et donnant le vertige; et soleil dans la gorge, oui. — Je n'ai rien mangé d'hier, peut-être ayant trop faim, et ne dormis pas cinq heures de nuit; un corps sans pesanteur, vibrant sur une longue antenne secrète — et les lèvres affleurant, crevant l'enveloppe... Je ne sais plus, je ne sais plus; le Petit Prince a laissé ma main ce matin, et je n'ai plus que TOI. Je n'ai que TOI au monde. S'il te plaît, garde-moi, contre moi-même et parfois contre toi. Mon silence crie, et tu m'entends. Tu m'entends. C'est donc ainsi, que vivre...

Je t'écrirai ce soir.

J'ai grand besoin de tes mains cernant tant de folie.

Vendredi. Nuit
[8 mars 1963]

Ami, ami, je t'invoque, ayant mis ma tête en tes mains, ayant fermé les yeux, et respirant aussi fort que je peux afin de ne pas pleurer, pantoise comme une petite bête cernée ; j'invoque l'âme du Petit Prince grave et tendre, mais sans doute ne reconnaît-il plus ses terres d'hier. On ne sait pas ce qui s'est passé. Personne qui sache, qui puisse expliquer. Je regarde sans rien dire, me mordant les lèvres, et je ne sais si tu vois ce même paysage calciné, nu, au-dessus duquel tourne une grande chose mouvante. Je voudrais te dire, je voudrais que tu saches. Mais je ne suis rien de plus que le cercle du ciel noir au-dessus de cette terre. Et le ciel, qui regarde infiniment, ne parle pas. Je ne peux pas, je ne peux pas, je suis le cercle même et je m'enferme et je m'étouffe. Il fait une chaleur de four. Je ne comprends pas. Il se passe des choses que je ne reconnais pas. Et ce soleil, cette ombre de soleil hallucinant qui mange ton visage avant de prendre le mien. J'ignorais, j'ignorais. On dirait que nous avons crevé le tambour bien lisse des surfaces. Tout devenu pulpe et source, mais hors d'atteinte. Vivants, morts ? Avant, après ? Dedans, dehors ? Toujours dure depuis combien et jusqu'à quand ? Qui es-tu ? Tu me ressembles tellement que parfois je ne te vois plus. Est-ce toi qui parles ou moi ? Et qui est de trop : les autres ou nous ? Mais qui es-tu, qui suis-je ? Je ne comprends pas.

Ô mon ami, mon ami à moi, j'aime un homme, j'aime un homme, celui-là seul, qu'est-ce que je vais devenir ? Je ne savais pas et je ne sais plus. Je n'ai pas faim de pain tendre, mais d'un pain de pierre, une grande pierre lourde, un lourd soleil de pierre pour me dissoudre dessous lui.

Mon ami, il se passe... Des présages ou symptômes indéchiffrables, et j'écoute, j'écoute, ne pouvant rien transcrire, ne pouvant rien dévoiler qu'à mots incohérents et brefs. S'il te plaît, je ne savais pas, je ne savais rien, et je ne comprends plus ; préserve-moi, Mon ami à moi, mets-toi rien qu'un petit moment entre ce soleil et moi. Il n'y a plus d'ombre. Il n'y aura plus d'ombre.

Mais c'est peine perdue que de vouloir de l'ombre, puisque je nais au jour intolérant.

Je t'en prie, tu sais peut-être, sûrement, tellement mieux que moi. Ton oiseau se consume de fièvre, fais tes mains et tes lèvres douces, donne-moi à boire, donne-moi à boire...

Matin, et je m'éveille en riant, tu m'éveilles — et ce jour n'est que pour le bonheur... Dis, tous les matins heureux, jusqu'à la fin du monde... J'ai dormi au creux de toi, protégée, confiante — un noir sommeil invincible m'ayant prise aux approches de l'exténuement ; mes yeux parviennent un peu mieux à s'ouvrir à cette lumière sauvage, à ces houles de lumière déferlante. Grand rire étale. Dis, toi, TOI, qui sais, c'est donc ainsi ? Et nous ne rêvons pas, ou bien c'est un rêve clos, sans issue, que nous faisons ensemble, et d'où nous ne sortirons pas.

11 h

Le Petit Prince a rétabli son règne sur ses terres brûlées. D'étranges terres de flammes noires et de soleil tournants, de soleils ivres-morts — Mais la voix de l'enfant y fait seule une source. La première source. Nous sommes au commencement. Et le Petit Prince grave hoche la tête devant cette planète folle d'où il fut en exil un temps que ne mesure nulle horloge. Il commence à mettre un peu d'ordre. Il commence à semer une bonne graine. Il arrose la terre. Il pense à son ami et il l'embrasse en rêve pour le rassurer. Car c'est l'ami, LUI, qui est responsable — interdit un peu devant le séisme...

Et moi dans tout cela...

Mien, c'est long une éternité de soleil.

Heureusement c'est long. On n'en voit pas la fin. Il n'y a pas de fin. Tous les sabliers fous qui radotent ayant perdu le sens... Moi, dans tout cela, à deux mains je scelle le ciel sur ta tête, je scelle le ciel sur mes terres.

Samedi 10 h

Mien, il faut à tout prix que j'essaie de te dire. Il se passe quelque chose de très grave. Je m'étais couchée tout à l'heure sans avoir pu t'écrire, mais par deux fois une angoisse intolérable m'a contrainte à rallumer et je pleurais, presque en criant : « Non, je ne veux pas ! » Je ne veux pas quoi ? Depuis deux jours, je porte ma tête comme un nimbe, mais au-dedans rien qu'un noir éblouissant. On dirait que mes pensées procèdent de l'écorce du crâne, et mes oreilles sont comme bourrées de feutre. Ni rhume, ni angine, ni fièvre.

Et j'eus une activité notoire, mais je suis comme très loin de mes gestes. Hier soir et à midi, je me suis forcée à manger, mais ce soir je n'ai rien pu prendre. Et il faut tout te dire, oui? Hier, aujourd'hui, mon corps se faisait véhément, tourmenté, assoiffé... Non, vraiment, je ne sais pas ce qui m'arrive. Ce qui m'a tirée deux fois de ma somnolence est la sensation aiguë d'une désaffection de ma tête, ma tête vide, comme si le visage avait attiré à lui, voracement, toute la substance. Dis, dis-moi, pourquoi ai-je si mal de mon plus grand bonheur?

Je ne sais comment je pourrai passer la nuit. Il faudrait que je dorme mais comme si quelque chose me guettait, me cernait, attendait ce sommeil pour me faire du mal, je me garde éveillée désespérément.

De quoi, mais de quoi ai-je peur?

Notre *soleil de minuit* [1] est au mur. Je l'ai fixé par des punaises blanches — et j'essaie de te sourire — sans y parvenir. J'essaie...

Je te souris autant que je le peux.

Ah, tu parlais d'insolation...

Dimanche

Mien, Minou mien, cela me fait du bien de te donner ce nom de petit enfant chéri, cela me préserve encore un peu de moi-même, de TOI. Minou mien, j'ai dormi comme une noyée contre ton épaule, nuit noire, lourde, d'anéantissement.

Il ne faut pas que mes paroles t'inquiètent, tu entends? Raisonnablement, ma déraison est logique; on pouvait s'attendre à ce que je devienne un tout petit peu folle; les symptômes ayant été fort clairs... Cela procède du rapt, mais c'est au monde alentour qu'on m'enlève; cela procède de la mort... Mais personne n'est mort. Ni Mimi, ni le Petit Prince. Ils sont seulement en un très étrange pays. Le Petit Prince réfléchit : comment va-t-il falloir s'y prendre? Et Mimi qui n'entend rien, qui n'écoute rien, qui s'écrase infiniment sous un immuable soleil...

Mien, pour l'avoir vu de trop près, je ne sais plus même comment est ton visage. A moins que ce ne soit l'envers du mien... Mais il ne faut pas, non, t'alarmer... Cette tornade immobile, cette fixité au milieu du cataclysme, sans doute est-ce dans l'ordre des choses. Nous apprivoiserons petit à petit l'élément. Tu sauras bien. Heureusement que c'est TOI, que tu es TOI, car personne d'autre n'aurait su, personne n'aurait pu.

Mien, pourquoi nous faisons-nous tant de mal, tant de bien?... C'est donc cela?... Mais comment aurais-je pu imaginer?... Et nous sommes au commencement. Et cela dure depuis toujours. Heureusement...

Pleurer pourtant ne m'empêche pas de rire, de te sourire.

Je suis heureuse

Et toi?

Mais toi et moi, c'est tellement pareil, tellement la même chose, tellement l'essentiel, tellement rien du tout... Dis, que va-t-il rester de nous, APRÈS? Est-ce que nous pourrons encore exister? Minou mien, tu entends ces mots, inaudibles à force de violence, que je te dis à l'oreille?

Mien, tout ce que tu m'as donné, les livres, les disques, les images, c'était parce que tu savais ce qui allait m'arriver, c'était pour me distraire de ce terrible paysage intérieur?? Alors je vais voir si tes remèdes sont efficaces, je vais me laisser soigner par toi. Par toi, — et tu sais tout guérir, bien sûr. Même moi, surtout moi. Tu me gardes...

Lundi

Je m'éveille en riant sous ton regard, et j'invente contre l'oreiller des chansons rien que pour nous deux, et j'ouvre très grands les bras pour t'accueillir.

Ah, je vais travailler, bien travailler, et me soigner aussi, car il faut le prendre de haut avec toutes servitudes — le travail et la maladie.

Et qu'on nous laisse enfin tranquilles, NOUS DEUX. (Car nous avons affaire, n'est-ce pas ?)

Ta lettre... et tu vois le grand rire délivré sur mon visage... Sais-tu, sais-tu que j'eus soudain très faim, véritablement faim ! Je dis tout haut : « Je vais aller acheter des oranges et du pain... » Et nous avons déjeuné ensemble ; et c'était bon de manger au soleil, si bon.

Faim famine de ton visage retrouvé.

Je veux, pour te rassurer, t'envoyer dès aujourd'hui cette lettre... Crois-tu que je vais savoir écrire des lettres d'amour ?... Ah comme tu souris, et puis tout d'un coup ni toi, ni moi nous ne sourions plus — et on ne sait qui a le plus peur, de l'oiseau ou de la proie, ni qui est l'oiseau, ni qui est la proie. On n'y voit plus rien. Que le soleil...

« Mon ami », tu vas écouter bien sagement, raisonnablement, ce que je dois te dire. Promets-moi à l'avance de ne pas t'inquiéter démesurément, quoi qu'il m'arrive. Force m'est de reconnaître que je suis fatiguée. Pour ma tête, tu sais déjà. Et je ne sais quel petit renard affolé me grignote l'estomac toute la journée; 38° en permanence. Si demain cela ne va pas mieux, je téléphonerai à mon père pour lui demander de venir me chercher. Il ne s'étonnera de rien, puisqu'au début de la semaine, j'ai parlé d'une angine. Ici, comprends-tu, il est difficile pour moi de me soigner. Si je pars, tu sauras qu'on va me dorloter, et tu n'auras pas de soucis, c'est promis? Tu me garderas secrète, contre toi, près de toi, et tu te fieras à moi, pour ce qui est de guérir bientôt. Tu m'entends, Ami? Tu me crois — bien sûr —, lorsque je te dis que j'emploierai mes forces à défaire les entraves? Bon. Du reste, il se peut que cette fatigue se dissipe bientôt, dès demain... Ah non, le Petit Prince ne veut plus mourir; il va pour vivre se démener comme un beau diable, tu peux compter sur lui. Tu comptes sur lui. Oui? Bon. On n'en parle plus.

[...]

J'aurais voulu samedi te parler d'Hélène (mais j'étais lasse...) Hélène est à bout de forces [...] Je ne peux rien faire, rien. Et j'ai si peur... Elle sait que je devine — elle me sourit tristement, comme de très loin : « Mimi, je te fais de la peine... » Il faut que je parle à Josette, que je l'appelle à l'aide. Tout ou rien... Et pour nous, TOUT. « Tout terriblement. » Le bonheur croule sur nous par grandes cataractes. Mon amour...

Mardi. Bientôt 9 heures
[12 mars 1963]

Hou, la vilaine ! la laide ! Folle fille qui te donna du souci et qui pécha ces jours derniers par extravagance... Qu'on ne m'en parle plus ! A-t-on idée de se jeter ainsi gloutonnement sur le bonheur, et de se rendre malade ? Le grand profit, vraiment ! Mais je sais un Petit Prince qui maintiendra l'ordre désormais sur les terres desquelles il fut un temps dépossédé — les tiennes à présent... Ami, ami mien, il faut tout de même pardonner à cette insensée, Mimi-folle-à-lier... Je te dirai un jour cette fabuleuse alchimie qui me faisait hier encore rire et pleurer à la fois. Comprends-tu, devoir d'un seul coup assumer un corps véhément comme jamais, et du jour au lendemain, de petite fille exigeante devenir une femme comblée, une femme heureuse... Et que notre complicité fût déjà fort ancienne n'empêchait pas qu'il eût été impossible de prévoir une telle fièvre, et de se prémunir contre ses excès. Toi, bien sûr, tu savais déjà... Mais moi... NON. Non, je ne savais pas, même s'il t'a semblé que ce que j'écrivais était d'un parler d'amoureuse parfois. Je n'avais aimé qu'avec tendresse. Mais à présent quel nom donner à cette grande faim de toi, à cette douleur latente, savourée, qui m'alourdit comme un enfant dans ma chair, à cette grande peine qui me fait rire haut et chanter le matin ? « Bien plus que l'amour[1]... » — Jusqu'ici, je fus ta petite fille, ton enfant un peu, disais-tu... Mais à présent je me découvre à mon tour responsable de toi, devant veiller sur toi... Et je vois bien que je ne le peux qu'en travaillant d'abord à moi-même. [...] Alors... alors, pour bien augurer de notre vie commune, je fus aujourd'hui sage comme une image, on ne peut plus raisonnable ; et j'ai bien mérité que tu m'embrasses, oui vraiment — et ma bouche implore sa récompense... Je vais mettre Mimi (encore fragile) au lit. Je vais la remettre entre tes grandes mains rassurantes, convaincantes — et tu l'endormiras d'une chanson de sable. (Tu sais, il faut vraiment qu'elle dorme... Tu es bien de mon avis ?)

Mercredi

Mon amour, il y eut tout à l'heure ta lettre et ces somptueuses proses (de-rien-du-tout, vraiment ?) « en souvenir du soleil »... Il y eut d'un seul coup ta voix, ta bouche-à-la-fontaine, tes mains-de-pillerie, tes mains-de-rapine, tes mains-que-j'aime... — Et la douce hébétude du corps qui se gonfle d'aise... Tu es sûr que je ne rêve pas ? Tu es sûr que tu... Ah, comment en douterions-nous ?... Et voilà que je ne sais plus rien te dire, mon amour, mon amour infini : je divague tout doucement comme un enfant dans son berceau.

Je crains que ma dernière lettre ne soit de nature à t'inquiéter ; il ne faut pas, non il ne faut pas, je me soignerai bien, puisque je... puisque tu... puisque nous nous aimons.

Tu vois bien que je ne suis pas bavarde,

tu vois bien que ce n'est vraiment rien, mais rien du tout, que cette fille-là !

Ami, mon ami, j'aime un homme, oui. Et cherchant pourquoi, ce matin, cherchant pourquoi je l'aime ainsi, je sus que c'était parce que cet homme est vivant, VIVANT, comprends-tu ? C'est si rare, oui... Vivant, vivant, tu entends l'écho ?...

Mon amour...

Mercredi 9 h 30
[13 mars 1963]

Je suis toute propre et lisse... Ma savonnette Donge (à l'huile d'amandes douces!) s'étant amenuisée à l'extrême, je me suis lavée avec un pain de savon de lessive qui mousse, mousse... Peut-être que je sens les draps frais — et puis l'amertume de l'orange du dessert que j'ai gardée tout à l'heure pour que nous la partagions avant de nous endormir. Ce qui fait que tes lèvres ce soir ont goût d'orange ouverte... Nous aurions avec plaisir écouté des sonates, et la voix de Colette, et Mozart, mais mon électrophone refuse de marcher — et je fus cette semaine trop lasse pour l'apporter à réparer. Nous n'entendrons donc ce soir que l'indistincte chanson de nos veines, et d'étranges accords très bas...

Mon amour... J'avais déjà dit ces mots-là? A peine, et si abstraitement, pour invoquer l'amour — tandis qu'à présent c'est TOI que j'invoque... Et voilà qu'il me semble que l'alphabet entier, les leçons de lecture et de vocabulaire, les analyses logiques, « les verbes et les dictées », tout cela ne fut que pour que je puisse un jour formuler ces deux mots, oubliant toute autre parole...

On pourrait se contenter de ces mots-là, jusqu'à la fin des temps.

Minou, mon ami, mon amour, j'ai de bien étranges pensées. Des pensées bien courtes vraiment... Si je considère mon corps comme avant ? Avec autant de sévérité et de lucidité, oui. Et, comment dire, avec... autorité — comme un objet susceptible d'être indéfiniment amélioré. Si je ne deviens pas jolie pour toi, tu seras frustré de quelque chose. Il faut donc que je me mette à l'œuvre — Mais il y a plus : mon corps existe, depuis toi. C'est difficile à expliquer, encore que cela ne me gêne pas à dire ; et je m'étonne ; car tout de même, avant que je ne te rencontre, des hommes vivaient autour de moi ; mais je ne les désirais pas ; à peine si depuis l'été dernier je savais le goût — de fruit vert, parfaitement ! — de cette flammèche furtive allumée au noir du ventre. Et maintenant... Maintenant ! Ah si les gens savaient pourquoi je ris parfois dans la rue ! Je ris du bonheur de te sentir t'établir dans mon corps ; je ris d'une grande faim qui me vient... Si ma mère lisait ces lignes, recevrais-je une fessée ?

Tu sais que j'ai depuis l'an passé la permission paternelle expressément formulée de faire l'amour « à mes risques et périls » ? (Je ne l'avais pas demandée.) Mais mon père adopté, crois-tu qu'il voudra ?

Il est tard, c'est pour cela que je divague. Fais-moi une petite, toute petite place...

Jeudi. Nuit

Ami, mon ami, relisant ces quelques lignes tracées hier au soir avant de m'endormir, je demeure abasourdie par ce ton de petite fille ivre, cette douce déraison balbutiante et ces désirs crûment formulés. Tu n'es pas fâché ? Le Petit Prince assurément dormait déjà, la joue confiée à la paume de son ami, lorsque je t'écrivis... Pauvre Petit Prince : il a fort à faire ces jours-ci, encore que je lui obéisse docilement, comme si tu parlais par sa voix. C'est lui qui me conduit ponctuellement à tous les cours et deux fois le jour au restaurant, même lorsque je n'ai pas faim ; c'est lui qui me sermonne doucement lorsque je rêve tout éveillée... Ami, mon ami, tu as sans doute compris au cri d'alarme jeté l'autre jour et à la brièveté de mes lettres, au fait aussi que je ne te parlais pas des livres que tu m'as offerts ni d'autres lectures ou travaux, que cette folle, très folle fille se sentait assez fatiguée. En fait, hormis le temps des cours et des repas, et celui de nos conversations, je n'ai, ces jours derniers, fait que dormir. Je vais mieux, mais je fais souvent ce geste de secouer la tête comme pour chasser une invisible nuée de mouches harceleuses et j'entends, bien que distinctement, au travers d'une brume. Ou comme si quelqu'un maintenait légèrement ses mains sur mes oreilles. Et je ne crois pas que tes paroles assourdissantes y soient pour quelque chose... A mon avis, il s'agit plutôt des suites de cette angine dont j'ai peut-être trop énergiquement stoppé l'évolution. Mais je ne veux pas, non je ne veux pas être malade. Je verrai donc un médecin. Pas celui qui nous ausculta ce soir au cours de la traditionnelle visite médicale que tout candidat propédeute doit subir avant l'inscription à l'examen ; c'était on ne peut plus sommaire... Tu sais ce que je pensais en regardant autour de moi toutes ces filles de mon âge ? Qu'il y en avait de bien belles qui auraient bien mieux fait ton affaire que ce bébé tout rond que tu accueilles et gardes dans tes bras... Mais puisque c'est moi que tu aimes, n'en parlons plus. Pour ne pas décevoir mon père qui me croyait une très bonne élève, j'ai travaillé à l'école. Pour ne pas te décevoir, que ne ferais-je ?...

Qu'as-tu fait aujourd'hui, TOI ? C'était jeudi... Tout juste une semaine depuis notre Jour. Et je n'y puis croire, je n'ose encore y croire... Il faut aller au lit ; je vais avant d'éteindre relire ta dernière lettre, et le rêve d'Isabelle, et ces mots fastueux pour dire notre naissance. Puis, je fermerai les yeux... Et s'abolissent les murs... Tu es là, tu es là, mon amour. Nous sommes...

J'eus parfois en guise de pensum à conjuguer à tous les temps et tous les modes le verbe où s'inscrivait ma faute. Mais jamais encore on ne me prit en flagrant délit d'aimer... M'est avis que j'en saurais toutes conjugaisons, pourtant — et d'abord

Je t'aime...

Vendredi 14 h

Ce fut un oiseau qui m'éveilla ce matin, et je l'écoutai d'abord incrédule, me souvenant du chahut matinal dans les platanes de l'École Normale, dès cinq heures l'été... Puis la cloche de la Dalbade martelant la rumeur compacte perçue au-delà des murs... Il fait un grand beau jour, tu sais... Il y eut un cours d'histoire grecque (le seul cours d'histoire où je me rende comme à une fête) avec projection de diapositives pour une étude de l'Erechthéion et du Parthénon, puis, au retour ta lettre comme une grande caresse — AMI qui sais si bien me reposer de mon terrible amour... Puis un cours à l'École Normale.

Tout à l'heure je partirai à la maison où l'on ne m'attend que demain après-midi. Et demain, sais-tu, mon amour, j'irai peut-être cueillir des jacinthes sauvages, des jacinthes d'un « bleu violet d'avril[1] » dont je te dédierai le parfum... Crois-tu qu'il y aura des violettes ? On en vend dans les rues à Toulouse, mais elles sont grasses et pâles, belles de salons clos...

Avant de partir, j'irai embrasser ma petite Hélène. Ma petite Hélène perdue (et de toute façon perdue — malgré ma tendresse, malgré toute tendresse).

Car il n'y a que l'amour pour nous sauver. L'amour de tout, l'amour du beau. Et pour moi l'amour de toi, comme pour toi...

Samedi 14 h
[16 mars 1963]

Je t'ai conduit chez nous en cachette, et tu es entré sur la pointe des pieds dans ma chambre bleue. Le lit est étroit où nous avons dormi jusqu'à l'angélus de ce matin gris et cotonneux. Étroit mais qu'importe ? Tu habites mes contours, et double je n'occupe pas plus de place qu'avant, qu'AVANT... (Tu entends l'écho ?) J'avais pris une douche, et n'avais pas résisté en dépit de la perspective certaine des reproches maternels, au plaisir de laver aussi mes cheveux — sûre que tu parlerais d'algues engluées en longues mèches... Et comme je toussais un peu, j'eus droit à une cuillerée de sirop doux-amer. J'ai parlé cette nuit. Pourvu que ce ne soit pas ton nom, l'aveu de ton nom... ou peut-être des vers de ce poème que je découvris hier pendant le voyage, tandis que pieusement, sagement, je regardais les images du beau livre que tu m'as donné (Et soudain je faillis pleurer, pleurer de grâce, pleurer d'amour...) (Mincu — mon hypocrite, regarde-moi bien dans les yeux, sans rire : Vraiment, tu t'étais défendu d'imaginer ce que serait cette journée que nous allions passer ensemble ? Vraiment ? Tu ris... Tu savais fort bien, tu savais bien mieux que moi « où nous allions »... Avec préméditation ! Le cas est pendable — mais tu n'auras jamais d'autre collier que celui de mes mains, et d'autre châtiment que celui de m'aimer interminablement sans répit aucun, tu entends ?)

[...]

... Je sais bien que dans tes bras, je demeurerai silencieuse, immobile, comme un petit lézard un moment capturé par ton regard, avec la même imperceptible palpitation de la gorge... Un petit lézard éperdu, au soleil...

J'en vis un, ce tantôt, sur un talus, vert tendre avec le ventre jaune, figé dans un mouvement de torsion, et qui épiait mon ombre inquiétante d'un œil mi-clos... Je cherchais des violettes pour toi, et n'en ai point trouvé ; j'oubliais que l'hiver fut interminable ; j'oubliais car il y a une éternité que le printemps s'est déclaré... Donc, point de violettes ; à peine quelques pervenches ; les fraisiers sauvages sont pourtant en fleur... Je ne pus passer le ruisseau que d'ordinaire on traverse à gué sur de hautes pierres ; dans le pré, sous une herbe maigre, la terre molle engluait les semelles ; nous nous promenions seuls, car la petite sœur studieuse était restée à la maison ayant à résoudre un problème de physique. Je m'excusais de ce qu'il n'y eût pas encore de jacinthes et de renoncules, rien que des ronces nouvelles griffant ton pantalon, de vieilles écorces mouillées et des mousses rares... Mais tu disais : « j'aime »... Tu es très indulgent.
Tu es très indulgent puisque tu m'aimes.

... Je choisis hier avec Maman, en cadeau d'anniversaire, un « fond de robe » que tu aimeras, parce que cela ne ressemble pas à de la lingerie... Et mon chemisier blanc à col « hirondelle », te plaira-t-il ?...

J'eus encore un disque que tu as pu apprécier : *Les Plus Beaux Poèmes de la langue française* — dits par Gérard Philipe et Maria Casarès. Et c'est vrai que mardi j'ai dix-neuf ans... Mais ce n'est pas une raison pour. Aucun mérite ne me revient... Le 27 avril, il y aura vingt ans que mon père et ma mère se seront mariés. Je me demande ce que cela signifie pour eux. Ils s'aiment beaucoup, cela ne fait aucun doute, peut-être se sont-ils aimés passionnément. Mais je crois que mon père a parfois senti l'entrave, et ma mère éprouvé la solitude. J'ignore s'ils songèrent parfois à se séparer, je me souviens seulement que, plus jeune, mon père avait un caractère emporté. Mais la quarantaine venue, ils jouissent de ce bonheur mesuré que refusait Antigone — et dont pour ma part je ne saurais me contenter... Dont nous ne saurions nous contenter.

Mon amour...

Je te veux heureux à en perdre la tête, heureux-fou... Il ne faut pourtant pas que je vienne te déranger à l'heure du rendez-vous avec Isabelle. Je suis sûre que tu l'entends à nouveau, bien que chaque jour nous soit un anniversaire, une fête, bien que nous soyons parfois fourbus de notre double journée, rompus d'amour...

Sais-tu ce dont je m'émerveillais tout à l'heure ? C'est qu'à ta seconde lettre déjà, tu m'avais donné à lire des notes sur la Provence, et tu me connaissais encore bien peu lorsque j'appris qui était Isabelle ! Pourquoi alors avais-tu déjà confiance en moi ? L'offrande prompte et sans réserve ! Minou, mon Prince ! Prince-de-toutes-terres...

Il est temps, grand temps d'aller au lit... Nous serons à ton gré sages ou fous. Mais notre folie est sagesse haute, sagesse à proclamer, sagesse à partager... S'il te plaît, embrasse-moi. S'il te plaît, s'il te plaît...

Lundi

J'eus ce matin ta lettre à laquelle je répondrai ce soir — et c'est promis, je laisserai parler un moment, de choses et d'autres, un sage Petit Prince submergé ces jours derniers par l'ouragan. Mais tu sais aussi, mon amour, qui aura le dernier mot... D'ailleurs il n'y a pas de dernier mot, seulement un baiser, première et dernière parole, et la plus éloquente, et foudre sans appel.

Lundi 9 h 30
[18 mars 1963]

Seuls enfin, seuls ensemble... Comme fut long le temps donné à d'autres que toi, réticent mon accueil à d'autres que toi... M'ennuyant de toi, jusqu'à cette heure... Seuls enfin, seuls ensemble. Heureux.

Et tu crois que je savais déjà le goût de l'amour? Non, pas ainsi. Je ne feins pas, ne t'ayant jamais cru jaloux, de n'avoir aimé personne avant toi. Je n'efface ni « la longue douleur », ni « l'épaisse nuit » desquelles tu m'as guérie. Je ne reprends rien de ce que je donnai. Je ne dénie pas ce que j'ai pu dire. Mais comment ne pas voir la disproportion entre la tendresse riante qui me fit cet été donner la main à ce garçon et cette houle sauvage qui me submerge aujourd'hui? — Je me souviens de ce calme du troisième soir, dans ses bras, et de l'étonnement doux que suscitait en moi cette paix toute conjugale (et l'adjectif fut alors distinctement formulé dans ma pensée). Mon amour ne fut sauvé que pour être impossible soudain — comme s'il fallait cette frustration pour que je m'éprouve amoureuse. Mais il est aujourd'hui parfaitement clair que j'aimais l'amour plus que celui qui m'en donnait faim et dont je ne pouvais plus vraiment souhaiter le retour... Alors qu'aujourd'hui, c'est de TOI que j'ai grand faim, et tu n'es pas un idéal, tu n'es pas un rêve d'harmonie, tu n'es pas une abstraction. Tu existes terriblement, et je T'aime. Comprends-tu ?

Non, je ne te rêve pas. Je ne rêve pas ma pesanteur nouvelle, ni ma gorge nouée... Avant, il m'était arrivé de penser que je pouvais m'éprendre à peu près de n'importe quel garçon, qu'il suffisait en quelque sorte de savoir, de vouloir assez fort cet amour; je ne savais pas encore que les digues pouvaient craquer sous la force de quelque terrible dieu qui disloquerait mes gonds. Je n'étais pas encore sortie de moi-même. J'ai aimé Michel toute seule, comprends-tu ? Mon amour à présent me dépasse, c'est-à-dire qu'il exige la réciprocité. Je ne suis pas seule en cause. Je suis plus que moi-même, aliénée si tu veux — (et malgré ce que j'en pus dire...) Je fus comme folle trois jours après notre RENCONTRE.

Je ne commets pas de méprise; je te vois très distinctement à la place qui est la tienne, dans tes « dimensions ordinaires » (une bonne tête de plus que moi !) et c'est cet homme dans ses limites de vivant et ses fastes de vivant, celui-là très précisément, celui-là seulement que j'aime. Jamais je n'y vis plus clair. Le soleil te fait une silhouette nette, accusant ton profil, soulignant tes gestes...

Non, je ne te rêve pas.

Et puis, laisse-moi te dire encore : tu parles comme si je me laissais aimer, « consentante », offerte, comme si je ne faisais que donner. Alors que je reçois tant et tant, alors que je demande, et que je prends moi aussi « ce monde fabuleux qu'est un être » — alors que tu me donnes « l'amour et son poème, l'amour et son miroir ».

« Insolite » ? Sûrement, comme le sont les cataclysmes, les séismes, les ouragans. Insolite comme est la mort banale même.

« Indu » ? Ah, nous nous aimons, nous sommes quittes. On ne mérite pas sa grâce, ce serait trop facile. « Digne de ton amour » ? Oh, je n'ai pas cette prétention, pas plus que je ne reconnais un châtiment d'obscures fautes dans mes peines passées. Et qu'on mérite ou non a priori son bonheur est sans importance ; l'essentiel est de l'apprivoiser, après, de l'acclimater avant qu'il ne s'aperçoive d'une erreur d'attribution. Non ? Nous « mériterons » peut-être de jouir longtemps de ce qui nous fut octroyé par hasard. Comme nous allons nous appliquer, mon amour...

Et d'abord, sur l'heure, silencieusement, profondément, rêver... Rêver très sagement. Tu sais, le sable de tes mains étouffe un oiseau qui se débat, déchirant le sommeil. Il faut que tes mains dorment, faute de quoi je demeure éveillée, vivace et partant insatiable... Tu n'as pas peur ? Oh que si ! Et moi donc...

Mardi

Mon fol-ami, mon amour-fou, crois-tu que je fus assez sage, pour mériter ce que je reçus tout à l'heure, et dont tu savais que j'aurais grande joie ? Ou aimes-tu tellement me savoir gravement souriante, émerveillée, pieuse ? J'ai dix-neuf ans puisque tu les fêtes, puisque tu veilles et gardes d'un baiser l'enfance rouverte, j'ai dix-neuf ans, je n'ai pas d'âge... Pas plus que ces beaux portraits[1] — et ne vieillirai pas plus qu'eux, je te le promets. J'aime à penser que tu disposes l'espace autour de moi ; on ne sait plus si tu m'accueilles dans ma chambre ou si je t'y reçois... J'aime à penser que chez toi aussi il y a ce visage de jeune fille que nous contemplons d'un même regard... Quelles nobles filles d'antan sont celles-là, graves pareillement, et douces et secrètes ? Inventeras-tu leur histoire ? Ou bien je te la raconterai le soir... Entre elles est notre *soleil.* J'aime ce que tu m'as donné, infiniment.

(Mais je t'aimerais autant si tu ne me donnais rien, tu sais. Bien sûr, suis-je sotte ! C'est pour cela que tu me le donnes.)

J'ai tout à l'heure écrit à mes parents afin de leur demander de me laisser venir à Paris. Lorsqu'ils recevront ma lettre, nous n'aurons plus qu'une semaine à nous attendre.

Mercredi. Nuit
[20 mars 1963]

Dors-tu ? — à voix imperceptible, à voix de vent rêvant — Dors-tu ?

Je voudrais que tu dormes. Pour m'approcher de toi à pas imperceptibles, pas de vent rêvant, et me pencher longtemps. Vais-je te reconnaître, vais-je me retrouver, miroir de mon plus vrai visage ? Me penchant longtemps, puis le baiser brouille l'image et l'on n'y voit plus rien. Plus rien : je déchire la glace et rejoins mon reflet — A bouches confondues. Et je me suis noyée... Mais de quel côté suis-je, suis-je regard ou chose regardée, la voix, l'écho — le portrait, le modèle — le rêve ou la réalité ?

Vivante ou morte doucement sans m'en être aperçue ?

Qui es-tu ?

Où donc t'ai-je vu ? Il me semble reconnaître ton visage comme un séjour longtemps habité dans l'enfance, une image familière — étrange qui vous hante, ta voix comme un bruit qui sonne, familier-étrange, sans qu'on parvienne à l'identifier...

Qui es-tu ? Où donc t'ai-je vu ?

Je te reconnais — j'ignore ton nom. Peut-être avons-nous aimé une même fleur. Peut-être avons-nous fait un même rêve. Peut-être étions-nous pareillement seuls, si pareillement creux, si pareillement lourds, que rejoints nous ne saurions plus nous disjoindre...

Dormante ? Éveillée ?

Et ces mots venus aux lèvres comme l'eau, ces mots venus irrésistiblement — et s'éveille le vent — ces mots, où donc entendus ? dont je ne sais du tout ce qu'ils te veulent dire.

Je t'aime, je t'aime, oh, je t'aime !
(La voix ou bien l'écho ?)

J'ai crié. Tu t'es éveillé. Tu me berces comme un petit enfant fiévreux, et je m'apaise, et me souviens. Tu t'éveilles : tout devient vrai jusqu'au rêve commun. Je vis, je brûle, je chante et je suis née d'hier à peine ou du songe de demain, ou peut-être de ton désir, de ta parole. Tu me berces, et te penchant longtemps : « Dors-tu ? » à voix imperceptible à voix de vent rêvant... Je voudrais que tu dormes.

Jeudi matin

Je ne divague plus. Me voici tout à fait éveillée, sautant dans ma chambre comme une chèvre folle... Je venais juste de rentrer chez moi tout à l'heure lorsqu'on a sonné à ma porte et le messager était un beau garçon, ma foi oui, mais ce qui faisait bien mieux mon affaire était le petit bout de papier bleu qu'il me tendait, promptement (et le cœur battant) déplié :

Autorisation accordée. Lettre et mandat suivent.

Voilà.

C'est à n'y pas croire, je t'assure...

Je vais écrire sur-le-champ à M. Amelot dont je reçus ce matin une lettre que je te fais lire —

« avec mes meilleurs souhaits de très heureux séjour à Paris ».

Bien sûr.

Je préfère tout de même les vœux que formule mon ami tout présent — tout puissant — tout créant, le vœu d'une éternité de bonheur, « le vœu de vivre », vivre haut. Tu m'as écrit pour mon anniversaire une lettre comme je n'osais pas en réclamer lorsque je rédigeai certaine liste... Une lettre musique de l'âme, longtemps encore entendue après l'avoir lue. Et ce matin encore je t'écoute me parler ou rêver à voix haute, j'écoute la voix heureuse de mon amour, et celle sourde un peu voilée d'Isabelle, savoureuses toutes deux... Et parfois je pense ce que tu m'écrivais il y a quelques jours : Sûrement, sûrement il y a erreur ; ce ne peut être à moi qu'on dédie une telle musique ; ce ne peut être moi que l'on a choisie pour témoin de cette « haute instance ». Et cela me tourmente, oui. Qu'est-ce que je Lui donne, moi ? Et ce n'est pas à Lui qu'il faut le demander, puisqu'Il m'imagine, me fait telle que son vœu, telle que son désir, telle que son sourire. « L'amour et son poème. » Quant à l'amour, je n'y suis pour rien, puisque je l'aime. Et quant au poème, je dis tout haut ce que chacun pense à part soi ; c'est une faculté qui n'a rien d'extraordinaire, et qui en d'autres occasions me fit passer pour une jeune insolente ou pour une fausse ingénue.

Du reste, le poème ne commence que lorsque je me tais. Alors... Alors sûrement il y a erreur ; et je me glisse et me coule comme un voleur dans cette chance qui m'échoit, à la mesure de laquelle il faut que j'atteigne avant que l'on ne s'aperçoive qu'elle ne m'était pas destinée. Grandir à la mesure de ma chance jusqu'à faire corps avec elle, jusqu'à habiter juste cette douce nouvelle peau... Aurai-je jamais le temps d'y parvenir? Je t'aime gravement. Je t'aime désespérément.

Et toujours cette nostalgie d'une perfection fugitive. Un désir de vivre au juste poids de la mort, exactement équilibré par la mort,

Et toi d'un grand trait tu barres cette phrase, et tu écris : Un désir de vivre au juste poids de l'amour, exactement équilibré par l'amour,

Et je te crois. Heureusement que tu es là pour corriger mes erreurs. Mais justement j'aurais voulu qu'il n'y eût pas de rature. Tu dis que c'est cela, vivre? Se raturer pour vivre mieux? Mais j'aurais voulu moi te donner d'un seul coup quelque chose de parfait, fût-ce un seul geste parfait, fût-ce une seule parole parfaite. Et je vois que c'est une soif d'inhumain, une soif de dissolution. Mon épaisseur me gêne. Mon poids humain me gêne, et d'être profonde et limitée; toute mesure ne m'est assez vaste, ni assez irréductible. Comment cela s'appelle-t-il ce désir d'être tout ou rien, et tout et rien, et rien du tout?

Ce que j'EN pense? Nous donnons-nous l'un l'autre « licence d'aimer », de nous aimer? Ce que je veux t'écrire, car il y a peu de chances pour que je te le dise lorsque nous serons ensemble, moi « silencieuse sous tes mains », silencieuse tout au fond, très loin, c'est qu'il faudra comprendre cette immobilité panique faite de faim et d'angoisse profonde, cette immobilité exaspérée, cette véhémence muette. Peur? Non, puisque c'est toi, puisque tu es toi, — et surtout pas rétive! Mais comment t'y prendras-tu pour dissoudre le sanglot qui serre déjà ma gorge, comme un lacet?

Mon amour, ce mercredi je te rejoins.

Écris-moi vite quel train je vais devoir prendre.

Écris-moi vite pour que je sache quand exactement et où nous nous reverrons.

Et puis embrasse-moi — pour que se taise non seulement ma bouche, mais toute voix véhémente...

Embrasse-moi rien qu'un instant, « comme une longue saison d'été » et que je suffoque du bonheur que dit si bien notre Isabelle.

Nous aimerons-nous un jour au bord de la mer, nous éveillerons-nous au bord de la mer ? Ah, je voudrais...

Fais-moi taire, oh fais-moi taire, je t'en prie.

[22 mars 1963]

Amour mien, voilà que je ne sais plus t'écrire... Le vent tourne sur lui-même, tourne et danse et perd la tête ; le vent ivre, comment veux-tu qu'il dise autre chose que des paroles hasardeuses ; par lambeaux qu'il s'arrache, par écailles perdues ?... Mais le corps nu du vent, sous les écailles, ce grand silence ivre-fou, la sarabande figée, la danse qui se consume, le cœur nu de l'ouragan, l'amour que j'ai de toi, tout au fond demeure ineffable.

Tout au fond d'un profond silence, tout au fond sans fin du silence d'un désert de paroles consumées, avec encore, rares, de grandes roches où le vent passant vibre, un archipel de phonolites à demi submergées, rongées d'un miel de sable, sous l'emprise du soleil en vrilles jusqu'aux nerfs. Je t'aime tout au fond non point de chairs douces gorgées de sucs, de chairs à fleurir, mais dans un pays qu'irriguent des orgues de basalte où geint le vent du Sud fiévreux...

Que devient dans ce paysage ton Petit Prince tant chéri ? Pas de mauvaises graines à extirper, et pas de rose à protéger, et le soleil jamais ne se couche. Le Petit Prince tout seul se perdrait, comme un petit agneau dans la Crau loin de sa brebis-mère ; aussi parle-t-il à son ami-tout-près, sagement et sérieusement comme il fait toujours, gravement, tout le jour : Mon ami,   Mais sa voix se perd dans le vent.

[...]

Dormons à présent, d'un même souffle, et tout ensemble. Recueillis, noués, enracinés. D'un sommeil de palme sous le vent.

Samedi

Je ne veux pas devoir me presser pour t'écrire, je ne veux pas devoir te parler hâtivement, ni faire violence au temps liqueur lente entre tes bras.

Je t'écrirai ce soir tout du long, des mots fruits mûrs et lourds, je répondrai à ta lettre,

je te répéterai, je te traduirai ce que dit le vent.

Toujours la même chose. Devine un peu... Devine.

[23 mars 1963]

J'ai pris congé de tous, l'âme piétinant d'impatience, j'ai décliné les sollicitations pour la soirée, confié Hélène à Monique et, prétextant le sommeil, je suis rentrée chez moi pour t'y retrouver. Seule, seule avec toi, ne voulant rien savoir d'autre que toi, m'enfermant à double tour dans tes bras. Recluse à qui importe peu que le temps passe au-dehors et qui n'en veut percevoir l'écoulement qu'au sablier intermittent et régulier des veines de ton cou, temps horizontal, temps étale, table rase des jours et des saisons où me précipite la fixité des étoiles au-dessus, comme autant de baisers.

J'ai pris congé de tous ne voulant rien ni personne écouter que toi. Je t'écris. Des mots comme pierres erratiques de loin en loin, que séparent de longues plages de rêve, des mots qui se défont eux-mêmes, s'usent avant que d'être achevés, ennoyés[1] de leurs résonances qui les prolongent, des mots comme on en dit en dormant, mots-épaves de grands livres indistincts ayant fait naufrage. Et que restituerai-je de ces hauts vaisseaux de rumeurs sombrant dans mon silence?

Toi, tu te penches par-dessus bord — tu te penches et observes un long temps sans mot dire les strates sonores, tu te penches et t'enfonces.. Ah, réjouissons-nous et désespérons-nous, nous ne saurons pas la fin l'un de l'autre, nous n'atteindrons pas le fond... Et sais-je ce qu'il faut vouloir, de rétrécir mes limites à ta rencontre, me fermant sur toi pour mieux éprouver comme tu me veux ouvrir, ou de distendre démesurément les domaines à toi remis ?

Je t'écris et n'ai pas concerté les paroles de cette lettre ; je file un fil et le déroule et l'enroule, et tantôt donne à mon amour du large pour qu'il aille au vent, comme libre, et tantôt je tire et ramène à moi cette grande voile brûlante qui me suffoque...

Ah mon amour, tu auras soif dans ce pays de salanques[1] où tu viens, ce pays tout altéré, poreux, où les sources font un cours souterrain ; tout un désert pétré, la face sous ton corps du soleil d'août...

Je disais tout à l'heure que je ne voulais point t'écrire hâtivement — que je ne le saurais ; mais en même temps je te parle presque farouchement, comme quelqu'un qui brasserait la vague jusqu'aux limites de ses forces, comme celui qui, pris sous l'éboulement, agite encore les bras à grand effort ; je t'écris avant de n'en plus pouvoir... Comme on parle à Dieu ou à sa mère à l'heure du danger. Et comme si j'allais mourir demain.

Demain, je vais te retrouver.

Ma mère m'a écrit deux longues lettres de douces recommandations que je te donnerai à lire. Et j'admire, avec une tendresse grave, comme elle se préoccupe de tous détails matériels — des vêtements que je prendrai, de l'argent qui m'est nécessaire, de ma valise — et comme elle tait l'essentiel qui lui brûle au cœur. Mais ce qu'elle ne dit pas, voilà que le formule cette amie qui (je t'en parlai) s'occupa de ma sœur et de moi, ces longues années d'enfance vécues à L. et qui m'apprit à connaître les alentours du village avant qu'on ne me permît de m'y promener seule. « Mademoiselle » a cinquante ans et vit seule à l'étage au-dessous du nôtre. Maman lui rend très souvent visite; samedi dernier, nous avons fêté chez elle nos anniversaires et c'est elle qui m'a offert le disque des *Plus Beaux Poèmes de la langue française*. Elle lit souvent mes lettres que Maman lui apporte. « Lorsque tu étais petite, j'ai souvent souffert de la trop grande rigueur avec laquelle on te traitait parfois, mais maintenant je ne puis qu'admirer la façon de faire de tes parents. Ce que les autres peuvent dire ou ne pas dire, je sais très bien que toi tu planes trop haut pour t'en soucier. C'est pourtant une chose qui compte dans la vie, "le souci de sa réputation...". Très peu de personnes peuvent comprendre que le beau existe sans être sali... » J'ai souri, je lui ai souri de très loin, et lui ai répondu longuement, simplement[1]... Mais voilà que cette lettre me tourmente, comme l'écho du silence de Maman — l'écho de sa confiance muette.

[...]

Ah, je rêve sûrement, je rêve... Demain je vais te retrouver. Et qu'est-ce que je suis, pauvre de moi, pour vouloir l'amour de cet homme? Rien qu'une petite fille folle, à qui le vent de mer tourne la tête. Seigneur, faites que cet homme me rende aveugle-sourde-muette quand il me prendra dans ses bras, que je sois prise d'un seul coup, sans aucun moyen d'aucune sorte pour me dénouer, car je ne réponds pas de moi, car je ne réponds pas de l'écureuil — car je suis un petit peu folle, comprenez-vous? Faites que d'un seul geste il m'impose silence... Je l'aime tant que j'en ai mal.

Je l'aime comme ma vie, comme ma mort, comme ma part d'éternité. Je me retiens et me précipite au-devant de lui, je coule et pourtant lui résiste. Je m'obstine et me dérobe encore... Que vas-tu faire de moi ? Prendre, donner...

Je ne sais l'heure qu'il est ; cela fait longtemps que je rêve et te parle, et nous allons bientôt nous endormir noués l'un à l'autre, dans un même lent naufrage. Demain au matin je t'éveillerai fraîche après la douche et l'eau de lavande (Aimeras-tu ce parfum gris-vert ?) et tu auras très faim vraiment. Et rien que des baisers pour te rassasier, mon ami, mon bel amour... Des baisers jusques à DEMAIN.

Il est dimanche. Je ne veux rien ajouter à ma lettre, et me taire profondément jusqu'à l'instant de te voir. (Et te verrai-je seulement, toute suffoquée par ta présence ?) — Jusqu'à l'instant d'être.

Il est dimanche clair et froid. Je demeure en marge du jour où ton seul sourire m'introduira. J'attends très sage qu'il soit l'heure. Je t'aime.

[Fin mars et début avril 1963]

« Je viens seulement vous dire que j'aime cet homme. »

A voix si claire et calme que l'on croirait les premiers mots d'un poème, qui, proférés sans nul effort, semblent donnés par un dieu. Et moi-même désormais suis-je autre chose qu'un rythme souverain, chair accordée et l'âme qui résonne...

Jeudi. Nuit

Je fus, t'ayant quitté et jusqu'à mon retour à la maison, en proie à l'hébétude la plus douce. Je ne fis presque que dormir et ne pus arriver ici qu'à l'heure du dîner. On m'attendait. On m'avait attendue tout le jour.

Calme autour, comme au-dedans de moi. Intimité évidée, surcreusée pour l'annonce que je dois faire. A notre table, flagrante, la place de l'hôte absent. Nous mangeons en silence comme une famille quiètement renouée, après la journée de travail, convergence de soucis qu'abolissent les mêmes gestes simples de rassasiement, d'apaisement. Mais ce soir, le silence ne signifie pas résolution du jour; ce silence n'est que la forme de ton nom que personne ne prononce.

Cette enfant, de toute évidence, est lasse... On comprend cela : le voyage depuis Toulouse est languissant. Il faudra aller au lit de bonne heure.

Le repas achevé, aidée de ma mère et de ma sœur, j'ouvre mes valises afin de ranger mes affaires. Ma mère en a visiblement lourd dans la gorge et se détourne pour plier mes vêtements. Ma sœur s'extasie à voix menue, comme n'osant. Je ne lui permets pas d'inventorier livres et disques, mais les dispose sur mon bureau sans plus de gêne que d'ostentation.

« Oh ! Qu'est-ce que c'est ?

— Une étoile de cristal. »

Elles contemplent l'étoile dans mes mains. Maman se tait. Marie-France bavarde.

« Mais tu es riche !... Puis, effleurée d'un doute :

— Tu l'as achetée ou...

— Non. C'est un cadeau. Que MON AMI m'a fait. »

Mon père, lorsque je la lui présente, sourit simplement. Non, il ne faut pas la poser sur cette table, on pourrait la heurter... Là...

Avant qu'il ne soit l'heure de nous coucher, nous écoutons la voix gourmande et succulente de Colette, voix fumée aux sarments, craquante et pourtant charnue sous l'écorce, de sèche malice et d'humide convoitise... Ma mère immobile, assise sur le lit où ma sœur est allongée, me regarde. Je lève vers elle un visage lisible où s'inscrit le plaisir de l'audition. Avant de sortir, elle m'embrasse presque timidement, comme lorsqu'on contient sa tendresse — sur le quai d'une gare... Je la berce un moment dans mes bras, et je l'entends dire tout bas, avec confusion : « Mon perlou... »

Seules dans notre chambre, nous parlons à voix basse ma sœur et moi. Maman qui nous entend chuchoter proteste :

« Petites, il faut dormir. »

Mais qui songe à dormir ?

« Tu n'as pas été surprise d'apprendre que j'allais à Paris ?

— Non... Non.

— Crois-tu qu'Ils ne m'aient laissée partir qu'à regret ?

— Non. Mais le soir Ils parlaient de toi. Tu nous as quittés. Papa a dit qu'à présent il serait ridicule de te refuser quelque permission. C'est un peu comme s'Ils t'avaient perdue.

— Crois-tu que mes actes les gênent ?

— Non. Ils ont confiance en toi. Parfois Papa plaisantait, tu sais comment ; Maman le grondait : « Ou bien il y a "quelque chose" entre eux, et cette petite le dira, ou bien il n'y a rien, et les plaisanteries sont de toute façon inopportunes...

— Oui, je vais LE leur dire. »

Ma sœur se tait comme ne m'ayant entendue. Elle ne dort pourtant pas, et mes parents non plus que j'entends au-delà de la cloison tourner les pages d'un livre de chevet. Je m'assieds dans mon lit, genoux relevés cerclés de mes bras. J'écoute. Je sais que je vais me lever, je sais que je vais parler. J'écoute : calme autour comme au-dedans de moi, haute profération distincte du silence que ne briseront pas mes paroles venant comme une harmonique. Je ne prémédite rien. Je ne compose pas la formule de l'aveu, je n'en répète pas la leçon. Je savoure cette eau limpide d'un langage délié sur ma bouche douce charnière, langage impondérable résolu dans la seule nervure de cette vivante feuille seule me donnant conscience de mon corps.

Nervure déchirure, sans mal,

« Marie-France ?

— Oui ?

— Tu sais que j'aime cet homme ?

— ... C'est bien...

— ... Je vais aller le leur dire.

— Oui. Tu as raison. Vas leur parler.

— Oui. »

J'attends encore un petit moment, un petit moment d'éternité avec mes genoux dans mes bras. Et non la rémission avant l'épreuve, mais la jouissance du silence que je passe au crible.

J'ai repoussé les couvertures. Je marche pieds nus dans le couloir et je m'étonne à peine de ma lenteur paradoxalement accordée à l'absence de pesanteur dans mes pas. J'entre chez mes parents.

« Qu'est-ce qu'il y a ?

Et d'abord le sourire s'ouvre si haut que je ne peux parler.

— Rien.

Je viens seulement vous dire que j'aime cet homme. »

Il y avait longtemps que cet amour était résolu et prononcé.

Je me penche pour embrasser mon père qui sourit :

« Reste auprès de ta mère un moment. »

Je m'allonge à son côté, et dans ses pieds elle réchauffe les miens glacés.

Lorsque je regagne ma chambre, ma sœur d'une toute petite voix m'appelle :

« Viens dans mon lit... »

Non pour que je lui raconte... De toi, de moi, il n'y a plus rien à dire ce soir. Mais voilà qu'elle s'éprouve seule ; elle parle gravement, ma petite Ismène[1] si bien façonnée pour un confortable bonheur, si résolument disposée au bonheur...

« Je sais que les apparences sont contre moi,

que je fais l'enfant, mais il ne faut pas me traiter en petite fille... » Elle parle du garçon qu'elle aime, et je la découvre lucide, mêlant l'exigence à la résignation. Elle parle des enfants qu'elle désire mettre au monde. Il m'est très doux de la connaître telle, faite pour honorer sa famille, faite à la semblance de sa mère pour la consoler d'avoir élevé cette fille aînée si folle, si résolument folle...

« "Ils" se demandent comment Ils ont pu te faire... »
(Assurément... Car demi-morte, je suis née de cet autre hiver ouvert en plein été... Née de moi-même, du mal de moi, et je grandis et me façonne au feu de ta parole et de tes mains...)

Sous les couvertures, — pour que Maman ne gronde pas —, nous parlons longtemps, oubliées de l'Ange...

[...]

Ma mère pleure.

Elle sait que tu m'as sauvée, elle t'aime tout comme avant, elle aime que tu sois plus âgé que moi, car elle sait qu'il est difficile à deux êtres jeunes de s'accorder harmonieusement. Mais elle pleure son rêve. Car j'ai dit que je ne voulais pas me marier, et que je ne désirais pas un enfant...

Mes paroles longuement lui font du mal, du bien... Alors à la fin, elle a ces mots profondément sincères :

« Tu as raison de t'échapper, de dénouer tant que tu le peux encore l'emprise de la famille, de la société. Nous, nous sommes prisonniers. Et je pleure égoïstement parce que tu nous laisses seuls, tu nous laisses où nous sommes retenus... Mais tu as raison. »

Et ma mère parle, comme faisait ma sœur hier, de la peine qu'elle a pour vivre.

Comme si le silence que prolonge l'aveu de mon amour leur servait de révélateur.

Et la petite sœur :
« Mais Maman... puisqu'elle est enfin heureuse, il ne faut pas pleurer... »

Ce matin — samedi — nos parents sont partis vers Cannes. Il est bon qu'ils soient seuls ensemble, fût-ce un seul jour...

Mon amour, mon amour, j'ai bien senti à plusieurs reprises que tu souffrais à leur manière, en proie aux autres, au regard des autres, à l'oppression du huis-clos.

Je voudrais au moins qu'alors même que je te cerne de mes bras multiples, tu t'éprouves enfin libre, comme à la lisière d'un grand pays désert rongé de lumière, aux horizons dissous, à la lisière de toute entreprise, de toute aventure, de toute audace, de toute errance, au seuil de tous les possibles, d'un royaume sans lois ni cités... A l'orée d'une plage où chacun de tes désirs se résolve en un surcroît de soleil. Comprends-tu ?

« Être aimé de qui l'on aime, c'est connaître par expérience à quel point l'amour, et par conséquent le sien propre, manque son but lorsqu'il nous est dédié, nous laisse entier, seul et clos, et à nous-même inconnu[1]. »

Mon amour comme paumes ouvertes invoquant l'été...

Cet amour de toi n'a pas forme de main quêteuse, ni de lèvre gourmande, forme de rien qui veuille te poursuivre, t'atteindre, te saisir, te capter, te réduire, te retenir ; ni parenthèse telle que mes bras ou mes lèvres ; rien qui tente de retenir, de contenir, rien qui se referme... Aucune des structures logiques ne peut l'enfermer : grande chose inclassable... Et comment te serait-il dédié ? Ce n'est que ton image la plus vraie, un tamis vibrant qui passe au crible ton ombre et ta lumière, ce que dit de toi une harpe accordée par tes doigts, et dont les sons en retour te disposent autrement. Et je sais bien que le vouloir flèche pour te rejoindre serait vain ; le mille de la cible comme un irréductible blanc, rien qui se puisse posséder... Aussi l'amour de toi n'est-il qu'infinie disponibilité, et ma vie même, réduite à l'essentiel, une vacuité constamment ouverte à l'instant reçu... Non pas l'objet poreux, mais la porosité même ; non même l'instrument, mais l'intervalle entre deux cordes.

Je t'aime, ai-je dit, parce que tu es vivant : je veux dire qu'on pressent sous la tapisserie de tes gestes la vie toute nue, la vie de rien du tout, impondérable, insaisissable, la vie principale. Vertigineuse. Ordinairement, le costume, l'identité, l'accessoire font aux hommes une carapace étanche ; on devine que le vide intime s'est lignifié, aucune vibration ne pouvant plus s'y produire. Comment aurais-je pu aimer un de ces êtres opaques, être sourd, plein jusqu'au bord de sa moelle, comme une larve sous les anneaux de chitine ? Et déjà je te sais jusqu'au cœur, jusqu'à cet évidement en manière de soif, désir, vertige — ta vie même... J'échouerais à la vouloir comprendre, comme pour la mienne propre. Il me suffit, je préfère, l'éprouver.

J'aime ton espace secret, ta durée profonde, ton être d'accueil...

Notre ressemblance essentielle est dans la tension de cet espace, le prolongement de cette durée, l'ouverture de l'accueil. Interchangeables, permutables ; nous pouvons nous habiter l'un l'autre... La même investigation conduit en chacun de nous à la vibration première que nous répercutons et déchiffrons et perpétuons de la même manière par l'écriture.

L'amour entre nous comme une grande roue tournante de moulin mêlant nos deux vies grain à grain, goutte à goutte...

Il est sûr qu'il n'y aura pas de rassasiement... Chacun de nous penché à la fontaine est près de s'y noyer. Comment, fascinée par cette image à crever, abolir, à dépasser pour émerger au désert de toi, pourrais-je un seul instant éprouver la glu des regards d'autrui ? Comment pourrais-je un seul instant ressentir leur défense comme une longe trop brève ? La seule violence m'est faite par ce fil tranchant, vibrant au-dedans de moi, de mes actes et de mes paroles noués l'un à l'autre, comme si les dieux m'avaient commis le soin de filer ma vie. Le mal est ce qui m'en détourne, le mal est dans la distraction, l'inattention. Que les autres, s'il leur plaît, embrouillent leurs vies à loisir : il faut que j'éprouve tendu le fil que j'enroule et déroule, stridence du vide ductile que je recèle...

Je fais en toi ce chemin de tes contours jusqu'à la charnière de l'être et du non-être, et le chemin inverse, te connaissant dans toute ta frange ; le reste n'est rien : je n'éreinterai pas mon amour à la poursuite d'un but qui n'est pas ; je ne manquerai pas un but que je ne poursuis pas.

Mon amour comme prunelle grande ouverte...

Nous formons à nous deux une perspective singulière de miroirs...

Ami ?

Oui ?

Tu sais que j'aime cet homme ?

Mais je ne te raconterai rien de ce qui fut entre

nous, et m'écoutant grave, tu ne te douteras pas que je songe à notre rire ensemble... Son rire... Si tu le savais, balançant entre malice et jubilation, et sa bouche bonne à prendre, sa bouche, et sa main pour m'éveiller comme arbre aux oiseaux...

★

Oui ?

Tu sais que je t'aime ?

Tu sais, il n'est pas besoin que je parle de ce qui fut entre nous ; tu sais l'écho de ton rire, le baiser innombrable et le matin de mon plaisir comme une effeuillaison de pétales multiples...

Mieux valait peut-être que je n'étanche pas encore toute soif... Ce que ta main cernait est-il aussi vertigineux que ce rien qui me tient lieu de cœur ? Je suis comme cet altéré qui ne peut se résoudre à boire ; il trempe ses lèvres dans l'eau, il emplit sa bouche et sa bouche entière se réjouit comme une papille déliée, et sa gorge même, jusqu'à la limite à ne pas transgresser... Alors qu'il allait boire, il crache, et plusieurs fois recommence. Lorsqu'il cède, il se rassasie jusqu'à la douleur.

Ah j'ai failli boire, et l'eau si fraîche que corrosive m'assiégeait. Jusqu'où ira mon assouvissement ?

Ami ?

Oui ?

Il m'a écrit...

Et voilà que je retrouve le ton de notre dialogue de ces jours derniers, la tendresse si légère à l'âme toute modulée dans cette invocation très doucement : — Minou mien... Nom que je ne pouvais plus lui donner depuis l'instant de la séparation tant l'invocation dont sa présence me délivre, se faisait pesante, poignante, poivre et maturation...

Écoute, mais écoute : « Je ne te donne rien, je ne t'apporte rien qui ne soit déjà en toi. »

!

Hors tout ton être. Hors la nouveauté de ton être.

Toi aussi, « Tu es la nouveauté ». En doutes-tu ?

Hors ton rire, ta bouche, ta main, ton poids, hors tes paroles, hors la célébration de toute beauté, hors fastueuse la louange à la mer, — et tu oublies les richesses désignées ces derniers jours, et celles effectivement DONNÉES...

Est-ce si peu de choses que tout cela ?

Mais il est vrai que la plus rare offrande est celle que tu mets à jour dans mes profondeurs. La permission d'être moi-même. Le loisir de vivre. Tu m'évides comme on fait d'une branche pour en façonner une flûte, et tu polis ma chair au-dedans, pour qu'elle réfléchisse le soleil. Instrument accordé, miroir éclairci... Tu me rends sensible, attentive à moi-même, gourmande de ma vie même... Vibrante, vivante...

Offrande à profusion, telle que je n'ai pas osé t'en dire merci avec ce seul mot tant usé... Pourtant :

Merci ; pour m'avoir prise par la main. (Et crois-tu qu'un garçon de mon âge l'aurait su, l'aurait pu ? En aurait eu la force, tant j'étais lourde, amère, — comme pierre à ton cou un moment... Un garçon de mon âge aurait assez à faire à se sauver, à se chercher lui-même... Je me garde sans mal des garçons, encore que l'amour de toi me rende plus vulnérable à ce qui te ressemble. Mais peu sans doute te ressemblent pour l'essentiel...)

« Je t'accompagne désormais » — Comme ton ombre...

(Et cela peut s'écrire encore : Je : Ta compagne... ! mon ami fûté...)

S'il te plaît...

« Baise m'encore[1] »

(Le Petit Prince en prend à son aise, vraiment !)

Allant et venant je te parle, je réponds à tes paroles, longuement, interrompant ma tâche... Une inquiétude m'est venue de ce que tu dis touchant à mes lettres. « Œuvre d'art » ? Ton sourire tendre ne me rassure pas... Dites à voix fervente oui, à ferveur de poème, mais il n'y faut voir nul artifice... J'aime à te parler selon un rythme intime qui ne transparaît pas dans la conversation, à te bien parler à longues modulations, comme je t'embrasse ou comme tu me caresses — Mais nulle surenchère verbale ; tu n'en doutes pas ? Je ne cède pas aux mots pour t'écrire, et mes propos ne sont pas de broderie — mais le canevas de l'être, la toile nue, l'ossature mise à jour — Non développement, mais dépouillement...

Dépouillement... (Et il est vrai, je ne sais guère que me déshabiller !...)

Comme un acte testamentaire de mes éphémères richesses que je me hâte de léguer tant que j'en dispose encore lucidement ; veillant à leur répartition, à leur exclusive attribution, les réservant jalousement à l'usage de l'unique héritier que je me reconnaisse... Ceci est dit sans rire ; j'ai assez le sentiment que le temps m'est compté, et qu'il me faut recenser mes domaines, en établir le cadastre, les accroître aussi autant qu'il se pourra, non seulement pour la brève jouissance que j'en aurai, mais afin que tu sois établi richement... si je viens à mourir ou me taire, ce qu'à Dieu ne plaise encore.

Il me semble qu'en t'écrivant, je pare au plus pressé. Ce travail-ci peut attendre, mais sais-je si demain vient, sais-je si demain je vis ? Et ce remords que j'aurais à te quitter à mi-dialogue, ce remords que j'ai, que j'aurai : car nous n'en finirons pas de cette conversation-ci, et que t'aurai-je dit qui vaille, que t'aurai-je légué qui soit de quelque poids,

hors ces deux mots

Mon amour

qui ne te consoleront pas ?...

A ferveur de poèmes, oui, mais poèmes à toi seul — Lettres que tu pourrais brûler, tant elles ne valent que par la joie présente qu'elles te donnent, par leur saveur présente de fruit venu à sa juste saison — et qui se dénature s'il n'est consommé ; que tu pourrais brûler dès après les avoir lues, n'en retenant, comme du fruit, que ce peu de couleur mise dans ta chair ; fruits à ta bouche seule, et non celle des autres — Que je sois toute ensevelie en toi, perdue, hors de toi, oubliée, sauf de toi... Lettres à toi seul, seule postérité qui m'importe, seule descendance à pourvoir...

Et de même des pages écrites cet été, qui ne le furent qu'à ta demande.

Je suis tenue d'écrire, mais il suffit que tu m'entendes pour que je sois sauve, et sauves avec moi les choses que je dis — perdue, perdues en toi...

(Mortel — mais le monde même l'est.)

Me voulant, puisque je t'aime, d'une prodigalité partiale, jalouse... Peut-être n'écrirai-je autre chose que des lettres secrètes... Lettres à toi seul, voix périssable, tue après toi... Tenue d'écrire : pour mon plaisir et le tien. Et si tu me réponds que ma voix est aussi pour les autres, pour consoler et éplorer les autres et qu'ils s'éprouvent vivants, je te demanderai, ô très Mien, pourquoi mes paroles plus que mon corps devraient appartenir à d'autres que toi... Je te le demande sérieusement. Je me le demande.

Je m'avise d'ailleurs que ces lettres n'ont le moindre poids que doublées des tiennes — nos voix nouées comme nos mains... Réponses... Les cordes délaissées de tes doigts se tairaient. Seule, ou si ce n'est par toi et pour toi, saurais-je écrire? J'entends : avec persévérance?

[...]

Mardi 10 h

Et comme je t'invoquais, ma sœur m'apporta ta lettre... Délivrée, déliée, chantante, je cours vers toi à corps perdu, je dévale vers toi, je ris... Rien autour qui me retienne, rien autour que j'entende murmurer, conspirer contre nous, je cours, je te rejoins...

Délivrée, mise au monde : et j'en peux à nouveau parler pour fraîchir nos lèvres fiévreuses... Sais-tu qu'il neigeait samedi dans mon pays montueux? Sais-tu qu'il vente aujourd'hui sur mon pays d'eaux vives?... Dimanche, seule, je fus me promener, par la route vieille, qui monte, drue, au lieu-dit « Le Castel » à cause peut-être d'une ancienne bastide. Je n'y cueillis pas de violettes — n'en aurons-nous pas cette année de saisons en chaos? — mais je te conduisis par la main jusqu'au haut de la route, et nous dépliions nos pas lentement comme feuilles neuves, et nos doigts aussi, et nos paroles tout engluées de bien-être.

Non, je ne fus jamais condamnée à la promenade en famille le long des rues. Mes parents n'affectionnent pas plus que moi cette sorte de déambulations, et du plus loin que je sache, il y eut ces courses solitaires — ou parfois avec la petite sœur ou les deux ou trois camarades que je retrouvais le jeudi et qui n'aimaient pas plus que moi battre de leur semelle le « Boulevard Carnot ». L'été, jupons relevés, tenant nos chaussures à la main, nous descendions les ruisseaux... de pierre en pierre, secrètement ravies si quelque faux-pas opportun nous donnait le prétexte de nous mouiller jusqu'au ventre — malgré la défense maternelle. Plus tard d'ailleurs, à force de harceler les Puissances, nous avons obtenu la permission de nous baigner... Mais il pouvait se faire que la place à notre arrivée fût usurpée; et filles sages, nous n'aurions su, alors(!), nous ébattre en compagnie de garçons nus. Il nous restait les bois. Et je ne t'en dirai rien, non, que tu n'y sois venu... Je m'y glissais en tapinois, presque en voleur; comme à la recherche de demeures perdues; ou comme si, venue silencieusement, j'allais surprendre quelque fête qui ne puisse se dérouler qu'en l'absence de spectateurs : et je prenais garde à ne pas faire craquer les feuilles sous mes pas. Mais la fête continuait semblait-il partout où je n'étais pas. Peut-être, privilégié, y assisteras-tu...

Mardi matin : c'est donc tout à l'heure que nous avons retrouvé la mer, l'Étendue... Retrouvée, reconnue : j'en sais si bien tout ce que tu m'en as dit, n'ayant rien oublié... Tout givrés de vent, tout scintillants de sel, à l'intérieur d'un grand baiser... Crois-tu que je ne sache pas?... J'ai lu les pages confiées, et j'aurai loisir de les relire. Je suis avec toi, je vois; tu sais si bien mettre nu mon regard...

Je me souviens de cette quête de novembre[1]. Je me souviens très bien... (et me tais! et souris...) et que le jour de l'An, voulant te faire relation des

heures de la veille, spontanément, parlant de moi, je me nommai « Elle », tout le long d'une page — comme au bord de la mer tu te nommes « Il », et de mon épouvante, véritablement, lorsque relisant ce que j'allais t'envoyer, je m'aperçus de ce que je crus être comme un sacrilège : te parlant de moi par ta voix même !
Elle... Je suis Elle à présent...
et je pleurais de confusion, je me souviens bien, je pleurais de ce quelque chose qui crevait les yeux, qui parlait à voix haute... Quoi donc ? Ce que j'ai fait de cette page ? Je ne sais plus, je ne sais plus.

A cette heure, Ils sont au bord de la mer... Heureux. Épandus et rassemblés, indistincts... A l'intérieur d'un grand baiser, d'une seule parole assourdissante et confuse. Bercés...

Ah, dire...

Mais comment en aurais-je loisir, toute à m'écouter à longueur de jour et lenteur de nuit, dans la frange et jusque le noir du sommeil, comme un accord de toi se prolongeant ?...

Lourde coulée de sables d'érosion que ces pages, rumeurs déposées, lie stratifiée du silence... Paroles en marge, arène du langage... Mais j'éprouve, pleine et sourde, à même ma bouche, la nostalgie du dire qu'enracine une langue obtuse. Lente nymphose malaisée... De ce cristal amorphe, un grand cri tournant à lente façon galbe, à fleur de ma lèvre, une coupe ronde : creuse et limpide formule, si fragile qu'un rire demain la descelle.

Demain je veux écrire un grand poème indélébile[1], à ta jouissance seule, miroir de sorcière où chacun reconnaisse l'autre au centre du soleil. Mais saurai-je ? Et comment en aurai-je loisir ?

Je veux t'écrire un grand poème indélébile... N'en doute pas, si je le dis si haut, résolument, c'est que de vrai j'en désespère. Je sais toute parole un défaut du silence, comme une bulle dans la masse cristalline. Mais il entre de la volupté dans l'acte d'écrire, c'est pourquoi je l'accomplirai... Assouvissement...

La voilà donc formulée sans que j'y aie pris garde, la justification que je cherchais, comme ne voulant pas m'abandonner sans résistance à mon désir. Créer pour le plaisir.

« Pour ta jouissance seule », et la mienne, initiale, que la tienne colore par avance, pondère et prolonge. Et je sens bien qu'il serait de pur artifice de chercher à présent d'autres « bonnes » raisons, des raisons « honorables ».

Il m'est égal de mourir toute. Et ce n'est pas tant pour me survivre que pour vivre que je veux écrire. J'écrirai comme on fait l'amour. Qu'une telle conception manque de générosité ? Il est vrai. N'en sois pas triste mon amour, je t'en prie, car si la vérité te faisait du mal, je serais tentée de l'omettre.

Je me suis trop longtemps complu à m'écouter seule. Ma mère a raison. Écoute ce qu'elle dit. Je t'engage à la croire, car m'ayant faite, pour sa douleur, elle me sait par cœur.

« Tu es profondément égoïste. Tu n'as jamais pensé qu'à toi. Tu veux tout et tout de suite. Éternellement insatisfaite. Tu as le cœur sec. Tu es amorale. Et comme une pierre entre nous. Tu te moques de tout... »

Et me reconnaissant à ce portrait, j'acquiesce, disant seulement : « C'est vrai. »

Non, il ne faut pas sourire. Si je ne t'ai pas semblé telle, c'est que tu m'exorcisais, c'est que tu me sauvais de moi-même, en me proposant ton être. Et m'éprouvant sous un Regard, j'étais Autre, comme délivrée. Ce n'était pas caprice, lorsque je te demandais de me parler de Toi... Mon amour, « je suis la diable », véritablement ; crains de me parfaire par ton indulgence ; il est temps pour toi de prendre une lourde trique, et de me corriger, avant que je ne sois au pire. Tant que je fus sous la férule paternelle, je fus une enfant charmante au dire de tous, d'une complaisance extrême, et d'une bonne grâce inépuisable, mais je suis aux yeux des miens devenue l'envers de moi-même, et voilà qu'ils souffrent par moi, ne me reconnaissant pas. Veille, veille, car je t'aime et ne veux pas te faire du mal un jour comme je leur en fais. Résiste-moi de toute ton épaisseur, oppose-moi ta vie au lieu de l'effacer, de la creuser pour me faire accueil. Prends-le de haut avec moi, traite-moi durement... Je me suis voulue libre, mais libre je me découvre capable de blesser sans en rien sentir en retour, de blesser impunément... Qui serai-je à trente ans, si j'ai trente ans un jour ? Je t'aime tant que je me crains. Alors, je t'en supplie, au nom de NOUS, fais-moi sentir parfois que je ne suis pas grand-chose ; seulement une petite fille, à qui tout n'est pas permis. Une toute petite fille, s'il te plaît. Une toute petite fille sous l'aile de ta lèvre.

Mais je ne sais ce que je dis — Intense le souvenir de ton visage nu, vulnérable, de ton abandon, et de cette promesse fervente que je me fis de te protéger du mal — et vivante de t'aider à vivre — et te donner ce qui te fut toujours refusé, pour que tu découvres à quarante ans, demain, que l'on est heureux[1]...

Non, je ne sais ce que je dis ; je t'aime : on perdrait la tête à moins, n'est-ce pas ?

Je voulais t'écrire à la première heure de la matinée, sitôt éveillée, sitôt levée, rendue à mon amour dont toutes choses m'entretiennent et que je m'avoue sans fin délicieusement... Mais comme par un fait exprès, toute la tribu s'est étirée, animée, dès après ma grand-mère et moi, et je ne me suis pas éprouvée assez disponible pour te rejoindre.

Il y eut au courrier de ce matin ta carte aux étoiles, il y eut par bonheur tes bras où me jeter, tes bras pour me bercer... Car j'ai de la peine : [...] Hélène désormais se survit, mourant à petit feu, déjà presque éteinte ; ... ah, j'ai peur que l'on ne puisse impunément songer à la mort, et que jamais on ne la souhaite et ne la prie en vain... Et moi je vais donc lui mentir encore, puisque je désespère de sa guérison ; je vais de toutes mes forces la retenir de se précipiter... Mais sa mère est morte pour qui elle eût voulu se sauver. Elle est seule, cynique ou lasse, exténuée...

Quant à notre Natacha[1], elle souffre à la fois de l'opposition irréductible de ses parents et des doutes qui l'assaillent...

Mien, pourquoi est-ce si difficile de grandir ?

Pourquoi faut-il que des êtres, si manifestement dispos à la joie, s'abîment...

... et moi, je songe encore une fois quel miracle ce fut que ce printemps inespéré, et que véritablement je peux dire : « Ma vie est à partir de Toi... »

Mon amour, je m'en remets à toi, je me remets entre tes mains, toute, pour qu'elles m'étoilent, me brunissent, m'ouvragent, m'ajourent, pour qu'elles mûrissent une fête, pour ma joie et la tienne... Fais-moi sonore et chantante, vivante à l'ombre doucement le temps d'une sieste — car le soleil me clive d'une lame dont il faut parfois me protéger... — et que je m'endorme au creux de toi, rassérénée...

Me voici hors d'atteinte des ombres qui tout à l'heure m'épiaient, prêtes à fondre comme oiseaux sur la proie découverte; c'est que j'ai longuement rêvé à toi.

Toi dans le détail, et Toi tout entier... Ma mère ce soir, peut-être parce qu'elle m'entend chanter, semble apaisée. C'est l'heure calme où d'ordinaire, dans ma chambre, je t'écris, je t'attends...

Je vais aller faire ma toilette... Mais avant de te rejoindre, silencieuse et chancelante — petit lézard captif d'un rayon magnétique, je veux te demander pardon des sottes paroles écrites ces jours derniers, d'une amertume déconcertante, que motivaient seuls le chagrin de mes parents, et leurs reproches formulés ou latents... Comprends-tu, je ne savais plus très bien ce qui nous arrivait... Mais il n'est pas vrai que je sois « la diable » et sans doute est-ce péché de l'avoir écrit, d'avoir douté de moi, ce dont je n'ai plus le droit puisque je suis responsable de toi. Demain je serai faite à ta semblance et selon ton gré, pour ta jouissance secrète et notre souveraine joie.

Pardonne-moi,

— Non, tu ne veux pas me pardonner ?

Ah,

alors punis-moi, administre-moi cette fessée que j'ai méritée, et qu'on n'en parle plus...

Et moi — reconnaissante !

éperdue, doucement ivre, je te vêtirai de mes mains, je te façonnerai comme un galet de lune, je peignerai tes cils avec les miens et tes cheveux entre mes doigts ; je me pencherai, pencherai vers tes lèvres tièdes qu'une fièvre défait, pour les ouvrir, pour les mûrir, les abreuver ; je t'ensevelirai d'un sable lourd, je durcirai ton corps au feu, nos corps au four,

je te prendrai,

je t'aimerai.

Et nous serons comme deux enfants graves qui jouent de tout leur cœur, qui rient et pleurent à la fois.

Puis nous dormirons, mon prince, au plus profond de la rivière.

Dimanche. Pâques

Mi-nou, Mi-nou, Minou...

Je fus à notre rendez-vous ce matin. M'as-tu entendue ?

Mi-nou...

Ce jour fut clair qui s'achève... Dimanche de soleil carillonnant, fête douce de musique et d'herbe, de tendresse éparse...

Éveillée tôt par les cloches — comme Isabelle, mais heureuse, mais rieuse, mais dispose... j'ai déjeuné d'une orange et du rêve de ta bouche dans le vent de mer...

[...]

Il y eut au déjeuner des radis tendres ouverts en fleurs, du cresson... tu aimes le cresson bien sûr ? amer un peu, aux tiges craquant sous les dents — j'en cueillais en pataugeant dans les ruisseaux, du temps où j'étais petite — ce même temps où, pour récréation, j'avais loisir de récolter « l'herbe aux lapins » — lapins que ma mère élevait dans une cabane au fond du jardin... Il y eut des pommes de terre au four, parfumées au thym — Provence ! — et plus tard une tarte à la frangipane, encore toute tiède... Je bus au dessert un doigt de muscat, qui ne me remit pas la tête à l'endroit... Il y eut une savoureuse algarade entre Maman et ma grand-mère paternelle (venue de Cannes passer deux mois chez nous) au sujet de la préparation de la bouillabaisse, chacune affirmant l'excellence de sa recette... Mon père, d'heureuse humeur, plaisantait... Et nos deux grand-mères, Manou qui vit avec nous depuis cinq ans, menue, laborieuse et sobre, et « Mémé de Cannes » (!!) corpulente, abondante et gaie — mais également tendres, également inquiètes et généreuses —, riaient de plaisir...

Le soir, nous avons cherché des violettes... Le soleil nouveau nous enfiévrait, nous étourdissait... Dans la voiture, au retour, nous nous taisions et d'aise, nous dormions à demi.

[...]

Il n'est pas neuf heures encore, pourtant Maman et moi seules veillons. Quand je te disais que ce brusque printemps nous avait éteints tout à l'heure ! Je suis gagnée par la torpeur ambiante... ou peut-être est-ce toi qui m'appelles. Je viens, mon amour, je viens tout de suite, grave, lourde de fièvre, si lourde que je me sens attirée vers le sol, qu'il faut que je m'étende, défaite, éparpillée à discrétion, comme un verger croulant,

et tu viens aussi, je te vois et t'entends venir,
je te sais, avant que tu ne m'atteignes, avant que
je ne te rejoigne,
et je me tais,
parce que mes lèvres n'ont plus loisir de bavarder
et qu'une autre affaire les requiert,
n'est-ce pas,
n'est-ce pas ?...

Lundi matin. 7 h 30

Manou et moi, éveillées dès l'angélus, sommes levées, déjà prêtes... Matin si lumineux — et ces oiseaux dans les jardins ! — que je voudrais le saluer en écoutant *Le Printemps* de Vivaldi — Croissance d'herbe et profusion des sources... Mais il ne faut pas éveiller les dormeurs...

Hors toi, mon amour, d'une lèvre furtive sur tes paupières... Et que vas-tu reconnaître d'abord, du parfum de l'orange ou de la lavande ? Fraîche après la toilette, je suis dans ton lit comme une rivière verte, et toi, jeune soleil, tu te déplies au fond, tu te répands, étale. Tu dors, et cependant la mer...

Ah je savais bien qu'il suffisait de te parler d'elle pour que tu t'animes ! Je t'ai devancé dans les dunes, et jusqu'au bord, viens donc, c'est péché de différer plus longtemps... Viens, et prête-moi ton regard.

Nos vacances demain s'achèvent, vacances de miel, de rêves et de promesses... Je n'en veux rien dire encore — je me perdrais au dédale de ce poème, n'est-ce pas ?

J'emporte à Toulouse toutes offrandes,
l'étoile où la lumière chante — fastueuse qui te ressemble, et parfaite te résume, l'étoile poème

pur, ces pages de toi, comme ton regard accordé — ton regard, ta bouche, la corde tendue sur le bois — J'entends, je vois. J'imagine la mer et je ris de bonheur.

C'est ici que je te reconnais.

« Ô semblable, et pourtant plus parfait que moi-même[1] ! »
Et qui peut prétendre te connaître qui n'a pas lu ce que tu dis ?... Ignorant la source et la démarche de ta parole, ignorant ta parole même, la nécessité où tu es de t'en délivrer, et ta peine à le faire, et l'effort opiniâtre...

C'est ici que je te rejoins et que seule, seule encore à savoir, je t'aime...

[...]

Mercredi. Toulouse. 11 h

Je t'accueille au retour des vacances, chez nous. (Ce qui ne veut pas dire ici), je t'accueille comme je t'aime.

Ah, je commence à savoir ce que c'est que d'aimer passionnément un homme,
un homme tout entier, Toi.

— et ce que j'en dis, c'est manière de litote, oui... ou comme une ellipse magique t'enfermant... Je te garde.

S'il te plaît, s'il te plaît, laisse-moi te dire, une fois seulement,

Je t'aime

[19 avril 1963]

Mon amour comme plage offerte et ciel à la renverse, mon amour à m'y perdre, me briser et me fondre, Mien, garde-toi sauf de toute peine.

Je n'ai pas le temps de t'écrire aujourd'hui, devant préparer une « colle » d'histoire ancienne qui doit avoir lieu demain.

[...]

Alors, puisque ce soir je ne peux m'attarder davantage, ouvre tes bras, recueille-moi toute, le temps d'un baiser (très long), un baiser fondant et n'en finissant pas, noir comme un four, ou comme le soleil...

Ah, je vais dire des bêtises, je divague, je suis ivre. Je t'aime pour en vivre et jusqu'au mourir.

Samedi 20 h
[20 avril 1963]

Lorsque je suis sortie du restaurant tout à l'heure, il pleuvait... L'orage s'était tout l'après-midi amassé. Lourde pluie grasse sur les pavés : j'aime bien... Je suis arrivée chez moi toute mouillée... Maman aurait grondé, et toi aussi peut-être, mais j'étais bien aise... Minou, au lieu de froncer les sourcils, goûte cette eau sur mon visage...

Mon amour, je chavire doucement ce soir, prompte au rêve... Peut-être est-ce la fatigue causée par mon travail assez intensif ces jours-ci. Ce soir à la Faculté j'ai traité en deux heures et demie (et non quatre!) le sujet d'histoire grecque qui nous était proposé, classique s'il en est et ne nécessitant aucun effort de composition : « la démocratie athénienne » — Au sortir, je fus submergée par la chaleur et le soleil, par la foule qui s'écoulait massivement sur les trottoirs, pâteusement. Je pris pour rentrer chez moi les petites rues désertes et fraîches parce qu'étroites. La ville en été, chose affolante — je retrouve ma stupeur de l'an passé, la fièvre et l'étau de rumeur... Mais du moins le soir dans ma chambre ferait-il bon. Et j'aime que le jour commence lorsque je me lève — six heures : tu dors encore, et je me détache tout doucement, bien à regret de tes bras qui nouaient mon sommeil... Minou, il faut que je travaille. Plus que jamais, n'est-ce pas ? Je n'y manquai pas ces jours-ci et j'aurai autant de persévérance qu'il le faudra... Non que me captive la tâche à laquelle je me contrains : insipides, ces cours d'histoire, hors ceux d'histoire ancienne... Mais je sais que ma liberté est à ce prix, et notre bonheur... Il me faut apaiser les inquiétudes qu'ont mes parents — faire la preuve — pour eux, mais aussi pour moi, que je peux réussir tout comme avant.

[...]

Ce sont des propos bien sages que je te tiens, bien plus d'écolière appliquée que de vierge folle ! Mais... il ne faut pas s'y fier ! Et tu le sais, tu le sais, mon amour, homme de source vive et d'herbe douce, si douce l'herbe où je m'étends, si fraîche la source où je bois... Pourquoi le souvenir de toi, au contraire des autres, s'affirme-t-il plus les jours passent ? Je vis sous ton regard, entre tes bras véritablement. Je m'éprouve tienne à longueur de jour... Ah, ce jour où je te reverrai ! Ce jour de l'été prochain — car il n'en faut pas douter, on me laissera venir avec toi, quand ce ne serait que pour un temps très court. Amour, la fièvre me prend lorsque j'y pense...

Sais-tu, jusqu'ici j'avais le sentiment de n'avoir pas encore vécu, ou plutôt je vivais d'attente — et c'est Toi que j'attendais puisque je m'éprouve vivante, présente, enracinée, étendue dans un éternel présent. J'ai commencé ma vie, je suis entrée dans ma vie — Comme si je n'y pouvais entrer seule.

Les mots me manquent pour te parler, mais il est vrai que nous pouvons — tout à l'heure — écouter et nous taire, écouter la rumeur de mer — l'oreille posée contre la plage, toutes les plages de ton corps, mon homme aux bras de glaise tiède et de ruisseaux bleus,

Dieu, que je t'aime ! que je t'aime grand !

Dimanche matin

Mon amour,

— tentation de me taire pour savourer indéfiniment l'écho de cette invocation — et je reprends tout bas, à voix exténuée, soufflée, presque inaudible, au ras de tes lèvres — comme une instinctive prière à l'heure du péril — Mon amour... Je te rêve dormant et moi qui te contemple, terriblement attentive et le souffle ténu, ma bouche toute proche de la tienne sans défense... Lisse, verte et froide, déliée, toute de jour impudique et d'eau profonde ; te frôlant, je suis dans ton lit comme une algue et je tremble d'une vie toute neuve à ton côté, — je contiens le désir de t'éveiller... A lèvres prudentes, de velours, je t'anime, je lave ton visage — et tu émerges... Un jour, tout un jour encore où nous serons vivants ensemble — et c'est miracle !

Un matin je te regarderai t'éveiller ainsi — un matin de l'été prochain, veux-tu ? Un matin après une longue nuit.

Silencieuse et la gorge serrée un peu, je relis les pages reçues vendredi, je les relis et je sais que je n'ai pas rêvé — ou plutôt qu'un rêve diffus, inextricable, informulé, que ressassait mon sang, et qui m'enfumait la tête, s'est fait chair et verbe en toi.

TU es rêve qui s'incarne... Et je pense que je devrais m'étonner : mais non, je demeure assourdie de bien-être, à mon aise prodigieusement. Comme les choses furent claires et simples entre nous, toujours ! Naturelles. Exemptes d'un cerne d'insolite — ou de l'effleurement du doute. Tacitement accordées. Concertées. A point.

Je suis chez moi dans cet amour. Chez moi chez toi.

Oui.

[...]

Admire cette sérénité résolue qui me vient. Une vraie petite « bonne femme », ma parole ! Je songe à ces violences croissantes, ces élans de vent fou dont je m'excusais auprès de mon ami, il y a deux mois... Il était temps que nous nous rencontrions... Te sentais-tu comme moi contraint, brimé par une limite verbale à ne pas enfreindre ? Tous ces mots accumulés qui furent d'un seul coup égalés, résolus en un seul cri de la chair... Et moi, délivrée de leur pesanteur, t'ayant dit — Je t'aime... Souvenir fauve !

Mien, Mien... Quel nom te donnerai-je ? Un très vieux nom, des premiers temps du monde, un nom su de personne, un nom étrange... « Yphi » ? Comment l'as-tu trouvé ? C'est un nom modèle : je veux dire de grande fille légère, étirée, déliée — un nom de soleil concentré, grande fille sonore et pourtant sourde... Faut-il que je lui ressemble ? Nom provisoire, dis-tu ?

Tu promis de m'en donner un. Ne le cherche pas à ma ressemblance mais tel que je désire l'habiter, m'y égaler ; non tel que ce que je suis, mais comme tu veux me faire. Et d'abord, bien sûr, il sera trop grand pour moi, trop haut, mais je m'efforcerai d'y entrer.

« Minou », c'est un nom pour mieux te saisir — tendresse avide et humble —, mais non à ta mesure ; c'est un nom rassurant mais qui ne rend pas compte de toi — Mon amour — Un nom pour petit garçon... et tu n'es pas seulement un petit garçon...

Tu es, et c'est la plus grande merveille que je sache — tu es un homme, vivant. Ce Lui que j'aime. Amour mien...

Lundi matin

Midi bientôt... (Cours de français supprimé.)
L'après-midi « se prononce[1] », lourd et bleu, opaque ;
au-dedans douce jubilation et redites tendrement formulées,
Je t'aime, et je suis auprès de toi, sagement présente...
A l'heure de la récréation, il y aura ta bouche — toute moelleuse, et la mienne gourmande, ta bouche gourmande, la mienne toute douce.
(Mais seulement à l'heure de la récréation)
Monsieur mon amour,
qui parlait d'ombre ?
Pas moi qu'un soleil secret mûrit !
Et sûrement pas toi, qui le louanges...
Mon amour !

Mardi 7 h
[23 avril 1963]

Ah, j'ai dormi comme un loir... Tu m'avais close de sable, bercée de rumeur marine ; sommeil comme une seule longue plage. Mais au matin je m'éveille avant même que le réveil ne sonne : six heures ! Non, mon cœur, je ne paresse pas dans mon lit ; en vertu de l'emploi du temps « prépropé[1] » que je m'applique à observer strictement, je n'ai le « droit » de t'écrire désormais qu'avant huit heures du matin — heure à laquelle commence effectivement la journée de travail... Ah, il m'en coûte, mais ce faisant je t'obéis. Raisonnable par amour (et par amour-propre aussi !) Plus tard, nous serons fous à notre aise... Plus tard tout proche.

[...]

Sais-tu ce quasi-miracle ? Hélène est régénérée ! Je pense que l'absurdité de sa conduite pendant ces vacances l'a éveillée à temps... Il y a surtout le fait qu'elle s'est reposée ; la voilà jolie comme un cœur, fraîche, rieuse. C'est à n'y pas croire, je t'assure ! Nous travaillons l'une et l'autre avec une ardeur inimitable, dont nous nous émerveillons. Le soleil n'est pas étranger à ce flux de forces neuves... Et moi, privilégiée, j'ai un soleil double qui m'éclaire et me gonfle... un soleil hiératique, jamais ne se couchant, qui me pille le dedans de l'âme, et le petit soleil palpitant que fait une étoile... Sans compter le soleil de tout le monde que j'invoque, l'aimant comme personne... Je t'embrasse, mon amour. Il est bien que je doive lever le visage à la rencontre du tien, comme à la rencontre du ciel ou du vent ; je bois ce qui restait de nuit sur tes lèvres, et tu prends sur les miennes le jour...

[...]

Lundi
[29 avril 1963]

Tu es, tu es là, tout grand ouvert comme le jour, tu es flagrant en moi, dehors, dedans, et je veux vivre, vivre tout haut d'un seul emportement.

Mon amour, mon Amour, je ris, je vis,
je suis en plein milieu du monde, en plein milieu de toi,
en plein milieu du ciel et du soleil. Comme un trou, un
puits, une absence, et tu me combles,
heureuse de me taire,
attente,
attente de Toi, attente à ta mesure, à ta forme,
moulage de Toi, empreinte,
œuvre.
Tu m'as conçue, et mise au monde, prise et délivrée.
Je n'aurai jamais fini de dire que je t'aime,
Je ne saurai jamais le dire, mais tu m'entends,
Notre langage est clair, celui des bouches accordées,
lèvres qui chantent, celui des mains, expertes
ou ignorantes, et jusqu'aux mots de tout le monde
lorsque nous les disons,

Mien, ô très Mien...

Mardi
[30 avril 1963]

Minou mien, mon petit enfant, tu dors — très sage ! et je tâche, bien que tentée d'un baiser, de ne pas t'éveiller,

et te sachant dormant, je suis ici comme à ton chevet, silencieuse et ravie. Me disant à moi-même, tout bas : Comme je l'aime... et comment cela se peut-il ? Quelle merveille que notre rencontre, quelle merveille que cet homme qui dort et ce visage redevenu candide, qui tout à l'heure était si grave... Et qu'il me soit donné de prendre soin de lui dans mon âme, j'ose à peine y croire, tant cet amour est chose ronde, parfaite, fabuleuse.

En mon âme, je t'accueille et te garde, mais je n'ai garde d'oublier que tu es de chair — de chair si douce et fine et mate, si lisse comme d'une statue, mais tiède et tendre comme pulpe de fruit... — et je sais que je te reverrai.

Bientôt...

Je me console de t'écrire si peu, en songeant qu'un mois seulement nous sépare des examens. Après, après... j'aurai loisir de m'ébattre, de me façonner au soleil, de me faire un visage couleur de vacances,

et je viendrai te voir,
Mon amour, mon amour...

et cet homme que j'aime n'a pas de nom encore; quel nom pourrait-il habiter, hors celui, secret, où le retiennent mes bras? Il n'a pas de nom autre que mon amour, autre que mon silence, et l'écho du silence à nul autre perceptible.

Tu mérites un nom d'arbre, mais arbre de sang né de ta main, un nom de pluie d'été très lourde, un nom de riche terre brune,
un nom de rien du tout — mon tout petit —, un nom grave pour ton visage grave... « tragique ». Mais le soleil est tragique, Mien, tu le sais bien, qui accuse l'ombre proche — et j'aime aussi ton visage « tragique ».

[...]

Mercredi
[1er mai 1963]

Bientôt midi ; attente d'un carillon... Fenêtre ouverte sur un espace épais, immobile au-dessus de la cour au soleil, mais qui s'effrange, se brise et déferle plus loin sur les bois en rumeurs liquides... Signes d'orage, mouches ivres dans l'embrasure, et fraîche la chambre. Lilas.

Il est midi, et je me donne récréation auprès de Toi, ayant jusqu'à cette heure travaillé... Le repas n'est pas encore prêt, auquel mes grands-mères s'affairent dans la cuisine... mais je sais — gourmande ! — que l'on mangera des pissenlits..., la traditionnelle, presque hebdomadaire croustade dont Manou épargnera jalousement un morceau pour que je l'emporte demain... et ce soir, les premières asperges. Nous sommes seules toutes trois. Marie-France ne viendra que ce soir. Nos parents sont partis au matin pour une journée de loisir et d'intimité, de soleil (et nous ne savons où...) Ma... soumission, mes venues plus fréquentes les rassérènent. Mon père se montre tendre et calme, et Maman semble avoir repris confiance ; je sais bien que tu lui as dit ce qu'il fallait pour la consoler, je sais bien que tu la réconforteras tout à fait, si besoin est, encore... Je songe à cette correspondance entre vous, Mien ; je devine sans peine quel souci décida ma mère à t'écrire... Mais ce que je voudrais bien savoir... c'est comment tu lui répondis.

C'était avant le 6 mars, et je me demande... Bah, il ne convient pas de défaire le mystère des commencements. Du Commencement de Tout. Et moi-même je serais assez embarrassée s'il me fallait dire précisément la longue, profonde genèse de l'amour...

« Où allons-nous ? Je ne sais, mais il me plaît que nous y allions... » Où allons-nous ? Je ne savais, mais seulement qu'il le fallait, que je le voulais, et qu'une chose fabuleuse jour après jour s'édifiait. Je me défendais d'imaginer, de rêver, mais pieusement, chaque soir, je t'écrivais, comme on accomplit un rite, et le jour ainsi lesté, ainsi délivré, le jour marqué, comme les autres et différemment des autres, jour distinct, authentiquement vécu, pouvait s'achever. Et parfois, seconde, éveillée, attentive à moi-même, me voyant t'écrire, je retenais à grand-peine mes larmes, grave déjà.

Grave, comme à présent.

Et comment ne le serais-je pas, lorsqu'il s'agit de Toi, quand il s'agit de Vivre, à corps et cœur perdus, de vivre définitivement... Je suis responsable de Toi... Il y a un homme au monde, confiant comme un tout petit garçon, un homme comme un enfant qui me donne ses mains.

Et lasse, il suffit que j'y pense pour que me revienne la vaillance.

Mon amour, et je le dis tout bas, comme n'osant...

Mon amour, mon enfant,

mon enfant convalescent, et qui rit à nouveau — et je n'avais pas su que tu étais malade, je ne savais rien. Mais à présent, je ne te quitterai plus, et je veillerai, je veillerai tes soifs, bouche proche ; et ton sommeil, mon corps mis sur le tien, comme ciel de nuit, comme ciel de velours noir que le sang crible d'étoiles,

Nous irons ailleurs, ailleurs nulle part seuls ensemble, tu verras...

Jeudi

Mien, je ne comprends rien à l'amour, je ne sais ce que je dis ou fais, et qu'on ne m'a pas appris, et parfois je m'étonne : Comment cela se peut-il ?

Je regarde les autres hommes, et j'ai beau faire, ils ne me troublent pas, et ne m'intéressent que par ce qu'ils me disent de toi — par ressemblance, ou plus souvent par contraste. Et tel qui me parle ne sait pas que je le juge selon un vivant critère...

Ma grand-mère hier parlait d'un garçon qu'elle « espère » me voir épouser. Et moi de sourire... ce qu'elle prit pour un acquiescement — de sourire à un certain Minou secret, bien caché au-dedans de moi,

Mon amour hors du monde,

Mon amour à la face du monde...

Ce garçon il est vrai ferait un charmant mari ; et moi une détestable épouse — n'est-ce pas ? Mes dix doigts ne savent que... mes dix doigts ne savent que te caresser, et cela suffit à leur loisir !...

Mien, il est vrai que ce que je dois étudier m'ennuie. Mais il est bien plus vrai, vérité flagrante, qu'en juin je te reverrai. Alors... alors je prends le trot, comme un... petit âne gourmand à qui on promet un dessert de chardons !

Mon beau chardon bleu, soyeux au-dedans...

Je travaille et je chante, je travaille jusqu'à demain, et demain ne fais que chanter,

Je t'aime (tout le temps). Je ne fais que t'aimer et ne dis pas autre chose.
N'ayant le temps de jaser, à la hâte j'écris l'essentiel, et tu le sais déjà par cœur,
mais je me répète fidèlement :

Comme je t'...

Et sur la boîte où tu ranges mes lettres, Mien, tu peux écrire : « Dit de la force de l'amour. »

Vendredi 7 h
[3 mai 1963]

Matin bleu-mai.

Tu dors encore, ou peut-être tu rêves...

Moi, depuis longtemps éveillée, et sitôt éveillée levée, car le temps n'est plus à la paresse, je travaille. Je travaille, heureuse. Car je vois plus loin que cette grisaille de leçons ressassées, et la tâche insipide n'altère pas la saveur pressentie d'un juin lourd et doré comme un beau fruit. Je travaille et je me moque bien de ce travail-ci que je prends de haut,

Il faut que je me hâte; en un mois faire le travail de l'an; non en français, mais en histoire... Morne, terne somme d'événements — et les réformes militaires de la fin de l'Ancien Régime ne me passionnent guère... Mais c'est vers toi que je viens,
alors!...

Je souffre de ne pouvoir donner plus de temps à *Narcisse*... Et je souffrirais d'en devoir parler brièvement... Sais-tu que l'article de *L'Information littéraire* est de M.D. qui donne aux propédeutes de Toulouse un cours de littérature française? Article précieux pour moi, mais auquel je reproche de ne pas cerner de plus près le texte, d'en citer à peine quelques vers; article qui

« raconte » la genèse du poème « autobiographie poétique », mais ne ménage pas assez de place au poème lui-même... Article pour qui, par ailleurs, connaît bien l'œuvre de Valéry, mais qui n'initie pas... Et j'ai de bonnes raisons pour croire que mes auditeurs ne sont pas précisément familiers avec la poésie valéryenne, s'en tenant à la réputation qu'elle a d'être obscure... Obscure ! La limpidité même...

Mien, demain je ne t'écrirai pas : devoir surveillé de français à la Faculté... Tu me souffleras... Nous tâcherons de faire du bon travail.
Josette, grave, parlant de Nous :
« C'est beau... »
Bien sûr.
Nous revenions sans nous presser du restaurant... Nous parlions, sereines...
Mien, Tu es beau, comme la vie même, la vie infiniment étendue, éparse, offerte à discrétion, à profusion... Tu es.
Et pensant à Toi, je me tais, écoutant battre, palpiter ton nom informulé ; je me tais toute lourde, tu m'emplis, je te garde.

10 h. Maman me demande d'aller à la maison demain car mon père n'est pas là ces jours-ci et elle se sent seule. Je ne sais quand je pourrai partir.
Et le devoir ? Mais j'irai bien sûr.
Elle écrit : Quand je pense que vous ne voulez pas me faire un petit-fils !!!

Dimanche 7 h
[5 mai 1963]

Hirondelles depuis l'aube, au-dessus de la cour. Ma mère dort, et la mère de mon père aussi. Manou — ma grand-mère à qui je ressemble, levée vers les six heures, dès qu'elle m'eut entendue bouger, prépare un clafoutis. La petite sœur arrivera tard dans la matinée. Beau temps de dimanche sur mon village silencieux encore, qu'un carillon bientôt va surprendre et animer. A cette heure-ci, l'été, souvent je cours la campagne ; mes anges (gardiens) en ont pris leur parti ; mais quelle persévérance il me fallut vers les douze ans pour faire admettre ce vagabondage matinal... Je laissais sur la table, pour rassurer Manou, un itinéraire probable... Au bord de la mer — Agde —, je faisais ainsi, me baignant dans l'eau si froide encore, délicieusement (ce qui fit dire à un pêcheur de ma connaissance — mais oui Monsieur, je connaissais les pêcheurs, seuls à cette heure, sur la digue, ou les Petites Roches... — que j'avais le sang chaud). Oh sûrement. C'était un très gentil pêcheur solitaire, et je m'asseyais chaque matin cinq minutes près de lui avant de poursuivre ma course dans la frange d'écume du bord. A mon retour, j'éveillais la maisonnée ; cette odeur fade, tiédeur, touffes de cheveux défaits, des gens qui dorment... et celle, amère, du café...

[...] « Bientôt... » J'y songeais hier en traversant une campagne que je découvrais tout soudain, opulente, grasse, lourde, — l'été venu ou pressenti. Et l'herbe déjà haute... Et je sais déjà ce fléchissement des jambes que brise une irrésistible pression ; je sais ma tête vide et sonore, et mon corps comme un regard fixe, absolu, mon corps comme arbre près de s'abattre, arbre fébrile, vie éparse, épandue, et les membres fluides. Faiblesse qui me livre, mais aussi confusion véhémente, et ce goût de prendre qu'ont toutes mes lèvres... Mien, oh, Mien — Comme arbre qui gémit, arraché de lui-même, son front touchant le sol et le ciel, grand arbre fou, et folles toutes ses feuilles ensemble... « Et c'est peut-être cela que je refuse », dit Josette.

Moi c'est cela que je demande. Et nous disons au fond la même chose : cri de l'être violenté de soleil, qui ne sait s'il implore ou se défend, qui mis au jour ne se reconnaît pas ; lit où les sources se tarissent, et la vie bientôt brûle à même le fond de galets blancs surchauffés... Fournaise — et les lèvres béant à force de soif — l'orage proche, et la terre crevassée — et, brutale, la pluie. Le ciel entier en pluie. Toi.

Les éléments se mêlent... Puis, rien. Je ne sais pas. Après l'orage, quoi ? Que peut-il rester, après l'orage ?

Cette fille déraisonne. Je n'en viendrai pas à bout. Et c'est peine perdue que vouloir la contraindre, elle n'entend rien des raisons qu'on lui dit. Vois comme elle t'aime ! Insensée, comme elle rit...

[...]

Mardi 6 h 30
[7 mai 1963]

La cour profonde et bleue comme une eau calme, et les hirondelles tissant un ciel étroit au-dessus, d'une navette aiguë — 6 h 30 — Dès qu'il fit jour, je ne pus dormir et me voici levée depuis une heure. Maîtresse du beau temps long jusqu'à la nuit, je dérobe à ce cher Narcissus celui de t'écrire. Bref, il est vrai. Et faute de loisir, je ne dis pas tout ce que j'ai « sur le cœur ». Pourtant je veux que mes lettres les plus courtes pèsent le poids d'actes d'amour trouvant en elles leur propre fin. Je refuse le stratagème, le palliatif, l'expédient pour vivre « jusqu'à la saison prochaine » — ce juin « bientôt ». Je refuse le recours à l'espoir; l'amour présent suffit à composer chaque parole. Je t'aime.

Bref, malgré moi. Mais le moindre mot brise la coque et me délivre de l'heure. Je t'écris, je suis en deçà du temps. Maîtresse d'un jour long pour t'aimer, à défaut de te le dire. Dire : je ne dirai pas tout, je dirai l'essentiel et tant pis si je me répète, ou tant mieux — cette idée fixe m'ouvre une éternité.

La rumeur et le jour montent. Les gens s'éveillant me dérangent, il me faut fermer ma fenêtre, pour que l'on me laisse avec toi.

Mien, mon amour, parfois je pleure, ou me retiens au bord des larmes, tant violente est la vie ; le temps d'un feu d'artifice de soir de Saint-Jean ; déchirante... Douce pourtant. Et jamais comme maintenant, où tout soudain je suis précipitée sur la table rase du temps, précipitée au-devant du jour, jamais comme à présent où je vis inéluctablement — où je m'écoule, je n'ai su qu'elle était bonne à prendre. Et bien plus encore.

Je t'aime désespérément... Mais il suffit que tu me prennes dans tes bras et me berces pour que toute malice, toute insouciance me reviennent — Et te prenant par la main, je cours, je cours à perdre haleine, pour le plaisir, cherchant le vent — Et si j'ai soif, n'est-ce pas, j'ai ta bouche. Toi, la mienne. Et bien plus encore...

Mercredi 6 h 30
[8 mai 1963]

Un jour encore où je t'éveille — en brassée jetée sur ta poitrine et déliée, — Jour à vivre, à prendre — Noces — un jour encore pour t'aimer et te le dire par la parole et le silence. Et je cherche ton visage à tâtons par ma mémoire. Mais lequel de tes visages vais-je d'abord reconnaître? Lequel s'en va surgir du souvenir multiple?

Toi vers qui je m'avance — 27 mars... Et comment puis-je encore marcher — jambes brisées — et toute creuse ma poitrine nouée à la gorge?...

Mais encore Toi malicieux en diable (Quel âge?!) dans je ne sais plus quel métro... Et si le monde ne veillait autour, j'aurais tôt fait de me hausser pour atteindre ces lèvres au-dessus des miennes... Toi secret, entre mes bras — et Rien autour, nous sommes seuls, nous sommes. — Ô mien, la fièvre rompt mes poignets et défait ma bouche. Et je voudrais t'embrasser mieux, t'étreindre mieux, tout entier t'envelopper... Folle, Fou, qui sommes-nous? Je ne sais et ne comprends rien, et je m'abats infiniment...

Amour, mon Amour, m'entends-tu demander après Toi? Et comme je te cherche...

Nous n'aurons donc pas vécu en vain! Et comme j'aime être au monde où tu vis!...

Tu vis en Moi, très loin de tout, de tous, libre, — et ces terres tiennes brûlent comme une Provence chère. Ne sois pas triste, je t'en prie. Puis, tu sais bien qu'il y aura plus tard des saisons pures que nous vivrons l'un près de l'autre, accordés. Heureux. Nus. Des jours au soleil. Et des nuits au feu, aux fontaines... Laisse mûrir le miel!

[...]

Mercredi. Bientôt dix heures. Et nos pensées étroitement se joignent. Graves. Pas sages. Graves et folles. Nos pensées s'épousent, comme nous ferons. Comme font nos lèvres en rêve, comme rêvent nos corps, comme nos mains l'une à l'autre accordées. Grand faim de Toi. Grand faim ouverte...

J'ai dit que mes lettres pesaient le bonheur présent qui suffisait à chaque parole, mais comment ne pas songer à demain « bientôt »?... Et je n'imagine pas, non — comment le pourrais-je? —, mais le sang se hâte, se réjouit déjà... Et ma tête vide, comme renversée...

Je n'écrirai rien qui vaille ce soir. Puisque je rêve... Et dormant à demi — Alors prends-moi près de toi, contre toi, dans ton lit. Il n'y a pas besoin d'une bien grande place! Pour m'endormir selon les rites que tu sais — et que j'accomplirai à ton exemple. Mon Ange...

Jeudi 6 h 30

Prête. L'orage tout à l'heure m'a éveillée, bref et brutal; le jour tarde à se lever... Bonjour Toi... Mais c'est un bonjour silencieux — tentation seulement de mes lèvres suspendues au-dessus de ton visage endormi. Et je demande: Comment est-il lorsqu'il dort ? Lorsqu'il s'éveille ? Lorsqu'il s'éveille dans mes bras, sous ma bouche ?... Comment est-il lorsqu'il me reconnaît, et reprend possession de moi ?

Je caresse ton visage, à peine... Dors.

Pour moi, il faut encore que je travaille. Hier, l'ouvrage n'a guère avancé. Tant de gloses pertinentes me submergent... D'autant que cet exposé d'une heure seulement s'adresse à des auditeurs qui ignorent tout de Valéry. (Quant à cela, je pense que tu n'as pas d'illusions...) Et nous ne sommes pas parmi des « spécialistes de lettres ». Du moins, pour moi, ce travail aura été le plus profitable de l'année — comme avait été l'an passé un exposé sur Saint-John Perse. (J'étais du reste fort peu documentée — il ne s'agissait pour moi et mes camarades que d'un premier contact ; et, à distance, je suis confuse d'en avoir dit si peu de choses.) Sais-tu que notre Prince est inconnu de la plupart de mes camarades ?... Josette du moins l'apprécie.

Mardi matin, Monsieur D. nous donna son dernier cours de l'année. Il accompagne à Bonn — dont je viens d'apprendre que l'Université était jumelée à celle de Toulouse — une délégation d'étudiants. Intéressant il l'est, et le serait bien davantage si ce cours de « culture générale » n'était, nécessairement, par trop fait de généralités. [...]

Beaucoup plus apprécié est Monsieur S. — aux cours duquel je ne peux assister — qui enchante son auditoire... Mais ce qui me désole lorsque j'écoute certains cours, c'est qu'il me semble que sans autre effort que celui de me documenter, j'en pourrais faire autant. Or, j'aime admirer, j'aime éprouver la supériorité de ceux qui m'enseignent. Faute de quoi, je m'ennuie. De tous mes professeurs, cette année, je préfère celui d'espagnol, qui pourrait aisément professer le français. Puis mon professeur d'histoire ancienne — fervent, fougueux, ponctuel... (Et ces deux ont accepté de donner leurs cours à huit heures du matin — ce qui est significatif — Non?!)

Comme tu as de la chance de pouvoir écouter de la musique! J'emporterai chez moi ce dimanche, afin de me récréer lorsque j'aurai mis le point final à mon exposé, les concertos de Mozart et puis encore la voix d'Eluard, et celle de Colette. Je ne t'ai pas dit, c'est vrai, comment je trouvais sa page sur la main[1]... Saisissante. Mais j'écoutais avec un demi-sourire songeant à ce que j'en dirais, à ce que je dirai[2]... La paume offerte au petit Prince, mais encore les doigts déliés, experts effeuillant un soleil noir — ramant une eau profonde...

Et de ces mains auxquelles je me remets, oui je dirai — sur tel cahier bleu, la douce autorité... Ô, Persuasives!

Des miennes je te déshabille et te pille, je te polis,
je te mûris mieux que ne fait l'été;
Des miennes, et toute, je t'aime. Tant...

Dimanche. Nuit
[12 mai 1963]

De trois jours je ne t'écrivis pas.

Dès que m'éveillant liée à l'ouvrage que tu sais. Obstinément sourde à l'invite du beau temps ; me refusant même au rêve de Toi...

Mais à la fin, j'étais comme un enfant qui, s'étant égaré, contient à grand-peine ses larmes. Mien, ô très Mien ! D'incohérentes paroles me viennent pour dire encore comment je t'aime, et qu'hors de Toi, je suis perdue...

L'été se précise, torride et noir d'orages. Une saison ivre se balance dans l'espace et le sang bruit. Les plus douces choses m'égratignent l'âme : le parfum trop lourd des lilas dans les pièces, l'allégresse des hirondelles, le ciel infiniment haut, délesté... Je me souviens qu'autrefois, les nuits d'été, je pleurais dans mon lit je ne sais quel ailleurs suave refusé... Ce soir la vie se fait tourmenteuse, et j'abîme mon visage entre tes mains. Mon amour, il faut me recueillir et m'endormir, et préserver de tes bras clos un sommeil long — Et depuis si longtemps j'ai soif d'un sommeil comme une eau plane et profonde, sommeil à loisir dans une herbe épaisse, sommeil et soleil...

Mais au grand jour, Midi brûlant perpétuel, je vais sans intermittences au bout de moi-même. Je vis, je foule un sol présent où nulle perte de conscience ne m'apaise et me repose. Une forme creuse qui me ressemble, demeurée au seuil, regarde sans y rien comprendre.

Je sais, oui, que tu m'aimes. J'en ris et pleure comme d'un grand jour suffocant, toute une interminable nuit cherché. Et mon âme me vient aux lèvres comme un aveu.

Un petit prince que je connus m'a quittée. Je l'entends parfois rire dans les étoiles, lorsque je me souviens de Lui. Mais d'autres rumeurs m'assourdissent. Ou peut-être est-ce le silence. Rongée d'un cri. Mais tu m'entends, n'est-ce pas ?

Mon amour.

Lundi

« C'est un excellent exposé. Plus un exposé de licence que de propédeutique — auquel il faudrait donner 18 si l'on notait les exposés. »

Suivent des compliments sur l'effort de documentation, l'ordonnance, le style, le ton.

L'auditoire semble heureux — et à la sortie se fait chaleureux. Mais je suis fort en colère de n'avoir pas dit plus de choses, car il restait à la fin cinq minutes, que j'aurais fort bien employées.

Donc, tu n'as eu que louanges. Et moi, je te félicite plus que ne font les autres, et je te remercie.

Mercredi
[15 mai 1963]

[...]

Plus tard, mon amour, tu vivras en Provence la moitié de l'an, et le reste du temps au bord de la mer. Et tu ne quitteras ces lieux que deux ou trois fois l'an pour aller à Paris admirer d'autres beautés. Plus tard tu auras un château en Provence, où tu transporteras tous tes trésors. (M'y feras-tu une petite place ?!) Il faut me croire. N'est-ce pas que tu me crois ? Il faudra aussi « un grand lit carré, parfumé de lavande... » pour y faire l'amour,
Jusqu'à la fin du monde...

[...]

Mon « gribouilleur », Josette aussi écrivait, des vers et de la prose... J'eus, depuis mes six ou sept ans, bien des velléités « littéraires ». Je commençai maints journaux. Mais un beau jour, les relisant, je les trouvais si fades et niais que je les détruisais. En somme dépourvue de persévérance. L'an dernier, j'avais encore quelques pages écrites à A. Mais l'épreuve de la re-lecture leur fut fatale. Je les brûlai. Et sans doute en serait-il advenu de même des pages que je t'envoyai cet automne, à trois ou quatre reprises, si elles étaient demeurées dans l'un de mes tiroirs. L'esprit dans sa croissance ne tolère pas les faiblesses passées, et veut en perdre le souvenir. Manque flagrant d'humilité! Ou peut-être nécessité vitale : je me délivre des tâtonnements, des erreurs d'hier. Quel nihilisme! Exigence...

Tu t'étonnes de ne pas m'entendre dire : « Plus tard, il faudra que j'écrive. » Qu'ai-je besoin d'affirmer ainsi péremptoirement une vocation future certaine? J'écrirai lorsque j'aurai trouvé, les ayant longuement cherchés, mes moyens. Il faut apprendre à parler, apprendre à voir, à donner à voir[1]. Et je sais que tu m'y aideras. Il faut encore faire choix d'un thème, ou d'une ligne selon laquelle ordonner toutes les choses que l'on veut dire. C'est un travail de longue haleine. Monsieur Julliard m'avait écrit, il y a deux ans. Mais j'ai déçu son espérance d'un talent précoce. Je lui ai très sagement répondu que mes études ne me laissaient pas le loisir qu'il faut pour écrire, ni pour apprendre à écrire.

— 7 h 10. Je peux venir t'éveiller, oui? Alors ayant entrouvert tes volets sur un matin clair salué d'hirondelles, je viens vers toi et me penche — et d'une lèvre... impondérable — à peine l'aile du jour, j'anime ta bouche. Il est très vrai qu'un jour nous dormirons ensemble; et je t'éveillerai ainsi...

Vendredi
[17 mai 1963]

Heure pâle, et le ciel vide, surcreusé, comme une coupe où la lumière tout à l'heure va couler. Il fera beau.

Heure quiète. T'en coûte-t-il autant de te lever, à présent que le jour te précède et te salue ? Pour moi je laisse mes volets mi-clos et la première lueur m'éveille ; aussi je ne rechigne pas à la perspective de l'ouvrage, lorsque l'heure sonne. Je songeais ce matin au temps où « nous dormirons ensemble »... Et je sais que Mimi se fera alors indolente à souhait, et paresseuse, oh combien ! N'est-ce pas que ce sera bon, et que chacun croira rêver encore ? Ah...

Hier, je vis, achetai et lus le dernier numéro de *Planète* — revue que j'ignorais jusqu'ici, pour y lire une étude de Francis Brunel : « L'art sacré des Indes : le plaisir divinisé », accompagnée de photographies des sculptures érotiques des temples. Suivait un texte extrait de *L'Érotisme divinisé* d'Alain Daniélou. Je pris à lire ces textes le plaisir que tu imagines, et j'admirai les photographies. Art très pur. Et comme toujours la beauté est édifiante par sa seule vertu.

... « Ici, dans le corps se trouvent tous les lieux sacrés. » L'extase est sur ces visages du dieu et de la déesse enlacés. La paix, la jubilation. L'amour... Je contemple, je rêve...

Que de choses avons-nous à apprendre ! Ainsi il est un pays où l'amour total, charnel autant que spirituel, est divinisé, où l'amour est religion. Où la sensualité est domaine sacré, et non sujet tabou...

Je porterai ces pages à ma mère. C'est elle qui a dit : « Ma fille nue ? Non ! » Et cet interdit relève du silence qui entoure les choses de l'amour. Le silence et l'obscurité. Quand donc les gens vivront-ils tout haut et tout entiers ?

Et vraiment je m'étonne que mes parents, qui par ailleurs se sont montrés fort soucieux de bien nous élever, ma sœur et moi, aient laissé aux circonstances le soin de nous instruire de la vie sexuelle. Je veux leur en demander la raison, et comment ils n'ont pas songé combien cette ignorance pouvait être néfaste.

Demain, au début de l'après-midi, j'arriverai à L. où je passerai la journée de dimanche. Paisiblement sans doute. Cependant Maman, prise au piège de son mutisme, ces derniers temps dissimule bien mal une sorte d'exaspération silencieuse.

Mon père, au contraire, semble très détendu et se montre tendre. J'essaie pour ma part... d'adoucir mes angles. (Et tu ris, parce qu'en fait d'angles...)

Allons, tout cela s'arrangera...

13 h

[...]

Mien, mon amour, mon amour à perte de vue, à perte de vie, très présent,

Je vais perpétuellement distraite, et ces gens autour m'indiffèrent,
Je suis ailleurs, chez nous, chez Toi, près de Toi, en Toi,
Je t'aime, et je m'émerveille de t'aimer ainsi, toute, d'un seul jaillissement — Fontaine, fontaine jasarde, volubile, mais profonde, et tout au fond silencieuse, heureuse, — et jamais tu n'auras soif en vain...

« Je suis le chant, tu es la strophe, unissons-nous ici...[1] »

Dimanche
[19 mai 1963]

M'éveillant aux disputes d'oiseaux, je bouge indécise encore, puis, d'un seul retournement, de l'oubli je viens au jour des fenêtres. Alors je te rencontre, et je te reconnais.

Matin ! et j'aime cette heure neuve où mon amour balançant du rêve à la réalité, s'étonne de lui-même, se dénude et s'éprouve. Une lèvre extrême de nuit se dérobe, et la rumeur confuse de mes rives en sommeil se change en un silence pur. Je te retrouve. Ma bouche se sait promise. Une douceur s'amasse où des rires infusent. Ma chair à voix haute divague, et mes mains lentes t'invoquent sur la place à mon côté où je t'imagine dormant. Le temps sur notre accord se compose.

Un jour encore !

Un jour. Je ne me lève pas pour besogner, mais pour t'écrire. Et qu'on me laisse à cette affaire ! Ma grand-mère qui m'a précédée, furtive, ne se scandalise pas de me voir quitter si tôt le lit. Notre complicité est ancienne, et renouvelée en dépit des Puissances qui s'irritent de l'existence de ces domaines en franchise. Notre commun privilège fonde notre préférence avouée... J'y trouve mon avantage, goûtant la première aux pâtisseries du dimanche... déjeunant de ce qui reste de crème dans la casserole où on la prépare ! Et la tradition menace : — Fille gourmande, tu ne te marieras pas... Ce que je m'en moque...

Gourmande comme il n'est pas permis, oui, je rêve, et rêvant tout haut je t'écris. Je ne dirai pas que je t'aime, à moins que tu ne veuilles l'entendre, —

mais seulement que je suis heureuse aux larmes, de te savoir vivant, offert sans réserve — et ouvert inépuisable, illimité...

[...]

Nous nous rejoindrons, « bientôt ».

Mais je ne viendrai pas avant d'avoir aéré, dépoussiéré, restauré et... redoré une Mimi qui durant quinze jours encore — mais quinze jours seulement ! doit se cloîtrer et s'astreindre à l'étude... Pas avant d'avoir vu un médecin, à cause de ce cou gonflé et dur sur le côté droit, et de cette douleur épaisse et lente, enracinée derrière l'oreille et se coulant jusqu'au front. (Et je n'en ai pas parlé — parce que tant qu'on ne sait pas ce qu'elle est, il ne convient pas de lui donner d'importance. — Ni du reste plus tard.) Je dis : Pas avant de.... parce que je ne veux pas que tu reprennes... en main une Mimi toute délabrée... (Amour oblige !)

⋆ Devise à mon seul usage : « Que Minou qui m'aille... »

Dimanche 9 h 1/2

Je suis à Toulouse... Chez nous... Ayant pris le train du soir. Journée studieuse, sage, comme il se doit. J'ai remis au temps qui suivra l'examen toute discussion concernant les vacances. D'ailleurs mon père n'était pas là aujourd'hui.

Quel que soit du reste l'emploi du temps de ces mois d'été, je les veux mettre à profit pour ce qui me tient à cœur ! Je n'oublie pas mon nom futur, et qu'il me faut l'honorer, m'efforcer de lui ressembler. Il faudra seulement avoir beaucoup de patience... Je sais du reste qu'en ce qui concerne tes créations, tu ne mesures pas le temps... Mais tout de même — pour ce qui est de Mimi... nous mettrons les bouchées doubles !

Lire. Je veux lire, aussi. Écouter de la musique et des poèmes. Je ne t'ai rien dit de Georges Thill, c'est vrai... Mais pas davantage de Beethoven, de Colette, pas davantage de Charles du Bos... De tout cela je ne veux pas parler hâtivement, mal. Et tout ce que je fais depuis Pâques souffre de n'être pas mûri. Mais patience... Proche est le temps des loisirs... Proche le temps où je pillerai les trésors que recèle ma haute armoire. Et nous verrons alors tout ce que j'en peux dire...

— Proche le temps où je t'assaillirai, t'investirai, Mien... et ta bouche bue jusqu'à la source — jusqu'au sel du fond —

Et je rêve...

Est-ce qu'il t'arrive de penser à ce jour, est-ce qu'il t'arrive de... préméditer ? Moi souvent...

Je voudrais, ah je voudrais... Mais non, je te le dirai seulement à l'oreille. Seulement alors.

Mardi
[21 mai 1963]

Plus de feuilles blanches... Je t'écris donc ce soir sur ce papier myosotis, tendre comme l'heure ambiguë qui hésite au seuil de ma chambre. Au-dessus de la rumeur épaisse, j'entends rire des hirondelles ; et fermant un moment les yeux, je savoure le goût prochain de l'été...

Je pense à Toi ; et parfois aussi la chair extasiée me fait souvenir d'une promesse...

Mien...

Je t'écris très mal, oui. Très peu. Très vite. Je vis très mal, très peu, très vite ; à peine ayant le temps de me réjouir de ce miel épars d'un robinier en fleur dans la cour de l'École, ou de la nuit si douce qui vient par ma fenêtre ouverte. A peine si je peux rêver aux oliviers de mon royaume, à la source à leur pied, aux matins délectables... Studieuse, on ne peut plus, je module un sempiternel monologue, que mes inflexions persuasives ne peuvent rendre plus divertissant.

Mais tandis que le professeur de français, seul, abandonné à ses commentaires, s'enlise à chercher l'essence de la poésie, ma main prompte dessine des bribes autonomes de poèmes... Et je me parle d'une horloge folle fluide accélérant le jour...

Je t'écris mal, oui. Combien de patience il te faudra, mon ami, mon amour, avant que ne soit à peu près « établie » cette fille de rien du tout. A ta place, je la marierais... Et qu'on n'en parle plus ! Mais c'est compter sans sa résistance... Et sans ton indulgence !... Yphi, je te promets de devenir Yphi. Il faudra seulement m'attendre...

[...]

Mien, avant d'aller me coucher, je vais encore travailler. Il faut que je mérite le bonheur de te retrouver tout à l'heure... Comme j'aime ce temps de l'avant-sommeil — et te souviens-tu, déjà lorsque je n'étais encore que ton Petit Prince, tu protégeais mes rêves. Sans trop savoir, sans oser savoir, ce que cela signifiait, je t'accueillais « bien au creux, bien au chaud[1] », chaque nuit. Je confiais ma joue à ta paume...

Je me confie à tes mains... Moins naïve qu'alors, mais tout aussi simplement, tout aussi aveuglément, tout aussi gravement, mon ami à moi... J'ai un ami que j'aime d'amour, que j'aime comme j'aime vivre et que je célèbre secrètement, profondément, que j'invoque comme le soleil au milieu des nuits. Éblouie...

Mon amour.

[23 mai 1963]

Dix heures, les étoiles se lèvent, je m'endors... Je m'endors, oui, sur la table où sont épars mes cahiers et mes livres, où je suis restée penchée tout ce jour, hors le temps bref des repas... Lasse... Mien, je t'en prie, accueille-moi... Je ne suis bonne à rien ce soir, qu'à rêver, somnolente. Je ne te dirai rien qui vaille... et tu t'inquiéteras vaguement de cette Mimi demi-morte, qui ne bouge pas dans tes bras, comme ignorante du jeu des caresses, ignorante des gestes comme autant d'efforts pour aviver, faire se lever et cerner un très haut chant...

Bonne à rien qu'à dormir entre tes bras, comme ton enfant, fiévreuse un peu...

Mais sais-tu ? Dans deux semaines exactement, nous en aurons fini de cette lente épreuve...

Et j'en dirai, et j'en dirai...

Mais en attendant, il me plaît de t'entendre — toi qui peux vivre plus à loisir, bavarder longuement... J'ai « le bon goût de ne dire que l'essentiel » ? Oh, l'essentiel n'est pas dans ce que nous disons, mais dans le ton... Ce ton il est dans les moindres inflexions de ta voix, même lorsque tu me parles de choses apparemment étrangères à notre amour... J'aime, oui, que tu me racontes ce qui fut, que tu rêves, que tu commentes, te moques, admires, plaignes... j'aime t'entendre vivre à voix haute, et tout ce que tu dis m'intéresse... Tu le sais, d'ailleurs. Alors raconte comment c'était alors que je ne te connaissais pas, raconte-moi hier, — puis, j'ai tant à apprendre, tout à apprendre... Il faut bien que tu m'instruises en toutes choses...

Mais ce soir, en écoutant ta leçon, je m'endormirai, très irrévérente ; pour châtiment je réclame un... impondérable baiser. Toi, tout entier comme une berceuse...

Minou, il fait un grand soleil... La promenade serait douce dans mes bois... Patience.

Je reviens de chez des camarades avec qui j'ai bavardé — un « jeune couple »... Le garçon tout à l'heure me confiait que la vie en commun, la solitude à deux perpétuelle et sans répit est une épreuve rude... Qu'adviendra-t-il de ces deux, qui semblent s'aimer ? Mais je ne les connais pas assez pour parler avec eux de ce sujet.

Nous parlions seulement de... l'examen proche... Nous mettions nos ressources en commun, nous échangions des cours... Et tout n'est pas perdu, puisque chacun aspire à vivre plus libre et plus haut que ces jours-ci, puisque chacun entend bien ne pas se réduire à cette existence machinale, — le meilleur de l'âme comme inanimé !...

L'imagination, l'enthousiasme me font défaut ces derniers temps... N'est-ce pas ? Je voudrais que tu lies ensemble toutes ces lettres qui ne riment à rien — mornes, brèves... radoteuses... et que tu ne les relises plus... C'est que j'ai besoin de temps pour t'écrire : nécessité d'être seule et libre absolument. Faute de quoi, je ne sais plus — et je dessine très mal mes étoiles.

Sommeil, sommeil au soleil...

Je rêve... Folle fille... Encore un effort, à peine encore... S'il te plaît, puisque je ne peux assumer mon nom ces jours-ci, raconte-moi des histoires du temps où je n'étais pas encore Yphi, du temps où tu n'étais qu'un... tout petit Minou. Je voudrais te connaître jusqu'aux... racines.

Après... Après tu n'auras pas le temps de parler d'hier, je ne t'en laisserai pas le temps, je fermerai ta bouche, très décidément. A perte de temps — je t'assourdirai,

mon amour, d'une grêle d'étoiles...

[24 mai 1963]

Je t'amène ce soir un Petit Prince boudeur, mécontent de cette fille que tu lui confias, fille folle en vérité, qui perd la tête à l'étude, après l'avoir perdue en amour... Mimi tantôt divaguait comme un vieux disque qui s'obstine à ressasser la même phrase... [...] Alors on vit le Petit Prince, très impérieusement, fermer un à un livres et cahiers, et conduire ladite Mimi, d'une main ferme et douce, vers les bords de la Garonne, vers le soleil, et les marronniers en fleur... Il était cinq heures du soir... Sur la place Saint-Pierre, près du vieux port de la Daurade, on jouait à la pétanque ; et Mimi marchait, à demi fermant les yeux, à cause du soleil sur l'eau, comme une somnambule — et ainsi jusqu'à l'heure du dîner. [...]

Mon amour, je t'écris... Je n'en pouvais plus de le faire si mal... Et peut-être ne dirai-je rien de plus que dans ces brèves lettres que tu reçus ces derniers temps, mais du moins ce soir, m'étant affranchie délibérément de servitudes étroites, ai-je conscience de le faire sur ce ton d'émerveillement et de gratitude de naguère... Du moins ce soir suis-je présente, toute, pesante, engagée dans et par ce que je dis; du moins ce soir, je m'éprouve amoureuse... Tu souris, interloqué, tu lèves un sourcil interrogateur? « Comment... tu ne m'aimais plus, ces temps derniers?... » Je t'aimais, Mien, mais je ne pouvais m'écouter t'aimer. Je pensais à Toi, mais trop vite. Je t'écrivais, mal. Et la nuit — vers les dix heures — lorsque nous nous rejoignions, lasse je ne savais qu'être silencieuse et... sage. M'endormant sitôt couchée, en sorte que je ne pouvais te dédier mes rêves... Mais l'amour brimé se rebelle. Ce soir je dis très haut que je t'aime. Ce soir, me riant des contraintes, j'accours... Mien, et je me souviens de ta bouche, de ta main, — de ton corps devenu familier.

Ce soir, je te mange de baisers, plus que ne fit jamais ta mère quand tu n'étais qu'un tout petit enfant nu contre son sein. Dis-moi, comment est-elle ta mère? Tu es toujours pour elle, je pense, un très petit garçon... et j'espère qu'elle te câline de temps en temps encore. Je lui délègue partie de mes prérogatives! [...]

J'ai mille et une choses encore à te demander, mille et une choses à savoir : soif de Toi... Je suis tout altérée de Toi. Grande soif, désir de susciter le jaillissement des sources, et de capter l'eau fraîche, l'eau vive... Ma belle eau calme et profonde, et comme un « clair tombeau[1] » qui s'ouvre, où me perdre... Me perdre en Toi... Aimer un homme, c'est peut-être oui, vouloir entre ses mains retenir une source agile et débordante, et fuyante de toutes parts; mais si mes mains ne suffisent, pour te posséder, j'ai d'autres ressources, ma bouche et mon corps où tu coules, et mon amour qui te contient — sans fêlure, tel un cristal, et si vaste sois-tu...

L'étrange est que cette... main-mise ouvre la liberté, tout grand, l'éternité loisible...

L'étrange est que la source bue ne se tarisse pas. Tu es inépuisable, et je t'aime démesurément, à hauteur d'étoile.

[25 mai 1963]

Comme ce soir fut bon à vivre...
« Méfie-toi des vipères », avait opiné mon père ; mais je n'en rencontrai point et nulle ne vint troubler ma sieste dans l'herbe grasse, à la lisière du champ de seigle ; nulle, ni près de l'eau où fleurissait l'ail en maintes étoiles. Les grillons chantaient fête. Moi, mi-dormante, j'imaginais ton visage, me tenant lieu de ciel, et je m'offrais au ciel me tenant lieu de Toi...
Et tu songes, souriant : Cette fille divague... Non : je joue ce soir à être en vacances. Je joue à merveille. J'ai tout oublié de ce que je devrai savoir mercredi et jeudi prochains... Je me fais au soleil une âme sereine de bête à bon Dieu, ou peut-être n'est-ce, vague, dorée, qu'une absence d'âme, une fleur de sommeil... Trêve, avant l'effort, mais bien davantage, prélude.

Là, je me tais, longtemps, grave telle que tu me connais. Je vais te revoir. Mon amour, je rêve confusément, et n'ose penser... Je n'ose... Et ma tête à la dérive sur mon bras se berce de mots monotones. Je vais te revoir. D'un seul coup, rendu

Toi.

Ma bouche fiévreuse, mes mains mal assurées, mon corps lourd à couler dans l'herbe, Toi — et d'abord je demeure immobile, silencieuse, abasourdie, Dieu !

Je me souviens de ton corps, tu sais... De ton corps étonnant, et plus surprenante encore sa douceur — de ton corps si fluide et dur à la fois ; je te salue, mon hôte, je t'aime. Faim largement ouverte, faim comme une aire nue — et toute une moisson soudain la comble

Mais je n'ose penser plus loin, et t'en laisse le soin ; tu en instruiras ensuite mes lèvres.

[...]

Ah, Monsieur, « à notre âge », et « dans notre situation », fous que nous sommes, qu'allons-nous faire ?!

L'amour... Jusqu'à la fin des temps... Vois-tu, j'ai un peu de peine de devoir tromper mes parents, mais nulle honte. Un peu de peine parce qu'ils ne comprendraient pas, n'excuseraient pas cette rupture de contrat. Mais nulle honte, car j'ai fait alliance avec la vie, je vis à grand feu et ne connais de fautes qu'en ce qui l'éteint. Cela, c'est chose nouvelle... Petite, j'avais une morale stricte ! A présent j'ai une foi — même pas jurée, à quoi bon ? — qui me tient lieu d'éthique, un « art de vivre »...

Maman m'accuse d'égoïsme. Je crois bien, oui, que je suis égoïste — c'est-à-dire que je ne m'immole pas sur l'autel des « principes », c'est-à-dire que je me sens vivante — et me devant à moi-même de vivre au mieux — mais est-ce un si grand défaut ?

En tout cas, je ne t'aime pas égoïstement. Il me plaît que tu sois au monde pour toi-même, et d'autres que pour moi ; il me plairait que d'autres t'aiment, et même si tu ne m'aimais pas, que tu vives. [...]

Cette question sur les palmes académiques n'était que parce que j'entrai naguère en conflit avec Monsieur P. sur ce point : comme il s'étonnait que mon père ne les ait pas reçues, je lui répondis que j'espérais bien que cela n'arriverait jamais... Il en fut... piqué, et me reprocha d'être si dépourvue du sens des civilités.

Autre sujet de collision : M.P. m'avait parlé d'un « banquet des poètes » annuel, auquel sa femme se ferait un plaisir de me conduire... Peut-être ai-je alors décliné l'offre avec une ironie trop visible : il m'envoya le programme des festivités, me faisant fort vertement remarquer qu'« on ne viendrait pas me cueillir au fond de ma province[1] » — et qu'il fallait montrer patte blanche pour accéder à la... gloire littéraire. Je n'avais cherché que son amitié, et qui eût pu être douce entre cet homme près de mourir et moi,... à peine née. Je ne lui répondis pas.

[...]

Toulouse, dimanche soir, 9 h 1/2

Tout à l'heure, lorsque je me retrouvai dans ma rue — silencieuse à cette heure fraîche... sais-tu, un grillon chantait !

Et je me crus encore sous le pommier, au bord du champ de seigle où je suis revenue cet après-midi, dormir au soleil...

... Odeur d'herbe coupée qui s'évapore, chaude. L'été ! Je veux aller dormir tôt — mais non sans t'avoir souhaité ta fête[2]... Parfaitement, *ta fête*. Fête de qui me mit au monde à grand-peine. Maman ne serait pas jalouse de me voir partager ma gratitude... Alors, sagement, je passe mes bras en collier à ton cou, et tu câlines ta très petite fille, qui tendrement égrène ses promesses, ses bonnes résolutions, — à voix persuasive...

Et puis — Au lit, Mademoiselle ! où sont déjà les enfants sages... Mais la rusée, tandis que tu la bordes, profitant de ton indulgence attendrie, te murmure à l'oreille :

Mon amour, je voudrais...

Tu la fais taire d'un baiser, cette insatiable !

Lundi

Au travail, oui, à présent. Je sais que tu es là. Hier, j'ai touché terre et repris des forces. Tout ira bien.

[2 juin 1963]

Seule, et selon mon désir.

(Car mon père et ma mère, invités, sont partis avec ma grand-mère, et passant à M., ils y ont dû prendre Marie-France. Manou, ces deux jours, est chez son fils.) Seule. Mi-vêtue, je hante la maison. La porte est close : je ne veux ouvrir à personne. Je ne veux voir personne, et ni tenir conversation. Et d'abord, sereine, d'une démarche lente, je lis et je travaille. Je lis Baudelaire...

Insidieux écœurement... Le silence m'inquiète. Les choses tapies dans les coins se font redoutables. Le vent dehors brasse un air lourd d'orages en croissance.

Pensées mal équarries, mots malaisés. Pesanteur. Moiteur. Je languis. Je m'ennuie de toi, je t'appelle. Accès d'amour, comme de fièvre. Mes joues brûlent. Accès d'amour désespéré. Humilité. Vertige.

Mais je ne veux pas pleurer. Me souvenant d'une promesse, j'écris à qui détient tout pouvoir de sauvegarde.

Deux jours, voilà deux jours que je ne lui ai pas écrit, et je ne sais plus le faire. Mal, cela fait mal, ce cri dont je ne sais me délivrer. Que lui dire qui ne soit vain, inconsistant, de peu de poids ?... Que lui dire pour qu'Il me reconnaisse, pour le toucher, le prendre comme avec mes mains ?

Je souffre de ne pouvoir t'invoquer par ton nom que je ne connais pas.

Mon amour, mon amour, l'âme et la chair ensemble te désirent, toi, l'Ange du sommeil ancien dont j'ai perdu le goût, mon ciel de pluie d'été et de beau temps, mon jardin qui s'ouvre si loin, hors d'atteinte, mon auvent, Toi, je t'en prie, dis-moi ton nom et qui tu es, pour que je te prenne et t'emporte et te garde toujours.

Lundi

« Mireille, tu devrais acheter une jupe légère...

— C'est que..., je viens d'acheter une robe. »

Ma robe sacrée...

Et ma mère, curieuse, de réclamer des détails. Tout ce qu'elle obtient, c'est que ladite robe est noire. Sans manches. Droite... Sur quoi, elle gronde : « Pour s'asseoir dans l'herbe ! Il est vrai que tu pourras la poser... — Bien sûr, Maman », dit Mimi très sage — riant sous cape, car, je te le confie, cette robe-là est boutonnée sur le devant, du haut jusques en bas ! Et qu'on ne vienne pas m'objecter que je suis trop jeune pour prendre le deuil, je connais les usages.

Mien, cette fille est décidément tout à fait folle. M'est avis que tu ne sais pas t'y prendre, en fait de corrections.

Je t'aime, tu sais... Je ne sais pas si tu sais vraiment, je t'expliquerai mieux bientôt, je t'expliquerai.

Tu verras : l'évidence même !

[...]

[7 juin 1963]

Mon amour, longtemps je me suis tue rêvant devant la feuille blanche, la feuille immense comme ce long loisir où j'entre, ne pouvant me résoudre à dire ces mots qui ne valent pas leur pesant de silence. Alors tout incertaine, étonnée de bonheur, je commence tout doucement car le soleil qui m'alourdit berce ma main, à peine effleurant ton visage, en lente reconnaissance de mes domaines. Et comme si de hautes paroles pouvaient défaire le charme que j'éprouve, je parle très bas, à ton oreille seule, à ta bouche ; et comme si des gestes trop brusques allaient susciter des prodiges, mes mains à peine s'enhardissent sur ton corps ; mais si prudentes soient-elles, je sais où elles s'acheminent et quelle vendange elles font — je soupçonne une éclosion soudaine, imminente — la chute du soleil dans l'herbe, comme un fruit trop mûr qui s'écrase — la chute infiniment du soleil qui s'abîme. Mon amour, mon amour, je te retrouve et ce sont les vacances, mon amour, et je suis devant toi comme en lisière d'un pré avant d'être fauché, savourant avant que d'oser m'y étendre son parfum opulent... L'eau à la bouche.

Je t'aime. Je ne le dis que pour moi, puisque tu

le sais. Je ne le dis que pour encore me surprendre et me ravir, et pour m'entendre rire. Je me le dis en confidence, et m'émerveille du secret... Ami, mon ami, si tu savais... Ami, mon ami, je vais le voir un jour prochain, je m'en vais terriblement le rejoindre, et l'aimer à loisir; déjà mes lèvres sont ivres douces ouvertes et mon ventre s'émeut, profondément.

Je suis tienne, toute, jusque dans mes secrets que tu m'éclairciras; et je suis ton enfant mais aussi ta mère, la première t'ayant perdu, tandis que je t'accueille, et pareillement tu es ma terre et mon arbre aux branches en croissance...

Tu entends, je divague, et ne te dis rien des jours derniers : c'est que je suis sans inquiétude, ayant bien travaillé il me semble. Il ne pouvait en être autrement, puisque tu me protégeais, silencieusement blotti « bien au noir ». Hier soir enfin (à quatre heures et non six, car deux heures suffisent amplement pour un travail fait sans difficulté), j'émergeai à la lumière, à l'été.

[...]

Je vais aller poster ma lettre, pour que tu la reçoives sûrement demain, et que tu me saches à présent remise en notre amour, au cœur du réel et du rêve, n'habitant plus que tes bras, et n'ayant goût que de ta bouche, que je pille très déraisonnablement. Et qu'est-ce qui restera pour les autres, alors? Rien, rien du tout. Tu es mon privilège, mon apanage; et je suis très jalouse, très! sauf du soleil et des abeilles, sauf du vent marin, sauf du ciel, sauf de ce que tu aimes.

Samedi
[8 juin 1963]

Le temps, le jour, l'amour indéfiniment se prolongent. J'erre indécise en lisière des plages, savourant l'aube des ferveurs. Lente, je côtoie l'aire où s'étalent mes songes indistincts. J'écoute le matin qui s'ouvre dans ma gorge. Vacances ! Mon amour, nous sommes disponibles ! Je le sais mieux qu'hier.

Chute d'étoiles en plein jour dans l'âme plus profonde. Je te verrai jeudi. Et vendredi. Mon amour... Le bonheur, comme une fièvre brise mes forces, défait mes membres, brouille mes pensées à l'abandon...

Bonjour Toi ! Bonjour mon ciel immuable ! Je t'offre mes lèvres pour un premier baiser. Car en vérité, c'est la première fois que je te vois. Je te découvre, et je découvre que je t'aime. Mais peut-être t'ai-je connu ailleurs, car tu m'es singulièrement familier. Je sais : tu es la saison nouvelle qui me fut douce autrefois, et dont j'avais tout oublié... Laisse, que je te regarde et te reconnaisse... Comme je t'aime, déjà ! Comme s'éveillent dans mes bras les sources vertes ; une aile dans mon ventre bouge, ouvrant mes jambes... Je te retrouve, et tu vois, je ne danse, ni ne chante,

presque endormie d'aise ou peut-être est-ce une lassitude ancienne qui pèse encore...
[...]

Mon Ami, mon Amour, qu'est-ce qui nous arrive? Comme il fait beau soudain, sur nos terres, toutes choses lavées, sonores, claires, les éléments dispos, douces toutes présences...

J'aime, j'aime vivre aujourd'hui, à cause de Toi qui me fais dispose au bonheur, ouverte, présente au monde. Et je te le dis simplement avec pour merci ma joie et cette longue caresse, longue et fervente, sur Toi tout entier.

[9 juin 1963]

Le beau dimanche, mon amour!

Il est dix heures et demie. Je reviens du marché qui se tient sur la place, devant l'école. Et certes, ce n'est pas d'une bonne ménagère que d'attendre si tard pour faire les courses! Je voulais seulement des fraises pour le dessert... Celles des bois sont encore vertes : je le vérifiai tout à l'heure, retrouvant avec bonheur mes chemins familiers envahis par l'herbe haute... Heureuse, heureuse de l'été imminent, de l'été pressenti, en frange duquel je rôde à l'heure fraîche pour le surprendre dans son éclat neuf, dans sa saveur intime.

J'ai bien dormi. D'un sommeil noir, noir comme terre et comme elle, profond. M'éveillant au premier clin de jour, je te regardai dormir un long moment, mon enfant nu, mon amour; puis je défis précautionneusement tes bras noués à ma taille, et te laissant reposer, je sortis... Lorsque je te revins, tout humide de sueur et de rosée, mon baiser sans doute eut goût de menthe mûre, et mes bras la vigueur verte des jeunes arbres; je fis mes mains douces et lisses comme ciel à huit heures du matin, et dorée ma caresse, tout un pré de boutons d'or sur Toi! Et je riais, oui, car tu ne savais ce qui t'arrivait, et tu t'étonnais de t'éveiller dans ce jardin sauvage, sous l'emprise vorace des herbes folles... Puis tu me reconnus et repris possession de moi avec le monde autour...

Écoute, écoute, les cloches sonnant la grand-messe ! Comme nous sommes loin de la ville, comme nous sommes bien ! Cela fleure bon le thym dans la maison ; ma grand-mère prépare des escargots à la provençale ; j'ai goûté la sauce, bien sûr !

Mon amour, mon amour nous sommes en vacances ! J'ai donné à l'une de mes camarades mes cours d'histoire. Je garde le travail sur *Narcisse*... Le reste sera brûlé en feu de joie : je ne sais pas travailler sur des notes anciennes.... De mes maîtres, je ne me souviendrai pas, ne les ayant pas aimés. Nous sommes en vacances ! Mon père permet que j'aille à la mer, et Josette, si ses parents ne s'y opposent pas, viendra avec moi...

Nous sommes en vacances : ce soir mon oncle (mon grand-oncle plutôt) m'amène « à la mer » — où je resterai demain... Pas la vraie mer, non, mais du moins déjà ce sera la liberté du corps au soleil...

Nous sommes presque en vacances... Que fais-tu, toi que je préfère, que je désire, que j'aime ?... Que fais-tu ? Je voudrais que tu rêves souvent, longtemps, que tu savoures la saison qui s'offre, que tu te promènes, que tu écrives et m'écrives... Je voudrais, le sais-tu assez ? que tu sois heureux. Heureux, confiant, émerveillé, en dépit des entraves, en dépit du délai et de l'éloignement. Et que tu t'éprouves double, précieusement, m'enveloppant... Et que je ne sois pas une charge, mais un poids vif, un surcroît de force et de joie.

Moi, je t'aime. Je t'aime et je ris de bonheur. Tout simplement, tout seulement. Ma source secrète, ma source noire, il me plaît d'avoir soif, oui, et je viens à Toi. Je m'ouvre à Toi, toute.

Mardi
[11 juin 1963]

Cent lettres, dis-tu, mon amour? Et nous n'en sommes qu'au commencement! Nous n'en sommes qu'à l'aube; le jour, pour notre plaisir, n'en finit pas, n'en finira pas de naître. Cent lettres déjà, mon amour... C'est bien peu et nous n'avons rien dit encore. A peine si nous nous rencontrons. Nous nous rencontrerons indéfiniment... Nous n'avons rien dit encore, et cependant tout est prononcé; nous pourrions nous taire ensemble, écoutant entre nous la haute profération du silence.

Nous n'en sommes qu'à l'aube. Pourtant je m'éprouve plus lourde et lente et grave qu'au temps de l'enfance, plus folle et plus prudente. Je ne suis plus une petite fille, mon amour. Mais une femme demain.

Comme la vie est violente et douce, et le réel fabuleux... Mais je ne chante plus insouciante, je ne danse plus insouciante, j'ai un très grand souci, un très beau secret, je t'aime.

Mon ami, mon amour,..

... J'ai du romarin, sur ma table, que je cueillis hier... Mon oncle, je te l'ai dit, m'avait invitée « à la mer » (La Franqui.) Je me baignai, seule sur la plage car il faisait froid et gris... Je me baignai, puis j'eus faim, grand-faim de Tout, de Toi... On s'émerveilla de mon appétit et de mon beau sommeil... Hier, à six heures du matin, je suis montée sur la falaise avec mon oncle. Falaise mi-éboulée, couronnée de vignes et d'amandiers, de landes odoriférantes... Je humais avidement le vent de terre lourd de sucs évaporés. Le jour se levait sur la mer et les étangs; au-dessous de nous les pins et les tamaris embaumaient. Un rossignol... Deux rossignols se répondaient... Et tous dormaient sauf de rares pêcheurs. Face au large, nous nous sommes arrêtés; je songeais que tu dormais encore et je respirais pour toi...

Au retour, nous avons fait un fagot de sarments pour la grillade du déjeuner. J'eus la permission de me baigner à nouveau... Le soir, nous sommes revenus sur la falaise, et j'étais ivre un peu, de forces vives, d'air salé et d'herbes amères.

Mon amour, comme nous avons bien dormi, profondément jusqu'au matin...

Ici bien sûr, c'est la ville... Mais à mon arrivée tout à l'heure, j'eus ta lettre. Ta lettre éloquente. Ta lettre-promesse... Et moi je souris et je n'ose, non, je n'ose penser à ce jour si proche maintenant, ce jour de fin du monde, d'aube au paradis... Je t'invoque et je t'interroge : Est-ce que tu sais, Toi, ce qui se prépare, est-ce que tu comprends, Toi? Je n'ose... et ce n'est pas, tu t'en doutes, fausse naïveté, mais suffocation de l'âme, errements de l'être en déroute, qui pressent la débâcle printanière, l'effervescence des sources, la profusion de lumière... Mon amour... Et parfois je t'aime comme une mère inquiète, comme une grande sœur — et je suis alors plus âgée que toi, plus robuste, oui... D'autres fois, je m'éprouve si dérisoire et vulnérable que je désespère de t'être d'aucun secours pour vivre... Mais certaines fois, plus haut que la tendresse, quand tu n'es plus que mon amour, seulement mon amour, mon amant demain, je t'aime durement, voracement, et nous sommes égaux, de la même mesure, à la même hauteur, croissant également. Là, je commence à savoir que je suis une femme. Là, c'est un pays de pierres, inconfortable et éprouvant. Là règne la passion possessive; là n'ira pas le Petit Prince. Mon amour, protège-moi, protège-moi puisque je t'aime tellement. Je viens dans un monde inhumain où règnent l'élément pur, le soleil fixe, la pierre nue. Mon amour, daigne que mon ami m'accompagne et me donne la main, puisque je viens à ta rencontre, et que déjà je n'y vois plus guère. Mon amour, heureusement, heureusement que tu es mon ami, que tu seras mon ami après, toujours, mon ami tendre et rassurant, le visage qui vous accueille au réveil...

Tu sais, tu sais... Mais non, nous ne savons rien, nous ne savons plus rien du tout, l'âme est offusquée de jour... Et ma bouche cherche ta chair, ma bouche est ivre de ta saveur pressentie.

Mercredi
[12 juin 1963]

★ Étoile du matin pour éveiller mon amour d'un baiser pâle encore. Le jour se déchire, cisaillé d'hirondelles. J'adore le soleil qui te ressemble, et je m'écoute vivre seule à cette heure pure. J'écoute comme je t'aime... Vois-tu le même grand ciel bleu que moi ? Je lui livre mes lèvres pour qu'il les pose sur les tiennes, te portant la bonne nouvelle d'une fête promise...

Mon tout-petit, il me plaît de te savoir dormant, et de rêver que je me penche sur ton visage... Tu es sage à cette heure, mon enfant terrible, tu es sage si bien que je cherche ce qu'à ton réveil je te donnerai !

Moi, tu sais, je ne mérite rien : quelle paresseuse je fais ! A neuf heures hier soir je dormais, n'ayant rien fait tout le jour qu'écouter distraitement un cours de géographie — La Hollande, pourtant... et me promener dans les vieilles rues et les jardins... Je me perdis à plaisir vers la fin du jour dans un quartier que j'ignorais ; ville ancienne, étrange et familière à cette heure du soir. Les enfants sortis de l'école musaient, jouaient aux billes ; trois d'entre eux donnaient l'assaut à l'angle ruiné d'une église, et, surpris par quelque rébarbative gouvernante de presbytère, déguerpirent en piaillant. Les rues transversales, bordées des hauts murs des cours bourgeoises qui s'ouvrent sur les avenues, sont vertes et fraîches. Parfois couvertes de lierre ou de glycine. Les quartiers à l'intérieur sont croulants, moisis, populeux, tassés, mais frangés sur le tour de grandes maisons de maîtres, bien pansues et bien assises. J'aime aller au hasard... L'an passé, le premier dimanche que je passai à Toulouse, je me promenai ainsi, et je découvris la Dalbade, cette curieuse, presque monstrueuse église (à cause d'un clocher effondré) près de laquelle j'habite. La place déserte, livrée aux pigeons, venus en nuées, m'effraya. On eût dit une ville morte où ne demeuraient que des oiseaux voraces...

Mon pauvre amour prisonnier pour un temps des puissances... Tu tires sur la longe, ma petite chèvre... Ah si tu savais quel loup t'attend dans les bois, quel loup gourmand sous l'apparence trop rassurante d'une fille rieuse ! Prends garde mon amour, je l'ai surprise, la jeune louve, préméditant son forfait, ses lèvres et sa langue réjouies des proches agapes. Prends garde, sinon je t'emporte « sans autre forme de procès »... « Qui-tu-sais [1] » n'est pas si redoutable que ma dent, que ma bouche ! Mais peut-être plus ennuyeux, oui... Ah, je voudrais que l'on te laisse à tes rêves, que l'on te laisse vivre ; mais puisqu'il te faut, durant quelques jours encore, jouer très sérieusement ton rôle, Monsieur mon amour, je t'écrirai de longues lettres soleilleuses pour que tu te saches préservé, recueilli, pour que tu saches le temps sauf. Je réserverai pour Toi, bien au creux, toute saveur, toute allégresse ; j'apprivoiserai le soleil pour te le donner en paroles ; je serai là toujours...

Il te suffira, pour l'éprouver, d'ouvrir un peu tes lèvres à ma rencontre, ou de joindre tes mains comme derrière moi, ou de t'immobiliser comme clos entre mes bras... Tu n'es pas seul, tu n'es, tu ne seras plus jamais seul, plus jamais démuni, PUISQUE JE T'AIME...

S'il te plaît, souris-moi, mon bel été chaleureux, mon bel été lourd, si lourd d'orages qui s'amassent, si lourd de grêle et de foudre, de pollens épars, de pétales tournoyants, de sables soulevés, d'eaux heurtées, de miel diffus, d'ailes innombrables et de cloches, ma saison splendide; souris-moi au-delà des visages conventionnels et mornes surgis entre nous; TU ES LIBRE, ne le sais-tu pas? Tu es libre en dépit de tous, souverain d'un pays sans bornes, tu es libre comme un enfant libre du temps et de l'espace, PUISQUE JE T'AIME, et que fervente je détache tes liens... Mon ami, mon ami, nous irons au pays plus tendre, et nul ne peut nous asservir...

Soudain cette pensée me vient que lorsque tu liras cette lettre, « ce sera pour demain »... Que te dire? Que te dire sinon que je tremble de bonheur contenu, de fièvre secrète, d'étonnement ravi... De désir! Car, dieu merci! nous sommes de chair! De chair... Renoir, c'est étrange, par quelle pudeur? n'aimait pas ce mot. Pour moi, il me bouleverse, un souvenir me suffoque, je suis ivre soudain, et mes lèvres ont goût de sel, de sang, mes lèvres sont lourdes de faim, et te cherchent, rêvant qu'elles te parcourent, insatiables, fébriles. Je cache mon visage au creux de toi, folle ne sachant où me reposer, folle ne sachant où te trouver, ni comment te prendre,

Mon amour, pourquoi suis-je devant Toi défaite, éparse, comme inanimée, le cœur imperceptible — pillée, sans forces, livrée, ouverte? nonchalante, éperdue! Ramasse-moi, je te prie, enferme-moi, je te prie, ah, tant de prières me viennent, que je ne voudrais pas écrire, que je veux retenir encore, mais qui vont t'assaillir...

[...]

Mercredi (12)

Ce soir je voulus relire ton « Georges de La Tour ». Mais bientôt je m'interrompis, comme suffoquée, ne pouvant poursuivre. C'est l'effet que produit ordinairement sur moi l'invention sous quelque forme qu'elle soit ! La pensée toujours m'émerveille. Je regarde la construction d'un essai, le déroulement d'une analyse comme des prodiges qui me font en un même temps m'étonner et m'incliner humblement.

Mais lorsque mon amour est l'auteur que j'admire, ma joie ne va pas sans angoisse — Inquiétude analogue à celle de la mère qui voit son enfant croître en science, et d'autant s'éloigner d'elle... Tu auras beau tenir à ma chair, au plus profond, si je ne me hausse jusqu'à savoir parler et voir comme Toi, je demeurerai en deçà de ta réalité. Tu auras beau t'enraciner en moi, si je n'embrasse en même temps tes feuillages, nous ne vivrons pas unanimement. Il faut que je te rejoigne. Par les mots, je sais que j'y pourrai parvenir, par la poésie : tes pages marines, ce pur poème que te dicte Isabelle, sont entre nous des liens, un langage commun, duquel je saurai user pour te répondre. Et certes, ces pages que je viens de lire me sont également intelligibles, mais ce qui me dépasse c'est la faculté d'explication, de critique (dans le meilleur sens du terme). C'est par l'absence d'esprit critique que je pèche : les idées ne sont pas mon fort ! J'ai toujours « pensé par procuration », le sachant et me le reprochant. Ou bien je ne pensais pas du tout, et les idées qui me venaient n'étaient que rencontres verbales, jeux de mots. Je sus gré à mon professeur de philosophie de n'en être point dupe et de m'expliquer les bonnes notes qu'il m'attribuait par le plaisir qu'un style clair lui procurait bien plus que par la perspicacité d'un jugement émis... Je sens bien les choses mais je ne les comprends pas. Je sais seulement que je ne sais rien, et je vois clairement que je ne comprends rien. Cela ferait rire bien des gens si je leur assurais que je suis « bête », mais le fait est que l'instinct, la sensibilité, la convoitise, l'élan me dirigent, plus qu'une démarche logique, rationnelle... Je tentai déjà de te le dire. Les qualités que requiert l'art de dire, nous sont ou nous serons communes, mais celles dont témoigne ton essai — outre celles du poète présent —, je désespère d'en jouir un jour. Tu as l'esprit clair, mon amour... Pour moi, il me semble que je suis possédée par un langage qui s'organise sans mon secours et m'impose ses formes...

Bien sûr que je brûlerai mes cours de français. Sauf si tu en as de la peine... Ce ne sont pas des poèmes... Je ne te les donnerai pas, non (sauf si tu en as de la peine...) Et pourquoi te confierais-je des reliques, puisque je suis vivante encore ? Si tu me perdais, elles ne te consoleraient pas. Reliques... Toute mon enfance, j'eus, au fond d'un tiroir, quelques objets sacrés, apparemment dépourvus de valeur : bougie d'anniversaire, vieilles photographies, herbes séchées, coquilles... pieusement, longuement conservées. Mais un jour venait où, forte de mon insolente jeunesse, tentée de vivre dans l'instant, sans secours, tentée de décréter une ère nouvelle, je brûlais ou jetais ce qui semblait me retenir. Tentation de rompre les amarres, tentation tenace... Vivre en proue de soi-même toujours ! Je sais bien maintenant que cela ne se peut... Les temps épiques, n'est-ce pas, sont défunts...

J'amasse mes trésors pour endiguer et barrer le temps comme toi, par jeu, les ruisseaux... Mais je garde les seuls trésors, tes lettres et quelques autres, tes offrandes et quelques autres... Je ne m'encombre pas de ce qui m'indiffère. Ces cours iront donc au feu (Sauf si...).

Je suis une sotte : deux pages de raisons verbeuses, quand je ne devrais jamais dire autre chose que mon amour neuf perpétuellement, et sa croissance, et mon vertige...

Bientôt dix heures... Tu es las ce soir, et pourvu que l'on te laisse tranquille, tu me rejoindras tôt.

Sais-tu, des larmes me viennent aux yeux ce soir, à ces seuls mots, — de gratitude, d'angoisse délicieuse, de tendresse... Je vais m'étendre contre Toi, au plus près,

et plus tard, plus tard, nous dormirons. Quand le soleil, las, se répandra fluide nous baignant, nous noyant ensemble...

D'ici là, mon amour, et désormais, je t'aime.

Samedi
[15 juin 1963]

L'amour est poignant ce matin.

Le sourire doucement me déchire de tes lèvres à fleur de mes larmes,
Pluie d'été opulente meurtrissant dans l'âme de secrets liserons,
Soleil buvant l'argile qui se fend, se brise et coule en poussière.
Défaite, je glisse au fil d'une fièvre latente...

Me souvenant de Toi, je pleure, je pleure sans peine, sans mal, aveuglée telle une alouette pour avoir voulu prendre la lumière à sa source, pour avoir embrassé le jour levant.

Hier, si je fus sage ou folle, seul tu le sais... Ce matin ton visage s'ouvre dans le mien, et je porte sur mes joues, ma bouche, mes yeux tes joues, ta bouche, tes paupières : je te ressemble. Je te ressemblerai !

Ayant dormi longtemps, je m'éveille; peut-être ai-je rêvé de Toi ? Mais les gages de ton existence sont tangibles à ma portée : livres donnés, livres, disques, posés près de l'étoile... Tu existes, tu existes... Je touche, je prends un à un les livres que tu m'offris hier et que je découvris à mon arrivée, exultante, ravie... Livres pour lesquels je crois bien ne pas t'avoir dit merci — Mais comment, comment te remercierais-je?... [...]

Hier, si je fus sage ou folle... il faut me l'apprendre; me dire si je te fais du mal, du bien, si je t'ennuie et ce que je peux te donner... Il faut me dire, car je ne sais, et si je savais, j'oublierais tant tu me fais perdre la tête — j'oublierais, comme j'oublie de parler à ton approche — et tu as bien vu que je divaguais tout le jour...

[...]

Écoute comme je t'aime, encore que je le dise bien peu, bien mal, tout bas, et plus qu'un incohérent murmure d'ivresse, écoute, écoute nos bouches et nos doigts se prendre, écoute nos corps s'attendre, écoute, écoute le royaume promis s'ouvrir, le monde qui s'éveille, l'été qui éclate, lourd de semence, lourd d'avenir, d'éternité, écoute tous les étés successifs venir à nous et bientôt nous submerger!

Lundi
[17 juin 1963]

Hier soir, je n'ai pas su t'écrire.

Je te berçais : — Vienne l'heure bientôt de dormir mon amour, il fut le temps ce jour de t'aimer mon ami, il est l'heure toujours d'avoir joie et souci, il est l'heure toujours de t'aimer, mon amour, il fut le temps ce jour de pleurer, mon ami, vienne l'heure demain de rire, mon amour.

Je te priais : — S'il te plaît, je suis si petite, prends-moi contre Toi, bien au creux, s'il te plaît, je suis miséreuse, ta bouche me sois charitable, s'il te plaît, la nuit est venue, parle-moi pour me faire jour, je désespère de t'écrire, je ne sais dire que des mots d'où l'on ne sort plus.

Alors, comme j'étais lasse et sans forces, je me suis couchée et je me suis tue, et j'ai laissé aller mon front contre l'épaule de mon ami qui veille pour que la vie ne me tourmente. Et cet ami qui me comprend, qui sait que l'on peut avoir mal à force d'aimer, m'a mise à l'abri dans ses mains.

Mon ange... tu vois, une fois encore, j'ai dû te demander secours contre moi-même, et contre Toi. Je m'étais pourtant bien promis d'être forte, triomphante, impérieuse, d'ouvrir grand le chemin, de marcher devant Toi, de rire très haut toujours, pour que tu oublies de douter, pour que tu oublies de craindre... Mais as-tu vraiment oublié ? Tu n'as pas répondu à ma question de l'autre jour. Vendredi nous avons été tendres, lisibles et vulnérables, âmes à jour, et il faisait clair entre nous, redoutablement clair, bien plus peut-être que si tous les soleils ensemble nous avaient éblouis... Il faisait clair, mon trésor, tu n'avais pas besoin de me répondre.

Et moi je dis que tu ne dois pas avoir peur, que tu ne dois pas craindre que Mimi, lorsqu'elle ne sera plus une enfant, change et se lasse, comme chacune, ni qu'elle t'aime mal un jour. Je dis cela tout doucement, Monsieur qui savez tant de choses, mais peut-être pas encore que je vous aime en tremblant chaque jour au moins autant qu'en riant de plaisir... Mon beau souci, mon merveilleux souci, je suis une petite fille, et je pourrais ignorer naïvement ou délibérément, je pourrais oublier que c'est difficile de vivre... Mon beau tourment, je pourrais croire que l'amour se garde comme un oiseau en cage sitôt qu'on l'a pris au piège de serments. Non. Je sais. Je pleure parfois contre ton épaule à cause de tout ce qui nous guette pour nous blesser, à cause même de cette petite sauvage que toute douceur exaspère et qui ne sait ce qu'elle veut, ce qu'elle cherche et qui t'aime inhumainement... Et puis je souris quand même. Puisque je t'aime...

Tu ne dois pas avoir peur, mais confiance. Les difficultés ne m'étonneront pas, ne me prendront pas en défaut... Je voulais l'autre jour te le dire... et puis sans doute j'ai préféré t'embrasser.

Mais il faut bien que je te l'écrive, pour que tu ne te sentes pas seul, lorsque tu auras de la peine à cause d'un amour trop poignant. Il faut bien que je te l'écrive pour que tu saches que je ne parle pas au vent, comme l'oiseau, même si j'ai l'air et le chant d'une alouette éblouie...

Je me méfie, tu sais, sous mes dehors bénins. Je me méfie de tout ce qui peut nous nuire. Je veille sans en avoir l'air; tu n'es pas seul lorsque tu nous gardes, comprends-tu? — et je ne serai pas la moins farouche, la moins tenace. Je crois que tu as voulu garder pour toi seul certaines peines, mais il vaudra mieux me dire, il vaudra mieux que tu te confesses, tout entier; tu dois tout partager, entends-tu?

Mais peut-être je me trompe; peut-être es-tu redevenu comme un petit garçon heureux, heureux d'avoir une amie, sûr d'elle autant que de la vie, sûr d'hier et de demain, sûr de nous comme du soleil...

Sûr que toujours nous nous retrouverons, sûr que DEMAIN... Demain mon amour, que nous arrive-t-il?

Jeudi, après Mercredi
[20 juin 1963]

Obscure ma chambre, grise encore la page : le jour n'est pas descendu dans ma cour profonde; mais l'imminence de l'événement m'éveille. L'aube investit les murs, roule contre eux la rumeur croissante qui cerne et peu à peu rétrécit l'espace limpide, loisible, hanté d'hirondelles, tendu de leurs cris. Il est temps que je t'écrive, car il faut autour de nous et de nos paroles une marge de silence où prendre souffle, de toutes parts une assise d'eau pure pour nos corps heureux. Car il faut, pour que je t'écrive, que je m'éprouve libre de mon temps et de mes gestes — et tout à l'heure la pression de la ville où je suis prise se fera plus épaisse, énervante, entêtante, glu... Il est temps oui que je t'écrive. Il n'est pas six heures, mon amour. J'ai dormi longtemps, longtemps me semble-t-il, d'un sommeil noir comme un soleil, dérivant au large du paysage familier, charrié par des milliers d'étoiles en poussière au travers des herbes hautes et souples, sommeil côtoyé de cris d'oiseaux et des longues glissades du vent depuis la cime de grands arbres. J'ai dormi longtemps au creux de Toi, Dieu que j'étais bien ! Et je voudrais que tu aies reposé ainsi, que tu sois reposé ainsi, et dispos ce matin, gourmand, et riant en toi-même, n'en finissant pas de rire de bonheur au fond — tant, qu'il demeure en toi, tout ce jour une douce déchirure étonnée, le goût de vivre —, faim, et miel. Et cependant, faisons front gravement...

Il est temps oui, que je t'écrive, mais le puis-je quand ton visage, ton sourire m'offusquent? Le puis-je quand ces lèvres... ô, ces lèvres! Je suis devant toi interdite, comme au seuil même du matin, comme en lisière de la mer, comme au souvenir de l'enfance. Je t'appréhende, je te saisis, je te rassemble... Et je sens bien que ces gestes de possession ne me rassasient pas, ne me comblent pas, et que tu es au-delà, encore. Alors je me tais, et tu entends mieux mon désir, cette faim que j'ai de Toi, charnelle et bien plus, universelle. Je me tais et j'écoute la croissance du jour et du vent, la réponse du sang; je t'écoute, tu parles bien mieux que moi, tu parles pour nous deux ensemble, et pour le monde aussi — tu parles comme tu caresses si doucement, si obstinément, si persuasivement — qu'à la fin je m'endors au long de Toi, le visage caché dans ton aisselle, te respirant...

Tout à l'heure, tout à l'heure, il y aura ta lettre.

Mon trésor! Comme j'aime vivre, comme j'aime t'aimer! Je me savais en vacances, depuis quelques jours, mais sans doute fallait-il que tu m'y introduises, sans doute fallait-il que tu inaugures la fête avec moi, pour que je retrouve la saveur ancienne de ces premiers jours d'été — Qui es-tu donc pour détenir ce pouvoir de rendre neuf et savoureux le monde familier, usé, ressassé, décoloré, par l'habitude? Qui es-tu donc, mon amour, qui me donnes à voir, à goûter, à prendre?... Je suis devant ce jour comme à Paris devant les merveilles désignées, n'y voyant que parce que ton regard double le mien, le dirige, l'avertit...

Je me rendis à pied à l'École ce matin, à l'heure où tu faisais route vers P. — Tilleuls des avenues... Et l'odeur du pain frais devant les portes ouvertes des boulangeries. Saveurs distinctes, massives encore, qui ne se sont point mêlées. Abricots ! A l'école, point de professeur ni d'élèves... Je n'en pleurai pas et revins chez moi juste pour recevoir, des mains du facteur même (la concierge est partie) ta lettre attendue... Ah cette hâte à l'ouvrir — depuis toujours cette faim soudain levée devant l'enveloppe reconnue ! Doigts prestes, fébriles, décortiquant, déshabillant — puis, à longues gorgées je m'abreuve... Quand je ne croyais être que ton amie, déjà — sans que j'y prenne garde ! — le désir alors m'effleurait, me faisant tressaillir. Je ne m'en avisai que plus tard... Tu vois, mon corps savait, avant même que j'aie pris conscience,... avant même que je t'aie vu !...

Je sortis à nouveau. Dix heures, asphalte déjà mou au soleil. Marché aux fleurs de la place Esquirol. Un parfum soudain me trouble, je cherche quel ce peut être : lys en bottes, lys, et je me souviens de ceux, aussi hauts que moi, où je me barbouillais le nez de pollen à plaisir. Peut-être sont-ils fleuris déjà dans la plate-bande — tentation des petites filles d'écraser une étamine entre deux doigts, pour s'émerveiller de la poussière d'or...

Achats : crème à l'hamamélis ; espadrilles (que je chausserai tôt demain...) — Coiffeur. Parfaitement ! J'y serais allée mardi si je n'avais été aussi lasse... Mais je sais que même si tu n'en peux juger, il te plaira de me savoir bien — ou mieux — coiffée. Je m'applique, tu sais, je m'appliquerai...

Lorsque j'étais petite, j'avais pour règle d'or de ne jamais faire, même à distance, ce qu'auraient pu réprouver mes parents. Et c'est tout à fait analogue à ce désir de ne rien faire que je ne puisse t'avouer (mais au vrai je peux tout te dire), d'être toujours — et tout entière « à jour », comme si j'allais te rencontrer... C'est bien, dis, que je sois à la fois assez petite pour être ta petite fille cajolée, sermonnée, bercée — et assez grande pour devenir ta maîtresse, et te garder et te protéger, et marcher du même pas, du même élan que Toi... C'est bien, oui.

[...]

Interrompue par des enfants qui jouent — très haut — sous ma fenêtre... C'est vrai : c'est jeudi aujourd'hui ! Jeudi... J'aurais dû m'en douter ! Tout à l'heure — à cinq heures — je prendrai le car pour L., d'où je reviendrai dimanche soir. Je t'écrirai de là-bas. (Bien sûr !) Je découvre qu'il y a quatre ans que je n'ai pas assisté à la Saint-Jean (car c'est la fête patronale...). Mais je serai plus souvent dans nos bois qu'à danser sur la place ! Non par principe, tu t'en doutes, mais par goût...

[...]

Je suis sûre que mes parents qui, il y a deux ou trois ans, auraient refusé net toute permission d'aller au bal, seraient heureux à présent que je la sollicite, soulagés de me voir enfin « faire comme les autres ». Tant pis. Je déteste m'exhiber, et je crois bien que toi-même, tu ne parviendrais pas à me décider ! Ne pleure pas, nous irons cueillir des fraises des bois...

Je bavarde, je babille, pie jacasse, de tout et de rien. Mais sur l'essentiel je me tais...

... De ce beau silence habité d'ailes et de branches, sur notre seule bouche, de ce silence qui s'établit au-dessus de nous, au-dessous du vent. Nous sommes au fond du lit du ciel, au fond du lit du temps — et nous regardons le monde à l'envers pour revenir aux sources perdues.

Tu n'as pas le temps de m'écrire. Je le sais. Je ne veux pas que tu en aies la moindre peine, je ne le veux pas. Je peux bien écrire pour deux, va.

Vendredi
[21 juin 1963]

Bonjour mon cœur, bonjour le jour, bonjour le monde ! Les petites filles sont rentrées en classe, mais toutes fenêtres sont ouvertes et j'entends au-dessous de moi l'école comme une ruche. Hirondelles ! Combien plus vives et stridentes qu'à Toulouse, combien plus libres, d'un vol délié très haut ! Métiers à tisser rabâcheurs — ne se taisant qu'en août à l'exception de quelques irréductibles... Lorsqu'ils cesseront de battre, ce soir, la fête commencera. La fête... Je n'y songeais plus, mais lorsque j'arrivai hier soir, la vue des rues encombrées de boutiques foraines et la rengaine des manèges firent refluer par soudaines bouffées les saveurs anciennes — poussière chaude, amandes confites... et le goût des vacances. Larmes proches, vertige, comme à chaque fois que je m'éprouve profonde à la faveur d'un signe de reconnaissance, de connivence que me font les choses. J'ai déjà tout un passé, mon amour... Je ne le sais pas toujours, mais parfois oui, il coïncide avec le présent, s'y superpose ou le sous-entend... Cela fait un monde double, feuilleté, multiple, — un écho multiplié... De mon lit, hier nuit, j'écoutais s'exercer la fanfare — et je me mis à rire silencieusement à cette pensée que depuis dix ans c'est toujours, à ma connaissance, le même air qu'elle joue, et toujours aussi mal —; que depuis dix ans j'entends, et aussi longtemps que je dormirai ici les nuits d'été j'entendrai la même trompette fausse, abominablement, naïvement fausse — et pourtant en harmonie avec ce village et les gens d'ici. Vie médiocre, douce — mais parfois cette médiocrité même, reconnue, m'est savoureuse ! Lorsque la conjoncture heureuse m'incline à l'indulgence, à la sympathie, je m'applique à vivre en accord avec ces lieux, j'y trouve de la poésie. Tendresse, tendresse, et l'on a envie de dire aux gens de ce pays : — Petits hommes, comme vous dormez bien, depuis cent ans, depuis longtemps ; comme vous vivez sérieusement, dans vos joies et vos peines sûres, prévues, uniformes ; comme vous respirez également, comme vous oubliez bien de vivre... La belle au bois courant, je ne les éveillerai pas, mon amour...

Lorsque je sortis ce matin, vers six heures, pas un chat sauf moi dans les rues. Je rencontrai cependant avant de quitter la route une femme dont le visage m'est familier mais dont je ne sais pas le nom (comme il en est de la plupart des gens d'ici) qui me demanda si je n'avais pas peur de m'en aller ainsi toute seule... — Peur de quoi ? de qui ?... puis cette autre, que je connais mieux... Elle et son mari m'avaient offert un beau collier que j'aime beaucoup et qui plaisait à Hélène, si bien qu'un jour pour la consoler je le lui passai au cou. Depuis elle le porte... et c'est bien ainsi puisque moi je ne le mettais pas. Mais dans la châtaigneraie j'étais seule, si bien ! Je ne cueillis qu'une bolée de fraises, le fond à peine de mon panier garni de fougères. Demain je prendrai mes bottes puisqu'il faut se méfier des vipères... Dans l'herbe mouillée, je saluai tout spécialement les escargots, en souvenir de ceux que Petit Minou récoltait !

... A mon retour, mes parents étaient levés. Nous aurons du travail aujourd'hui : ce soir, c'est la fête des écoles... Les grandes filles repassent des costumes. (Mimi ferait bien d'y aller apprendre !) Ce soir Monsieur l'Inspecteur dîne à notre table : j'ai promis d'être gentille. [...] Je serai très sage, très « jeune fille de la maison ». Pour faire plaisir à mes parents. Et pour te faire honneur. [Mais c'est pour nous, pour nous seuls — comme si j'attendais mon hôte secret —, que j'aurai mis ma robe noire. C'est pour nous seuls que je serai grave parfois, silencieuse...] J'ai la charge de dresser le couvert lorsque la femme de ménage aura fait son ouvrage. Je n'aurai pas le temps de te dire aujourd'hui ce que je voulais t'écrire pour notre anniversaire ; je le ferai, longuement, demain... Oui.

Il est deux heures, je vais aller m'étendre un peu, puisque ce soir il faudra veiller. Le jour est écrasant... T'es-tu promené ou reposé ? Je voudrais qu'enfin tu te sentes mieux... Tu ne peux, à cette heure me rejoindre, alors je vais t'imaginer et fermant les yeux, croire que nous dormons ensemble...

Samedi
[22 juin 1963]

L'orage latent depuis ce matin se précise. Des oiseaux s'effarouchent dans un noisetier proche. Stupeur des choses, morne soir trouble ; dehors les manèges tournent. Un vent moite qui porte une rengaine confuse agite le rideau... Ah, l'orage ! Qu'il crève cette hébétude du ciel ! Une hirondelle surexcitée l'annonce. Désir de la pluie sur mes lèvres...

Nous n'aurons rien fait de ce jour commencé trop tard. A deux heures cette nuit, lorsque j'eus aidé ma mère à ranger après la fête la salle à manger, abandonnée sitôt le café pris, je n'avais pas sommeil encore. Mais à huit heures, je m'éveillai oppressée par la chaleur déjà considérable, avec ce remords d'avoir laissé passer l'heure d'un rendez-vous. Une chance de vie perdue. J'étais en retard.

Somnolence. Pieds nus et demi-nue.

Françoise et Simone vont au bal, et comme je ne les suis pas, ma grand-mère me reproche de ne pas savoir m'amuser — de ne l'avoir jamais su...

[...]

Pluie. Bel orage. Bel orage de fête pour nous !

Mon amour. Mon orage,
c'est donc aujourd'hui notre anniversaire. (Mais tout juin même en est un!...) Si nous étions ensemble à cette heure, je me tairais, les bras autour de ton cou, mais puisque la proximité de ton visage ne me suffoque pas, laisse-moi te dire...

Tu t'étonnes de ma démesure, tu t'étonnes de mon amour?

Et moi souvent je me demande comment il se peut que tu m'aimes, moi si petite, qui ne suis rien, qui ne sais rien, qui n'ai rien, à moins que ce ne soit à cause de ce dépouillement même qui laisse mieux percevoir l'écoulement de la vie. Puissions-nous toujours être ainsi émerveillés, à peine incrédules, tremblants l'un devant l'autre, puissions-nous croire toujours notre bonheur immérité, quasi surnaturel, et comme tel fragile...

Tu as bien fait de venir, tu sais... Je ne t'ai pas reconnu tout de suite, c'est vrai. C'est que je ne t'attendais pas encore, je n'attendais personne, je n'avais besoin de personne pour justifier le monde, lorsque tu m'as écrit pour la première fois. J'étais comblée, j'étais heureuse comme une petite fille peut l'être, j'étais à mon aise et j'avais du plaisir à te le dire, j'étais très forte, très sûre de tout, de tous et de moi-même, je riais tout le temps, et je désespérais mon professeur de philosophie parce que je ne trouvais pas la vie absurde et ni la mort; la mort : je ne comprenais pas... Je ne pouvais pas savoir que j'étais au bout de ma volée et que le souffle allait me manquer; je ne pouvais pas savoir que le monde ne me paraissait si beau que parce que j'allais en être exilée... Seulement de temps à autre j'avais le sentiment de me heurter à un mur invisible, de battre vainement contre une vitre, sans pouvoir émerger ailleurs, de l'autre côté, où était me semblait-il, l'air libre. Piétinement. La longe était trop courte. Obstacle, et je me dis que beaucoup ne le franchissent pas. Désir de crever cette insignifiante apparence gentille, pour que mon vrai visage respire au jour. Je ne parvenais pas à grandir.

Il y eut l'été... Et rien d'abord qui soit ressenti comme une chute, mais seulement, aux premiers jours d'août, une stupeur même pas douloureuse, une vague nausée. J'écrivis sans enthousiasme, parce que je te l'avais promis, sans parvenir à me délivrer... Mais en septembre, avec la maladie, secouée, rudoyée, je me mis à avoir mal vraiment. Tu étais là déjà, tu as toujours été là, heureusement... Après, n'est-ce pas, tout est allé très vite — ou très lentement, on ne sait pas...

J'avais deux conseillers : ma peine et Toi. A qui dois-je cette intransigeance, cette avidité, cette gravité nouvelles ? Ce désir de vivre que Maman nomme égoïsme ? Si égoïsme il y a, tu n'en es pas seul responsable. Mais la peine, à la fin, était mauvaise conseillère. Novembre. Je fuyais même Josette. Je pris la décision de mettre de l'ordre dans mes affaires. C'était la moindre des politesses... J'évitais de penser à mes parents. Mais tes lettres arrivaient, et j'y répondais. Je croyais pouvoir disposer de moi, mais déjà tu m'avais écrit : « La vie sans Mireille, le monde sans Mireille ! » — Comme si tu te doutais de quelque chose. Quand j'eus mis de l'ordre, j'eus peur, je m'enfuis chez moi. Heureusement qu'ils m'ont gardée. Heureusement que déjà tu m'aimais : quand je suis revenue à Toulouse, je n'étais pas guérie encore, mais tu me tenais si solidement la main qu'il ne pouvait plus rien m'arriver de mal.

Je pouvais vivre. Mais surtout je pouvais vivre libre. Maman, je le sais bien, me reproche d'être aussi aveuglément pareille à toi, déplore un certain mimétisme par lequel il lui semble que je tente de te ressembler, déplore que j'épouse si entièrement tes idées, tes sentiments. Elle se trompe : je ne me suis jamais sentie aussi libre — comme si tout m'était permis, comme si tout m'était promis, comme si, entre nous, n'existait aucun interdit. La longe a craqué, j'émerge au grand air; mon vrai visage, jour après jour surgit — Je sais que je peux tout faire, pourvu que ce soit de bonne foi, et que je peux tout te dire. Je sais que je peux être qui je veux pourvu qu'il n'en coûte pas à la vie, que je peux aller où je veux... Je suis libre comme le petit cheval de manège détaché par Philippe. Et c'est Toi qui as fait cela, crois-tu que c'était si facile? que n'importe quel garçon l'aurait pu?

[...]

Mardi
[25 juin 1963]

Je fus deux jours sans t'écrire — Que fis-tu? Dimanche, rien que je sache. Sauf me promener au matin dans un brouillard dense, collant insidieusement à la peau, et déjeuner de fraises tout humides cueillies sur le talus. A mon retour le marché : et bien sûr, je rapportai des petits pois trop vieux! « Tu ne le vois pas? » dit ma mère... Et comment veut-on que je sache ces choses? Je suis une fichue ménagère, et ferais une lamentable épouse. Il y a peu, on m'a prévenue : « C'est par la bonne cuisine qu'on retient son mari, il faut apprendre » — Sérieusement alarmée, je vais me mettre à l'étude. Si personne n'allait vouloir d'une telle incapable! ... Le soir je quittai la maison à six heures; la fête battait son plein, à ce que je vis alors : sur la place devant l'école, grand choix de super-attractions : Yaka, belle sans peur et sans reproche, familière des rats, un chef Maori que l'on capture à grand bruit de carabines et de cymbales, un « motocycliste infernal », tout ce que l'on fait de mieux dans le genre!

[...]

Manque de sommeil. D'autant plus sensible que le soir de la fête scolaire, un peu à cause de Monsieur l'Inspecteur, nous nous étions couchés fort tard... Cet Inspecteur, tu sais, je ne l'aime guère : hâbleur, indiscret, bruyant, incroyablement sûr de lui. Et puis je n'ai pas de goût pour les hommes à moustaches. Ayant l'ennuyeux honneur d'être placée à sa droite, je dus subir l'assaut de sa sollicitude empressée. Le pire fut lorsqu'il se mit à parler de poésie et qu'il me pria de collaborer à certaine revue de jeunes poètes. Je répondis que je n'écrivais pas, et dus user de toute ma malice pour me tirer de là par des propos de Normande. Il eût mieux fait, je te l'assure, de savourer en silence les cèpes du pays qu'on lui servait... ou le gâteau glacé du dessert. Dans la soirée, je fis alliance avec son petit garçon — six ans — joli à croquer. Bref, je fus, au dire de mon père, d'excellente grâce. Je faillis seulement rire lorsque mon mariage fut évoqué : « Vous n'oublierez pas de me prévenir, m'a recommandé Monsieur l'Inspecteur, pour que je puisse vous envoyer mon cadeau » * !

Manque de sommeil, te disais-je, partant pas d'enthousiasme ni de verve, en dépit du plaisir que m'ont donné ta lettre et la collection de *Galerie des Arts,* en dépit de la gratitude, en dépit de l'amour même.

Aussi hier soir, lorsque Josette venue me voir m'eût quittée, emportant précieusement l'exemplaire que tu lui avais réservé et qu'elle reçut avec une joie évidente, je me couchai. [...] Ce soir je vais bien, je t'écris.

Je t'écris, mais je sais, quoi que tu en puisses dire, que je t'écris mal. Il me suffit pour en prendre conscience de relire, une fois encore « Fastes »... — moi, je n'aurais pas su. Tes mots

* En marge : La fête, oui, fut très réussie. Belle nuit bleue sous les platanes.

me délivrent de ce poème informulé, caillot de soleil dans ma gorge, — comment pourrais-je dire autre chose ? Pourtant j'essaierai, cet été, ou bien demain, dès que le désir d'expression se fera assez impérieux. Je crois que je vais commencer à parler de Toi. Je peux parler de Toi. Pourvu que l'on me laisse seule et que je demeure recluse, sans cure du temps qui passe, terriblement attentive, embusquée... Alors je t'aimerai mieux encore, et je te posséderai en te nommant.

Je pensai d'abord que je ne saurais pas écrire après toi, que je ne saurais pas nommer les choses autrement que par les noms que tu leur donnes. Comment parler du plaisir et de la peine d'amour après avoir écouté Isabelle ?... Mais je n'ai plus cette crainte. Tes mots éveilleront les miens qui leur serviront d'assise, ou de bague, ou d'obstacle, ou de bogue ou d'amande. Nous nous répondrons, en poésie aussi. Peut-être, nous nous érigerons. Seulement je ne serai pas de la même force que Toi, étant novice, mais cela ne fait rien, tu m'apprendras. Oh, tu m'apprendras tout, petit à petit — A voir, à entendre, à goûter, à dire — à aimer. Je sais que je ne peux avoir de meilleur maître — (Et c'est pourquoi, ma mère, je me fais si docile.)

[...]

Matin. Bleu. Huit heures [Mercredi]

— *Galerie des Arts.*

Je savais bien que tu ne pouvais me donner que de belles et bonnes choses. Savoureuse, oh combien cette revue ! Les pages de couverture déjà font tout un programme. J'aime à y retrouver en maints endroits ce que je vis à Paris avec toi, trop brièvement, et que je voudrais revoir ! J'ai lu jusqu'ici peu de choses — « Bissière, une vie recluse en peinture[1] » — « L'art naïf retrouve le cœur de l'homme » —, mais c'est assez pour qu'il me semble que ces articles sont excellents. Délectation promise ! Certes, j'eus dans les années précédentes de solides affections artistiques, mais comme ce fut pour toi durant l'année de philosophie, c'est cette année et par ton entremise que le monde s'ouvre vraiment, craque, somptueux et lourd, splendide... Avant ? Il y eut — depuis toujours me semble-t-il, mais sans doute est-ce depuis la 6e — Colette, Bach, Vinci. En 5e, je crois, *Tristan et Yseult*... En 4e (ou 3e) *Phèdre, Le Misanthrope*. Puis en seconde je découvre Giraudoux, Anouilh, Mozart... Bien d'autres sans doute. Toulouse-Lautrec, Goya. Grandes joies aux soirées des J.M.F.[2] puis aux concerts dirigés par Louis Auriacombe. *Hiroshima, mon amour*. L'an passé, Aragon, Eluard, Ramuz, Saint-John Perse, Lorca, Proust... Et puis tu m'as prise en main, et le monde perpétuellement se découvre et m'accueille... Nous n'en aurons jamais fini, jamais, quel bonheur ! et quelle fièvre... La tête me tourne parfois !

[...]

Jeudi neuf heures
[27 juin 1963]

Jour fiévreux, trop bleu d'abord, noir à six heures où l'orage soudain me surprit dans la rue. Il ne pleut plus, mais un froid liquide s'étale : cette nuit, je me serrerai bien fort contre toi, pour que tu me réchauffes ; cette nuit je chercherai pour ma bouche un creux d'herbe sèche et brune, pour ma taille les bras les plus vastes, et je m'endormirai très sage au soleil de tes mains... Je m'endormirai sûrement très vite, oui, car j'ai couru tout le jour, assise à peine à l'heure du repas, et la fatigue doucement m'ensommeille. Tôt ce matin, je finis de ranger mes affaires, de préparer mes bagages. Il ne reste plus, sur la cheminée, que l'étoile que je ne confierai à personne. J'ai pieusement enfermé mes multiples richesses, les protégeant avec force papier et carton. Puis je me mis en quête des disques que tu désirais. [...]

A présent je suis seule, seule à seul, avec Toi.

Mon trésor.

Car tu es mon trésor fabuleux, secret, mes lèvres seules savent le sésame qui t'ouvre — et je me dis souvent ces mots très bas, comme un enfant furtivement regarde la bille ou la pièce neuve cachée dans sa main... Mon trésor, tu m'enchantes, tu me chantes, tu me plais, si tu savais comme tu me plais !

Vendredi

J'aurais voulu t'écrire longuement ce matin, mais il y eut les derniers préparatifs du départ, des achats... et ce jour déjà est à demi passé.

1 h 30. Tout à l'heure Josette et Mout viendront me dire au revoir. Je les recevrai dans cette chambre aux murs nus — anonymes — où rien désormais ne me retient plus. Reverrai-je jamais Mout ? si Josette veut... Sinon, je ne me fais pas d'illusions sur ce point. Il est aisé de dire que l'on se rendra visite... Mais je sais maintenant que la plupart des camarades que je quitte sont perdus, que la plupart des rêves que je fis sont condamnés. Je parle prudemment de l'avenir qui n'est pas si long... Mes camarades se sont dispersés, jour après jour, sans que je puisse leur dire au revoir. Jusqu'à ma petite coureuse, Hélène, qui depuis deux jours n'a pas reparu. Peut-être la verrai-je venir ce soir ou demain, à l'heure des résultats. Peut-être a-t-elle déjà quitté Toulouse et m'enverra-t-elle un signe d'amitié ces jours prochains... Rien, non rien ne me retient ici, où je ne reste ce soir que parce que j'ai promis à Maman d'aller chez le médecin avant de partir. Ceci fait, je dirai sans émotion au revoir à Madame B., au « brave » cousin Guy et je m'en irai sans une ombre de regret.

Quelle morne lettre je te fais là... C'est que je ne suis pas très à mon aise dans ce climat d'incertitude, de provisoire. Curieuse impression d'insécurité. Ah, je voudrais être chez nous, chez nous c'est-à-dire ailleurs, au soleil, ailleurs dans l'herbe ou sur le sable, ailleurs, avec Toi. Sotte que je suis... J'habite perpétuellement ailleurs, j'habite perpétuellement chez nous ! Il suffit de fermer les yeux, ou de les ouvrir plus loin que ces murs jaunes, plus loin que ce décor monotone, insignifiant... Ça y est ! Je suis chez nous, je suis avec Toi... Ce vide autour n'était que pour que tu viennes, pour que je t'entende mieux, pour que tu m'enveloppes mieux.

[...] C'est ton tour d'être le ciel — le ciel d'été qu'on ne peut pas regarder sans cligner des yeux, sans perdre la tête — le ciel qu'on respire, qu'on boit tout entier...

Samedi
[29 juin 1963]

Joli jour sereinement vécu depuis l'éveil très tôt. Soleil discret, tendresse diffuse. Les choses sont en ordre. Les gens bénins. Sourire ambiant, allégresse contenue, gestes pleins et bien posés. Je suis bien, je suis en bonne santé...

Et ce n'est pas de me savoir reçue ainsi qu'Hélène, qui me donne ce contentement, ce n'est pas cela puisqu'une mention A.B. ne peut que te décevoir...

Mais plutôt la longue nuit calme, sage, le matin bleu, ta lettre... Le maçon qui s'occupe de la réfection de la loge de la concierge — un jeune et beau garçon, ma foi, me taquinait parce que je guettais le passage du facteur sous le porche... « Le fiancé n'aura pas écrit ! » Moi, tenant ta lettre, je ris à pleine gorge...

Je passai la matinée à faire reluire les meubles de ma chambre... Hélène qui n'osait aller seule s'enquérir des résultats, vint me chercher, et j'eus fort à faire pour la calmer...

Puis je l'aidai à transporter ses bagages, et l'embrassai bien fort, bien fort, la sermonnant un brin, avant de la laisser aller. Je déjeunai avec Josette et Mout ; puis je dus les quitter, avec un peu de peine. Ces deux, que vont-ils devenir ?...

Dans deux heures, j'aurai quitté Toulouse. Dans deux heures nous serons tout à fait en vacances... Et je voudrais t'écrire jusqu'au moment du départ, mais on m'attend pour goûter chez mon cousin. Puis il faudra parler encore un petit moment avec Madame B.

Les gens m'empêcheraient bien, à la fin, de te parler ! Je le ferai tout à loisir demain matin, chez nous ; je t'aimerai alors tout à loisir, pourvu que tu veuilles m'attendre, — et j'en dirai, et j'en dirai !...

Si bien que tu me feras taire, que tu m'enfermeras, toute folle, tout heureuse, tout exultante,

et puis soudain grave et sage, pesant ma chance, la considérant en silence, une fois encore, sans souffle et sans voix,

parce que je viens de te reconnaître.

Dimanche
[30 juin 1963]

Neuf heures sonnant.

Tu t'étonnes, bien sûr, car il est tard déjà, et d'ordinaire je t'écris sitôt levée. C'est pourtant ce que je fis ce matin, dès six heures. ... Viens tout près pour que je te demande pardon. C'était une lettre presque triste, aussi l'ai-je déchirée — non que je veuille tricher mais parce que c'était trop bête... Aujourd'hui nous sommes « de communion chez les G. » — c'est-à-dire invités au repas de fête que donnent « les G. », des gens très simples et charmants, à l'occasion de la communion solennelle de leur fille. C'est tout simple, ce n'est que cela, et c'est tout le drame. Hier soir, j'eus le malheur de dire — sèchement paraît-il — que je préférerais à l'avenir être dispensée de ces agapes fort sympathiques, mais néfastes (j'en ai mal au ventre déjà !) et languissantes. (Tu sais, je pense, ce que c'est qu'un repas de fête à la campagne.) La petite sœur avait protesté la veille de la même façon. Maman se mit à pleurer : « Tu manques de générosité... »

C'est vrai, et je te l'écrivais tout à l'heure, te disant mon angoisse devant le mal que je fais, et ce vertige qui me prend parfois lorsque je vois comme je sais mal aimer, hors Toi. Cet hiver, j'ai rompu mes amarres, et ce durcissement que j'éprouve, c'est peut-être le cal de la cicatrice... Il ne faut pas que tu m'aimes telle, dépouillée, détachée de tout ce qui fut avant Toi, mais que tu exiges de moi que je sois au monde, de bonne grâce; pas seulement au monde des éléments, mais aussi au monde des personnes. Je suis devenue égoïste, c'est vrai; il ne faut pas, non, que tu m'aimes telle. Puisque tu es le garant de mon enfance, il faut m'apprendre à donner d'aussi bon cœur qu'avant. Ce serait t'aimer mal que refuser à ceux qui m'entourent leur part ancienne de confiance et de tendresse. Je ne veux pas que tu le tolères, ni que tu m'excuses; tu ne dois pas me permettre de rendre triste qui que ce soit, surtout ma mère. Tu dois me gronder. Je t'en prie, tu finirais par ne plus m'aimer, si j'étais capable de faire souffrir.

Capable de faire souffrir. Ce pouvoir que je mesure lorsque je vois pleurer Maman me déconcerte — me restituant cette angoisse de la fin des vacances de Pâques... — « Je fais du mal. Jusqu'où ferai-je du mal? Jusqu'à quand?... Je ne sais faire que du mal... »

Et c'est vrai que je dis alors à ma mère : « Si je le perds, je vous perdrai aussi. Si je dois renoncer à Lui, je renoncerai aussi à vous. » Ce qui pouvait s'énoncer inversement. Car si je commence à faire du mal à ceux qui m'aiment, où m'arrêterai-je? Désespérance. Je vis alors clairement, tu sais, comme ce serait difficile, comme il faudrait prendre garde, prendre garde à moi-même surtout, qui n'ai pas fini de grandir, de changer, de m'affirmer, de m'équilibrer, — et l'ayant vu, l'ayant accepté, ayant mesuré notre bonheur et notre peine, je me mis à t'aimer mieux, toujours.

Et chaque fois que j'ai peur de moi-même, et que je dépasse cette peur, je m'avance un peu plus en toi, je grandis un peu plus en amour. Tu pèses ma puissance de douleur et de doute ; plus la tendresse immense ; et cela fait aussi le poids de la joie. Je t'aime, tu sais... Alors, comme je change, forcément, je me méfie. Je fus le petit Prince, je ne veux jamais ressembler à la rose. Les épines communes, si elles poussent — la vanité, la jalousie, la coquetterie —, je te préviendrai à temps, pour que nous les tranchions net. Sois sévère, puisque c'est toi maintenant qui m'élèves. J'aimerai que tu le sois. J'ai besoin que tu le sois. Parce que, je viens de te le dire, je change. Forcément, puisqu'avant j'aimais mal, puisqu'avant on ne m'aimait pas...   Quelle femme vais-je être ? Cela me tourmente. Je voudrais qu'Yphi demeure ; au fond ou à fleur d'elle selon les moments, ton petit Bonhomme — ton petit copain.

— Tu changes, petit Bonhomme ? — Je change... Autrefois je ne regardais jamais les lèvres ni les mains des garçons, ou plutôt je ne les regardais pas comme à présent. Autrefois j'étais gentille, obéissante, scrupuleuse, serviable, au service et à la merci de tous, prodigue. Autrefois je pensais aux autres, jamais à moi. Autrefois les amis de mes parents étaient mes amis. Autrefois je n'existais pas tellement, et les gens m'aimaient bien pour ça. Je change et je ne sais pas qui je deviens, sinon qu'il faut que tu puisses m'aimer demain. Tu m'aideras, dis, tu me garderas ?...

Bien sûr... J'ai confiance. Je crois au bonheur que je te donnerai. Tu sauras bien m'apprendre à vivre. Ce sera moins difficile, près de Toi, d'être une femme. Ç'aurait pu sans Toi (— avec qui ? —) être très difficile, très...

Dimanche, 8 heures du soir. Trêve avant le dîner qui n'est prévu que vers 9 heures.

Le temps d'aller tout à l'heure courir dans la bruyère mouillée (Il a plu ce matin) tout nouvellement fleurie, de picorer de rares fraises toutes fraîches et gonflées — le temps de t'écrire un mot, puisque ce soir nous rentrerons très tard sans doute. Le temps de te dire que j'irai au camp à partir du 15 juillet, et que j'y resterai au moins quinze jours. Je reçus hier d'Agde une lettre très aimable : « Vous pouvez venir camper chez nous à telle époque qui vous convient le mieux. Dans ce cas vous devez apporter votre matériel de camping car nous n'en fournissons pas... Si vous venez chez nous, il nous sera agréable que vous ayez l'autorisation écrite de vos parents. » — Je vais louer une petite tente. [...] Des bungalows sont libres en septembre. Si je le peux, je retournerai au camp en septembre ou au début d'octobre, quand ce ne serait que pour une semaine... Ce sera une efficace préparation de la rentrée scolaire.

A demain, à tantôt, à tout de suite, mon amour. Je laisse mes parents partir en voiture, et je retourne à pied à C. Il fait presque nuit, mais je n'ai pas peur du loup ! Nous dînerons dans le fenil où la table est dressée, et que l'on a tendu de draps piqués de fougères et de roses. S'il avait fait chaud, ç'eût été sous les châtaigniers, près du ruisseau. Au déjeuner, entre maintes savoureuses choses, il y eut des cassolettes de foie de volaille, et des cèpes... comme tu les aimes. On apporta au dessert la traditionnelle pièce montée. (Je me souvins de noces anciennes où nous avions été conviés, il y a longtemps ; j'étais déjà gourmande, gourmande de la crème et du caramel...) Marie-France, qui ne déteste pas boire, goûta, compara, apprécia fort les vins venus du « pays bas » où de petits propriétaires ont le secret de cuvées sans pareilles, réservées aux amis qui vont en chercher en fraude quelques bouteilles. Moi, très sage, je n'en bus goutte, et bien m'en prit. Je n'abuserai que des fraises promises...

Lundi

Je saluai tout particulièrement ce matin les châtaigniers, puisque leur feuillage te plaît... La pluie d'hier avait emperlé les herbes que le soleil nouveau levé n'avait eu le temps de sécher. Les sentiers — où nous allions nous promener le soir, l'an passé — sont à peine visibles ; l'herbe (tu sais, l'herbe tremblante[1] ?) me vient aux genoux ; les fougères sont plus hautes que moi. Aussi me suis-je trempée ! M'étant coupé une baguette, je soulevai les herbes alourdies pour faire voler au soleil la rosée. Pas de mâles bêtes. Je dérangeai seulement sans l'avoir voulu maintes toiles d'araignées tendues à la hauteur de mon visage, fis s'enfuir quelques lézards dans les ronces, cueillis les fraises oubliées par les chercheurs de l'aube, et je revins à l'heure où s'éveillait la petite sœur, geignant les poings sur les yeux : « Quelle heure est-il ? » Il était neuf heures.

Il est onze heures, et j'ai lu ta lettre... Tu as l'air d'un petit garçon heureux, tu as l'air presque en vacances !... J'aime que bientôt tu le sois, j'aime ta joie, ton rire, j'embrasse ton rire, ma belle eau fugitive, ma belle eau captée ! Brisées les dernières entraves, tu retrouveras Gordes, le petit duc, le Luberon — le thym, la lavande, et tu découvriras encore... Tu retrouveras la mer, ta maîtresse : « Je fus au rendez-vous que ma maîtresse m'avait fixé », m'écrivais-tu en septembre dernier — et je n'en suis pas jalouse, oh, mais pas du tout, puisque je t'aime...

Moi, oui, je vivrai des vacances de petite fille, les dernières peut-être, et les plus savoureuses ; je vivrai comme un animal heureux à la belle saison. Pour une fois, sans le souci constant d'un travail prévu, sans devoirs de vacances. Il est bon que « l'exigence créatrice » ne me tourmente pas trop fort encore, et me laisse ce répit, ce présent ouvert, indéfini, pour refaire mes forces. Je vivrai pour toi, oui, pour ta « mélancolique joie »... Pourquoi le souffle me manque-t-il à ces deux mots tout embués et graves ?... Tu parles de « revivre » tes vacances anciennes... Y a-t-il si longtemps de cela ? Je veux dire : Te semble-t-il qu'il y ait si longtemps ? Est-ce si difficile d'avoir ton âge ? Il faut me dire... La vérité, c'est que vous n'êtes qu'un petit enfant, une âme toute claire, toujours, chaque jour neuve, un rire spontané, des larmes vraies — Et la vérité dans ta bouche... « Tu sais, nous ne serons jamais vieux...
— Bien sûr... »

Bien sûr.

Pourquoi parles-tu souvent des garçons de mon âge ? Pourquoi, lorsque je les évoque, as-tu la pensée — tout abstraite, j'espère ! — que je pourrais « un jour ne plus t'aimer » ? Aucun lien logique entre les deux propositions, Monsieur. Les garçons que je connais sont bien gentils, sans plus. Certains ont des qualités. Ils sont émouvants parfois de bonne volonté, le plus souvent irritants par leurs certitudes, leurs préjugés, leurs affirmations sans ambages. Certains sont beaux, chacun à sa façon. Je regarde leurs lèvres, leurs mains, mais je ne voudrais pas qu'ils m'embrassent ou me caressent, non, je ne voudrais pas qu'ils m'approchent. Je ne les déteste pas. Je ne les aime pas. Je ne me soucie guère d'eux. Et il n'y a, il me semble, aucune raison pour que cela change... Veux-tu que je te dise? Ils sont tellement plus jeunes que moi que je ne peux me faire comprendre d'eux. Tandis que Toi, tu comprends tout, même sans qu'on te dise rien, tu devines tout; Toi tu me connais, tu m'habites, tu m'entends... Nous sommes ensemble, nous nous comprenons, nous nous devinons, nous nous connaissons...

Et je suis bien sûre que je ne puis cesser de m'en émerveiller — et je connais le prix de la grâce, le prix de la vie, le prix de la mort. La mort assure notre joie. La conscience de la mort est inséparable de celle de notre grâce... « Je ne me fais sûrement pas bien comprendre »,... mais « nous nous comprenons »!

Mon trésor, j'aime ta joie. Qu'il s'agisse de disques trouvés (Non, je n'étais pas fatiguée!) ou de vacances proches...

Mon trésor. Tu es mon trésor. Tu es tout ensemble — et tellement lourd, et tellement long, et tellement profond! Donne, donne ta bouche que je l'ouvre, que j'y entre, ouvre, entre, reste, je t'en prie, reste — Couvre-moi toute, emporte-moi toute, ailleurs, au fond (sans fond).

Mercredi
[3 juillet 1963]

[...]

Dans ta lettre reçue tout à l'heure, cette petite phrase qui me fait tressaillir :

« Je pensais que c'est ce mois-ci que selon toute vraisemblance je te rejoins. »

Et moi je réponds humblement, imperceptiblement car la voix me manque, avec à distance un regard de bon chien gourmand, suppliant : — S'il te plaît...

Sans nouvelles de moi ? C'est vrai que je ne dis pas tout... et je rage d'avoir si peu le temps de te parler ces jours-ci [...] Raconte, raconte, me dis-tu.

Mais non, pas maintenant, ce serait trop mal et trop vite. Demain à l'aube, je commencerai, et demain soir continuerai, et le lendemain encore. Aujourd'hui, ce n'est qu'une lettre de peu, une lettre de rien du tout, comme je ne devrais pas me permettre d'en écrire, une lettre du milieu du jour aux paroles mal venues à cause de l'isolement précaire, du silence tout relatif, du temps compté, d'un cerne de rumeurs et de présences, de la proximité de midi — ma grand-mère, mon père, Claude le moniteur qui vont rentrer...

A cette heure je ne désire que t'embrasser — me taire, m'écraser, me dissoudre sous ton visage... Ma bouche ainsi parfois bouge, exaspérée, fébrile, tressaille d'une vie propre, — la langue tapie s'énerve. Je ne sais plus rien dire et pousse un si profond soupir que Maman, de la cuisine où elle s'affaire à l'évier, interroge : « Ça ne va pas, Minou ? » (C'est moi, c'est toi !)

Oh, si !

Ce n'était qu'un soupir de décontraction, n'est-ce pas ? Pour dénouer la gorge, pour ouvrir les lèvres, pour fraîchir les lèvres, pour exhaler un désir secret qui palpite, pour dire toujours les mêmes mots dont chaque fois je m'étonne et que je formule lentement, avec application, comme pour mieux connaître au passage leur saveur, leur forme, leur sens... Mais on n'y comprend rien jamais, tant et si bien qu'on les dise !

Jeudi
[4 juillet 1963]

Ne t'étonne pas. Non, tu ne m'as ordonné aucun devoir de vacances ni pensum en expiation de ma perpétuelle irrévérence...

Ce n'est que ton petit Bonhomme qu'épouvante la trop belle feuille blanche et qui, d'instinct, pour se préserver du vertige où l'attire cette sollicitation au poème, retourne à ses cahiers d'écolière. Ici je rejoins le souvenir du travail paisiblement accompli. Ici je penche un peu la tête — et peut-être tout à l'heure vais-je tirer la langue — et cela va mieux, cela va tout seul. Ici il n'est besoin que de bonne volonté, d'application, de tendresse — et les mots, arrimés, assurés, ne me font plus tourner la tête. Je t'écris avec garde-fou. C'est qu'aujourd'hui, Bonhomme a besoin de prendre appui solidement à chaque pas. Bonhomme chancelle dans un monde cotonneux bourdonnant de larmes imminentes, s'exaspérant de l'opacité des choses et des gens, des cloisons rencontrées, éprouvées, des paroles avortées, inachevées, inefficaces. Pauvre Bonhomme, il faut du génie pour vivre, et tu n'en as que par intermittence.

Durant les pauses, n'est-ce pas qu'on se sent bref et dérisoire ? tellement éphémère, tellement rien du tout ? — et cependant de trop, superflu et défectueux...

Mon amour, cela ne t'a pas trop gêné tout ce matin, ma tête sur ton épaule ? ma tête si lourde d'un bric-à-brac ancien qui m'encombre, comment veux-tu que les mots y circulent ? Une vraie bille en bois ! Une tirelire bourrée de pièces qui n'ont plus cours, toute une ferraille inutile !

Oui, je divague, je blasphème. Je suis riche des valeurs sûres que tu m'as données. Mais je t'offre, moi, si peu, que l'orgueil en souffre. Au fond je manque d'humilité. Le nez au mur, jeune personne, pour la pénitence, la réflexion bénéfique. Assez d'enfantillages, demoiselle !

Et puis cette tristesse d'aujourd'hui, ce n'est sans doute qu'une vieille fatigue qui a la vie dure, le rhume qui me rend plus vulnérable — ou bien une mauvaise digestion : ces fruits glacés hier au soir. J'ai dû renoncer ce matin à l'escapade quotidienne et, toute moite, rebrousser chemin au premier carrefour.

Demain, c'est sûr, j'irai bien. Je vais bien déjà, puisque je me défends, puisque je proteste, puisque je t'appelle au secours, selon le pacte convenu. Tu me fais du bien... Il n'y a pas dix minutes que je réclame tes caresses et déjà je ronronne d'aise. Ton Bonhomme, qui décidément n'a pas plus de suite dans ses états que dans ses idées, rit doucement contre ta joue.

Mon ami, mon amour pour pleurer, pour rire, pour vivre — je suis plus versatile que ciel de mars... Quand serai-je l'eau tranquille, l'assise stable, l'arbre fort auxquels tu puisses te fier ? Mais peut-être me reconnais-tu et m'aimes-tu semblable à moi-même quand je ris ou je pleure — printemps perpétuel en dépit des giboulées ?

Et « l'été vient ». C'est sûr. Tu en es sûr, dis ?

Tu te souviens, comme une fois, dans notre

allée, j'ai dit très fort : Je t'aime... Ce n'était pas pour t'en persuader, mais parce que je ne pouvais plus contenir ce cri. C'est tout pareil, à cet instant, tu entends ? Tu entends ! Comme un vent fou, d'un seul rapt troussant et faisant chanter tous les arbres autour...

Maman en entrant dit : « Claude danse, en bas... » Claude danse. Claude, le moniteur, chantait hier soir dans sa chambre avant de s'endormir. Je l'entendais de mon lit par la fenêtre ouverte — m'étant couchée fort tôt, dès neuf heures... Et je pensais : Il a juste mon âge. Comme il est loin ! Charmant, et je ne pourrais pas en faire mon ami... Lors même que je me réfugie près de Toi, et que je chante, me faisant toute petite, je me reconnais plus vieille que lui. Ou plus exactement à distance, une distance irréductible, celle même qui nous sépare de l'enfance, qui me sépare de juin dernier.

« Vous saurez un jour, m'as-tu écrit, ce que c'est que les paradis perdus... »

J'aime bien avoir été chassée du paradis où tu n'étais plus. J'aime mieux le paradis que j'ai trouvé, tu sais. Tu as bien vu que je n'ai pu t'aimer qu'après t'avoir rejoint, que je n'ai pu te rejoindre qu'après avoir passé les portes. Oui, Claude est loin — mes camarades sont loin. Mais je n'en ai pas de peine. Je suis avec Toi et veux-tu que je te dise — oui, je préfère l'envers du paradis ; si tu es le ciel, je préfère l'envers de la terre, et si tu es la terre, je préfère l'envers du ciel.

• Vendredi

Cela va bien, tu sais... Tous les soleils du monde vont bien. Je me suis levée tôt pour allumer celui du ciel que le brouillard étouffait comme cendre.

Brumes échevelées, effilochées, accrochées aux bois, comme foin que les branches prennent aux charrettes. Le vent batifolait dans ma jupe comme un chien fou de joie. Je pris pour rejoindre mes domaines un sentier défendu de ronces et d'orties, si étroit que nous n'y pourrions marcher de front, montant dru entre fougères et bruyères, sous les châtaigniers. Je ne soufflai qu'arrivée sur le plateau, à la naissance de la gorge masquée par la futaie, dont les bords se dérobent presque verticalement le long du chemin. Fonds cachés de feuillages. Au retour, je déboulai le long de la pente — avec de brusques arrêts pour jauger le ravin à ma droite, et m'arrêtai en vue du village, cent mètres au-dessous...

Il était huit heures. Entrant chez nous, je t'éveillai... « Tu mettras de l'ordre, s'il te plaît », a dit Maman... Et comme j'étais d'humeur active, j'en fis plus qu'on ne demandait. Les lits — tous sauf celui de Manou irréprochablement ordonné depuis l'aube —, la vaisselle du déjeuner... Je rangeai, frottai, balayai, préparai pour le dîner la salade niçoise et la crème au chocolat à laquelle, foi d'Yphi future, je ne goûterai pas... (Promesse tenue.)

Tu vins me surprendre, m'embrasser. Bonjour Toi que j'aime. Bonjour le soleil qui s'allume. Bonjour le soleil dans ma tête. Tu es très beau tu sais, très beau... Je voudrais rester avec Toi, mais le ménage n'est pas terminé, le marché pas fait... Accompagne-moi, c'est cela...

Deux heures. Je viens de clore l'enveloppe à l'adresse du docteur T. à Toulouse — auquel j'envoie le résultat de l'analyse et les radiographies reçues ce matin... S'il me rend ces clichés, je te donnerai celui pris de profil où l'on voit presque tout le crâne. C'est comme cela que je serai quand... Mais tu ne le verras pas.

Bonhomme va chausser ses sandales et prendre le chemin de Robert où Papa m'a donné pour tâche de dresser l'inventaire... Lorsque j'y arriverai, les enfants seront encore en train de faire la sieste dans l'herbe. Nous nous allongerons un peu à l'écart, veux-tu ? Et nous ferons comme eux semblant de dormir, semblant d'être sages...

Samedi
[6 juillet 1963]

Oui, oui, je sais — mes doigts sentent le persil écrasé, l'ail, l'oignon, la saucisse dépecée, la pulpe fade des tomates mûres... Dame, il faut ce qu'il faut ! Manou est gourmande de tomates farcies ; Maman, avant de partir pour Robert, vers où les enfants déjà s'acheminent, m'a laissé son panier, son tablier, des conseils précis, et le soin du déjeuner. (C'est qu'on sera bientôt en mesure de tenir un ménage, sais-tu ? C'est qu'on sera bientôt bonne à marier !) Mais si tu veux y prendre garde, je suis sûre que tu reconnaîtras, tout au fond de l'espace, la saveur que donnent à ma peau l'odeur des bruyères mouillées, le genêt âcre, la fraise écrasée, les feuilles moisies, les tubercules fleurant la réglisse, la menthe froissée.
A huit heures, les commerçants chez qui j'entrai, me dirent en guise de salut : « Hé, vous êtes bien matinale, pour un jour de vacances !... » Et bien plus encore, Madame ! Nous revenions des bois où nous nous étions glissés comme nageurs dans un air liquide agité d'algues nous battant les joues et les bras — une eau brune, respirable, où nous pouvions évoluer comme dans notre élément — la surface, très haut, toute grêlée, piquée, crevée de soleil... Nous avions couru, les mains en avant

ouvrant les fougères aussitôt refermées — et puis nous nous arrêtions, riant de sembler ainsi pris au piège lisse, vert, dense, resserré de toutes parts — piège, ou plutôt alliance. Quel oiseau eut cet avertissement bref, saccadé, comme castagnettes heurtées, ou socques de bois claquant sur le plancher ? Descente à corps lancé, d'une seule traite...

Lorsque je fus à nouveau devant l'école, sur la place où les jardiniers installaient leurs paniers, je sentis qu'il faisait chaud — et brusquement je me souvins des matins semblables de juillet dernier ; à la même heure, au retour de mes vagabondages, j'allais chercher le lait et le pain frais pour le petit déjeuner que je prenais avec Michel et Jean-Claude. Le pain frais ! As-tu remarqué comme, au matin, les odeurs dans la rue sont distinctes, ne s'étant pas encore mêlées ? J'eus envie soudain d'entrer, sans autre excuse que mon désir, dans la boulangerie...

Aujourd'hui, comme au commencement, il y eut ta lettre...

Sans cela, peut-être serais-je encore en train de jacasser, comme pie sans jugeote, glosant à tort et à travers, de tout, de rien, pour le plaisir de s'entendre ! Mais ayant lu ces deux pages au verbe haut comme feu de joie, je demeurai tout interdite, près de pleurer. Comme si je ne savais pas, comme si tu ne m'avais jamais dit, comme si j'apprenais aujourd'hui que tu m'aimes. Et comme si, l'apprenant, je n'y pouvais croire. Suffoquée, comme tenue de force face aux flammes, confrontée avec le soleil, à l'épreuve du feu. Abasourdie ainsi que le premier jour à L. lorsque très persuasivement, mais très persuasivement vraiment ! et pourtant avec autorité, tu me couchas près de toi et que je reçus ton visage en averse sur le mien. Amollie comme foin dont les sucs s'évaporent à deux heures de l'après-midi...

D'où vient que tantôt tu m'apparais comme un tout petit garçon vulnérable à protéger, à prémunir, et tantôt — comme me donnant l'assaut, pire que le vent et le soleil ensemble, tu m'enjôles, me fais perdre contenance, me renverses comme fait la vague, me submerges ? D'une douceur et d'une force singulières ! Irrésistible, avec de grands embrassements qui me déracinent... D'où vient ta diversité — ton pouvoir, dont peut-être tu n'as qu'à demi conscience ?... Car nous ne savons rien ou si peu en amour — et nous n'avons pas de méthode, ni de secret, pour nous retenir l'un l'autre...

Je pensais très peu, tout en lisant ta lettre. Seulement ceci — à voix mal assurée : Tu as l'air heureux, tu as l'air heureux, mon ami fou... Heureux comme je le suis...

Je ne peux moi non plus imaginer, rêver, les joies prochaines. Je ne le veux pas. D'y penser me fait presque mal, me déchire secrètement. — Les jours... C'est vrai, les jours... bien sûr. Je n'en veux pas non plus parler. Accueille-moi et garde-moi, silencieuse et tremblante, mi-défaite déjà, si facile à emporter, si disponible, si loisible, ouverte comme gousse mûre qui craque tout du long, comme fruit éclatant sous l'excès de pulpe et de chaleur.

S'il te plaît, aime-moi comme fait le soleil.

Mon ami, mon amour — et pour la première fois je m'avise du sens distinct de ces deux noms que jusqu'ici je te donnais spontanément, et de ce que le double appel résume. A bien y réfléchir pourtant, cela ne signifie pas autre chose que le cri de stupeur profonde, d'angoisse que j'eus cet hiver, un soir — courant vers Toi, paradoxalement, pour me préserver de Toi : Mon irrémédiable ami ! Impropriété flagrante, car ce n'était pas, ce ne pouvait être notre échange confiant qui me donnait un tel vertige, car ce n'était pas l'appel d'un ami que j'éprouvais si impérieux, car ce n'était pas mon ami cet obstacle essentiel, aussi irréductible que le soleil, auquel j'étais soudain, de force, et douloureusement confrontée, d'un heurt si rude qu'il m'arrachait presque un recul, comme un sursaut de défense, de préservation : je me découvrais prise. Non par Toi, à qui je demandais secours — mais par la vie, définitivement, prise, au-delà, par la mort. Et tout, tout jusqu'à notre fin révélée, venait d'être dit. C'est je crois le seul pressentiment que j'eus de la mort — la mort au-delà de Toi, et que tu me dérobais, comme on cache à qui l'on aime une triste nouvelle. [Je dis le seul pressentiment, car la certitude de la mort, constante, latente, n'a pas repris ce caractère de panique instinctive, depuis lors.] Pourtant je n'eus pas conscience clairement de ce qui venait de m'être dévoilé, je ne sus pas tout de suite le devenir de notre tendresse... T'y es-tu trompé? Lorsque tu m'assurais n'être pas peiné de mon cri pour y avoir reconnu un mouvement parti du cœur, avais-tu compris que je venais de nous deviner, de nous percevoir dans notre durée et nos limites, — mon « irrémédiable ami », c'est-à-dire mon amour, mon beau tourment, le ciel sans faille où je m'exaspère et me brise... Tu es mon amour... Il arrive que je t'aime durement, dents serrées, presque sans tenir compte de Toi, absolument, sans prendre garde à Toi. Durement, oui. Mais tu es aussi mon ami, et dans le même temps, je te retrouve et je te reconnais, et je sais que je ne suis pas seule. C'est à cause de cette amitié que nous ne sommes pas seuls. C'est parce que nous nous sommes d'abord apprivoisés — et je t'ai dit déjà qu'Yphi ne cesserait pas d'être ton petit bonhomme, ne voulait pas cesser de l'être. Mon ami, mon amour — mon irrémédiable amour, mon amour mortel... Je dis cela avec ferveur. Je dis cela avec joie. L'émerveillement est à la mesure de la mort, passe la mesure du désespoir, de la peur.

Mon ami, mon amour. Tu me tiens lieu de tout. Autour de moi, sans que j'y aie pris garde, le vide se fait, le silence. A chaque pas fait vers toi, il faut surmonter le vertige... J'ai cru qu'on me laisserait t'aimer tout haut, selon mon désir; mais je vois mieux chaque jour qu'on ne l'admettra pas, ou qu'on en souffrira. Ceux qui voudront rester auprès de moi, comme Maman, se blesseront, se brûleront. Les autres me laisseront. Nous ne traiterons pas, nous ne pactiserons pas. Et si j'ai mal tant pis, tant mieux, je t'en aime d'autant.

Mien, je vais dormir. Je sais bien que longtemps encore je demeurerai les yeux ouverts — songeant comme il est étrange et déroutant que je puisse seulement vivre — comment cela se fait-il ? — aimer — qu'est-ce qui m'arrive ? — faire pleurer et rire — et m'étonnant de tout, de toi plus que de tout, de nous... Si je pleure, ce ne sera que de douceur, il n'en faut pas avoir de peine, ce ne sera que de ferveur...

Lundi matin

Mais qu'avais-je hier au soir, à te tenir ces propos fiévreux ? Je ne veux pas que tu en sois effrayé. Il est vrai que je me surprends parfois à t'aimer d'une façon qui me fait presque peur — comme si je voulais te réduire à moi-même, abolir ton être distinct, t'absorber, m'anéantir en toi — comme si j'appelais encore et encore la foudre. Volonté furieuse de pulvérisation, d'éclatement du monde, désir de dépassement... Et cela fait mal. Mais tu m'es très miséricordieux, et tu m'apaises d'un sourire humainement tendre — et tu me tiens silencieusement sur ta poitrine, comme un oiseau qui aurait perdu le souffle à vouloir voler trop haut...

Bonjour mon ami, mon amour, bonjour le monde ! Grand soleil ! A sept heures déjà la chaleur était telle que les fougères exhalaient une sueur amère. Je découvris un pré s'élargissant au bout du chemin, fermé de tous côtés par les châtaigneraies, bien clos, comme un œil ovale dans une écorce, où sans la rosée, je me serais couchée... Je franchis la bordure, me trouvai dans un autre tout semblable, mais ouvrant sur les premières maisons du village. Un ruisseau, un lavoir, la rue en pente débouchant sur le boulevard, face à la place, face à l'école... Alors seulement, je m'éveillai. Bonjour, Toi !

Tu penses n'est-ce pas que je vis comme un petit animal, — qu'il est bien étrange à la fin que je ne te parle plus de livres ni de disques... Pas même, tiens, des discours reçus sitôt demandés. De celui[1] prononcé en 1959, je te dirai qu'il fit affleurer des larmes de tendresse. Si je l'avais entendu, il me semble que je t'aurais reconnu, je crois bien que je t'aurais écrit. Je crois bien que j'aurais eu envie de t'avoir pour ami. Mais que dirent les « chers jeunes gens » ? Personne, nulle grande petite fille tourmentée, ne te fit un signe de reconnaissance ? Personne ne vint te dire : « S'il te plaît, apprivoise-moi » ? Et les grandes personnes ? Et les poètes ? Car il y en avait dans l'assistance, non ? Oui, je crois que j'aurais voulu te remercier.

Je n'écoutai pas de disques ces jours-ci, à cause du désordre où sont ici les choses et les gens. Ma chambre est encombrée de colis que je ne pourrai ouvrir que lorsqu'on nous livrera le meuble destiné à recevoir mes livres. Marie-France est en permanence allongée sur son lit. Nous manquons de calme, d'isolement. Mais en août, la petite sœur sera en Grésigne, Papa à Ax, peut-être aussi Maman, Manou chez son fils... Je vivrai monacalement ! Quant aux livres, je n'eus guère jusqu'ici le temps de m'y adonner. Mais je lus *La Joie*. C'est un livre dont je ne voudrais pas parler à la légère, dont je ne voudrais pas parler mal ; de ceux qui me donnent le vertige, et j'en émerge presque affaiblie par l'excès d'attention, d'intérêt dépensé, légèrement titubante ; éprouvée. Vers les quinze ans, je lus *Le Journal d'un curé de campagne*. L'épreuve était considérable et le désarroi fut profond. De Bernanos, je ne sais rien. Que m'apprendras-tu ? — Sur ma table, à lire : *L'Amour et l'Occident* — Denis de Rougemont. Prendrai-je des livres à Agde ? Peut-être aucun. Tu t'étonnes ? Je suis — ou je devrais être capable de vivre quinze jours sans livres. De vivre comme si le temps ne comptait pas, comme si j'avais tout mon temps. Je devrais être capable de vivre comme une enfant, à chaque jour sa joie suffisant. Mais peut-être que je ne saurai pas, que je ne sais plus.

[...]

Mercredi
[10 juillet 1963]

Il faisait gris, mais il y eut tes lettres : Bonjour Monsieur le Soleil. Je me moque bien des nuages puisqu'à mots tout puissants mon ami vous suscite, puisque je vous entends bourdonner aux limites de l'audible, puisque je vous devine, montant au secret horizon. Bonjour mon ami, mon amour !

Début de l'après-midi déjà. Je t'éveillai plus tard qu'à l'ordinaire, lasse un peu, comme rouée de coups... Je renonçai à courir les bois ce marin — me sentant plus lourde et plus près de la terre que les jours communs, la tête ennuagée, et le ventre dolent. (A Toulouse, en telle occasion, à chaque pas dans la rue, il me semblait m'enraciner au sol, être chevillée, rivée...) C'est un jour à passer tout à côté au creux de Toi, la tête sur ta poitrine, un jour comme un jour de pluie, pour écouter de belles histoires. Et Dieu sait que tu en racontes, et que je demeure sage à les entendre — même et surtout lorsque ce ne sont pas des histoires pour petite fille — réclamant lorsque tu cesses — Encore... et toujours.

Ce matin je t'attendais. J'attendais que tu décides de la couleur du ciel, de la chaleur du jour, que tu ordonnes l'espace profond, que tu me disposes au bonheur... A dix heures, tu étais là, plus que jamais — (ta lettre de lundi et celle d'hier). Auparavant, la toilette, les courses, le ménage m'avaient occupée. La lecture du journal, aussi : mais c'était la seule page des résultats des examens. La petite sœur est reçue; j'allai l'éveiller pour le lui annoncer. (A présent, pour la réjouissance, elle prépare un savarin — sagace petite ménagère, bien plus apte que la sœur aînée aux tâches ménagères!) Puis je préparai ma valise pour Agde — car au retour de Carcassonne, dimanche soir, j'aurai peu de temps à passer à la maison. Voyons, qu'emporterons-nous? Pas de robe, hors celle que je porterai, pas de chaussures non plus. Pas même de jupon, ni de chemise de nuit. Pas même de maillot de bain. Pas de draps, parce que le duvet est lavable. Pas de lampe : lorsqu'il fera nuit, je dormirai. Pas de livres... Le plus strict matériel de cuisine qui soit. Des lainages pour le soir. Cahiers et crayons. Puis, précieusement, les notes que tu pris en juillet dernier et tes dernières lettres. C'est tout, et cela suffit bien, n'est-ce pas?

Minou lui aussi se dispose à partir. Je suis soulagée qu'enfin tu sois libre; je me reprochais parfois, ces derniers temps, de ne pas imaginer assez bien tes tracas quotidiens, de ne pas les vivre avec toi, et de les oublier, pour être toute, présente, vivante, devant mes arbres, mes fougères et genêts; je me reprochais tant d'insouciance dans le temps où tu étais astreint à d'ennuyeuses tâches, et de perdre les jours sans remords quand tu te désolais du temps passant perdu... J'avais mauvaise conscience, oui, de prendre si peu ma part de tes regrets, de tes soucis. [...]... Oh, je sais qu'aujourd'hui je parlerai très mal de Toi, d'Isabelle, de ceux, de ce que j'aime ; tu entends comme j'ai le souffle lent — comme si j'allais m'endormir... Alors je me fais aussi petite que possible et tu fermes des bras immenses pour bercer l'oiseau sans voix — l'oiseau tout chaud. (Et c'est vrai qu'aujourd'hui je suis comme un petit animal de plumes et de sang, somnolent dans sa tiédeur.) D'ailleurs je parle très mal de tout. Et surtout de poésie, ai-je écrit à Monsieur l'Inspecteur qui m'avait fait remettre par mon père un numéro de *L'Étrave,* « Revue de la Nouvelle Pléiade », et son recueil. Cela ne vaut guère, à mon sentiment. Il est, du reste, bénéfique de lire de médiocres poèmes.

... Je relis, par scrupule, quelques-uns de ces sonnets... Non, non et non ! Monsieur B. A. vous ne m'émeuvez pas. Enflure verbale, outrance des sentiments, broutilles et fadaises... Avec cela une trentaine de prix littéraires (de l'importance du Prix du Terroir !...) dont on se glorifie. Des théories. Fort peu d'humilité. Monsieur fait des vers, de mauvais vers.... Je fus pour répondre assez embarrassée... « Il faudra me pardonner de ne pas savoir parler de poésie : je n'aime que la goûter, l'éprouver, m'en réjouir comme un lézard fait du soleil » — ... « Je (les) ai lus, et je crois bien, en toute humilité, (les) avoir appréciés ainsi qu'il se doit. » Pour le compliment ce fut tout ! T'en serais-tu senti bien aise ? Laissons là ce vaniteux... Passons à la planète suivante.

Et devine, devine qui habite la planète suivante ? Une planète de sable et d'herbe, avec des noisetiers, des châtaigniers — et même des oliviers, des giroflées — et même des cèpes, une planète d'où l'on entend la mer, et d'où l'on voit le soleil, même la nuit. Là j'ai trouvé mon ami, là je suis restée...

[...]

Mon ami, mon amour, nous sommes entrés l'un chez l'autre, et nous nous habitons l'un l'autre. Mon ami, ma maison — J'aime ta vie.

[11 juillet 1963]

Jeudi. 8 heures. Une heure d'attente avant de prendre le car pour Carcassonne. Il pleut. Nous nous sommes réfugiées dans un café proche où nous avons déjeuné : chocolat pour la petite sœur, thé au lait pour Mimi... Après quoi la petite sœur qui d'ordinaire ne s'éveille pas si tôt et paresse dans son lit jusque vers neuf heures a fait mine de s'endormir, pelotonnée sur la banquette — non sans m'avoir avertie : « Tu ne pourras pas écrire, il te faut du silence — être seule... » C'est vrai. Mais il n'y a guère de monde ici : la serveuse qui balaie et descend les chaises, deux messieurs accoudés au comptoir, une petite fille avec son énorme poupée. Et puis je peux être seule avec toi quand je le veux, n'importe où — dans un café, dans une rue, dans le métro — à table, à la maison : « Mimi, à quoi penses-tu? — A RIEN, Maman! »

La petite sœur, visitée par une pensée impérieuse, a sorti pour la noter, son cahier « journal » — puis est retombée dans sa léthargie...

Vers dix heures, nous arriverons à C. Nous y attendent « Mademoiselle » et sa maman, dans la petite maison où, petites filles, nous venions plus souvent. Délice de piller le guinier, d'enfourcher le figuier — de déjeuner le matin dans le jardin, en chemise... Nous nous disputions la petite chambre mansardée où étaient entassées des collections de vieux journaux... Déjà Mimi suppliait qu'on la laissât se lever la première pour vagabonder autour de la cité... Nous allons retrouver cela, et j'ai quelque inquiétude sachant combien il peut être décevant de revoir les choses aimées autrefois — comme de relire certains livres...

Mais ce qui est sûr, c'est que je ne m'ennuierai pas : j'ai assez à rêver, n'est-ce pas ?

[...]

[12 juillet 1963]

Vendredi. 6 h 30. Chambre verte. La petite sœur dort profondément. Mimi Bonhomme, assise dans le lit, les genoux relevés, se hâte de t'écrire un mot avant que l'éveil ne soit donné. Ce qui ne saurait tarder, car les deux filles et Mademoiselle ont rendez-vous à huit heures chez le coiffeur...

Broutilles... Je voulais seulement te dire ce que tu sais et qu'hier je t'écrivis si mal, je voulais seulement qu'avant de partir, tu m'entendes t'aimer... Et je m'y suis prise bien tard, en sorte qu'il ne me reste que quelques minutes avant que Mademoiselle ne monte le raide petit escalier, et ne nous convie au déjeuner de pain grillé et de confitures...

J'ai dans la valise que j'emporterai à Agde un « grilloir » à pain — et j'achèterai des confitures d'abricots... Tu aimeras ?

Tu aimeras tout, bien sûr. Tu seras bien, tu verras, tu seras chez Toi, je m'y emploierai... Je ne fais que rêver et parle peu. Et tu sais quel rêve. Un rêve qui bientôt se fera chair, chaleur et voix, un rêve qui demeure lorsque je rouvre les yeux, un rêve que mes mains, avides et incrédules, retiennent, captent, remercient...

Oui, de mon corps, de mes mains, de ma bouche, je te remercie et je te salue, mon ami, mon amour que j'attends, que j'attends tellement, profondément, entièrement, secrètement...

[22 juillet 1963]

Agde

Mon amour, — un « petit mot » disais-tu...

Je ne veux rien dire encore,
rien écrire sinon que je t'aime,
et que j'attends que tu
viennes...

Vite, s'il te plaît.

Et le soleil, et la mer, et les cigales, et
les fleurs des dunes t'attendent aussi.
Et les étoiles, t'attendent,

T'ATTENDENT.

La Première Nuit [1]

Quand j'aurai dit ta gourmandise
ta faim de fruits de coquillages
ma soif précise étroite et dure
et nos bouches cérémonieuses
Quand j'aurai dit le vertige
au flanc des étages de nuit
ma précieuse et fruste manière
et l'autorité de ton sexe
Quand j'aurai dit le grésillement du sel
et le foisonnement des roses safranées
le soleil en flagrant délire
la collusion des éléments dissous
et l'unisson des couleurs au creuset
Quand j'aurai dit l'impossible transmutation
l'incandescence des larmes contenues
ma ferveur blessée au pal du soleil
Quand j'aurai ri des puissances conjurées
pleuré d'être au-delà de toi et rêvé
le temps d'un point d'orgue sur un poème inachevé
Tu effaceras mon ardoise inutile
tu feras taire ma bouche incohérente
nous casserons les mots nos fausses tirelires
et l'eau très pure du langage ne dissoudra plus les saveurs
Alors nous nous aimerons au-delà des paroles
au-delà de nos cris dans les débris éclatés de nos noms
délivrés des incantations
rejoints
cernés par nos seuls bras illimités et balancés selon l'inflexion
de ta langue.

Mon amant

Au premier matin ces mots dans sa bouche furent comme l'évidence contournée d'un noyau de fruit, trop durs, trop lisses, déconcertant toute prise avec l'irritante agilité d'une agate, glissant et rebondissant sur le sarrau uni du langage commun, intacts brillants et mobiles comme perles de pluie sur le vernis d'une feuille. D'une langue silencieusement exercée, elle les polissait comme on apprivoise longuement l'acidité d'une prunelle verte, comme la mer module sa caresse sur le galet qu'elle amenuise — en vain : décollés, lubrifiés par la redite machinale, ils tournoyaient isolés dans le verglas de l'accélération, gardant l'opacité, la densité, l'insolence et l'argument de projectile et jusqu'à l'incertitude dans la provenance d'une météorite dont la chute annihilant ses facultés compréhensives eût désassemblé le système ordinaire de références. Mots sans passé, prophétie inintelligible que le lendemain seul peut-être éclaircirait et qui ne suscitait encore qu'un sourire incrédule flottant sur un malaise diffus. Intriguée, elle en interrogeait l'éclat comme elle eût scruté la transparence augurale d'une boule de cristal mais n'y captait pas même le reflet de son regard interloqué, la buée de son souffle aminci. Alors, s'ébrouant pour dissiper la stupeur qui l'immobilisait et se ressaisissant de sa trouvaille constatée avec un surcroît d'avidité, elle l'accaparait avec la ténacité goulue, l'opiniâtre résolution, l'emphase heureuse d'un enfant qui vient d'apprendre un mot nouveau et le ressasse de crainte de l'oublier, n'ayant de cesse qu'il n'en ait témoigné devant ses aînés pour en vérifier l'efficace. Mots clefs lui imposant l'obsession d'un Sésame dont elle eût ignoré le pouvoir et qu'elle essayait à toutes les portes rencontrées, le ciel, la mer et les visages, sans qu'ils fissent jamais jouer le pêne d'aucune serrure — vibrant seulement avec plus d'intensité lorsqu'elle les jouait sur lui, comme baguette de sourcier qu'émeut le cours secret de l'eau, l'avertissant ainsi qu'elle brûlait d'une approche extrême. Elle les arborait comme naïvement impudique ou malignement provocante une fillette dressant ses jeunes seins — et reconnaissant l'exaltation trouble des émois de l'adolescence, se dénonçant son plaisir vaniteux, se prenant au flagrant délit de cette complaisance, elle se gourmandait comme d'une inconvenance. Elle se grondait : — mais seulement pour rire car le double malicieux qui l'assistait, reprenant plus haut que le blâme, l'absolvait et renchérissait en un simulacre d'ironiques révérences : Mon amant, mais voyez donc ! Et parce qu'Il était auprès d'elle son ami de cœur, son amour complice, exaltée soudain, ébauchant un brusque élan confidentiel, elle le retint, comme pour lui confier à l'écart cet assourdissant secret :

— Écoute, mais écoute donc, mon amant !

Ainsi son enthousiasme, sa malice d'enfant heureuse, sa curiosité en éveil la défendaient-ils des larmes proches, la retenaient-ils de pleurer de douceur sans y rien comprendre entre les grands genoux offerts — oh, ces genoux immérités pour y asseoir une nouvelle enfance plus gravement vécue !... Mais parfois sa respiration accentuée frôlait en elle la présence tapie comme d'une bête hivernant, irriguée et tiédie de tout son sang dont un mouvement réflexe la soulevait toute

le souvenir de la nuit qui s'achève

suffocante bouffée d'un été reclus entre de hauts murs étirant leur secret de puits vers la solennité du crépuscule charnel

parfum moite qu'exhale au visage dès le seuil la ténèbre d'une chambre close sur un bouquet vivace, qui oppresse l'heure présente d'un écho opaque, grevant d'une nostalgie bleue le scintillement du rire des neiges matinales

mais encore vertigineux étagement d'un édifice qui intrigue et angoisse le vide par le morse lancinant du clignement de milliers de fenêtres éteintes et rallumées

silence tout à la fois fraîchi de fonds invisibles d'eaux vives et froissé d'éclairs de chaleur — gouffre que survole le déchirement de velours des ailes de chauve-souris

gravitation ralentie qu'immobilise de très loin en très loin l'irréel égouttement d'un soupir de rêve crevant brièvement une durée polie

accumulation infinie d'impondérables alluvions que la pesée verticale de l'aube rétrécit lamine et clive en strates alternées d'ombre et de lumière, les métamorphosant en une trame où se profile le motif du sang

Nuit moirée   Fastueuse doublure du jour,
doublure de sa joie.

Et voilà que l'assise du matin fléchissait sous l'appesantissement d'un temps miraculeusement fixé dormant entre les bras horizontaux et ronds d'un double et même crépuscule, dans l'impossibilité de passer ou devenir; captive au cercle du sommeil des heures languides, happée par la fraîche fondrière creusée béant dans sa mémoire, elle s'enlisait au fil inconsistant de sa divagation reprise...

Mon amour auprès de moi
dans la nuit mauve plombée
comme la veine la plus fluide et vulnérable de la mer
qu'un rayon délicat révèle au travers de l'orage
irréel et tendre cerne d'arc-en-ciel
mon amour loisible me captive
et tout devient permis
possible

à hauteur d'étoile
au penchant du lit
où se noue la chair

L'aile d'un oiseau cardinal qui pourpre vif éventre l'arche d'une
forêt moisie
un doigt méridien me laboure

un oiseau qui n'aime que les capucines
un doigt qui les sème
au bout du sillon la sueur fleurit

et moi
proliférante
lourde du suc à cent carats d'une nuit noire battue de nos pieds
nus
gueule de loup violine se dévêtant de son capuce
je saillis en brusque printemps

L'heure
métisse blonde
fille de l'ombre
ressemble au jour

Ta langue est douce qui me lèche
élogieuse très assidue
incisive qui m'enlumine œuvrant une bouche seconde
gourmande seulement de sang
gourmande seulement d'amour
gourmande
de moissons de miel de chevelures de safran et de rubis pulvérisés

Ventre pivoine aux rayons tentacules
tirant mon cœur vers les récifs
je suis tendue comme une étrave

La mer drainée se recourbe et culmine
et s'ouvre en trombe
évasement pétaloïde comme une fleur massive de cristal

⋆

Éclose multiple
curieuse au double visage
j'ai des lèvres tant qu'il en faut pour formuler le vœu de toi
pour épeler un désir neuf
pour donner offrir pour prendre et polir

tant qu'il en faut pour l'invention des caresses
et ton silence est une claire invite
plage basse ton abandon
licence tes membres ouverts
instance ton immobilité

intrigue l'ombre où reculé tu m'attends tu m'attires
(comme l'enfant auquel on apprend à nager)
où tu m'incites — Sais-je à quelle audace ? —
mon amour auprès de moi
lit sous-jacent d'argile molle
tu me suggères de t'aimer
tu es de connivence avec ma faim
faim de miracle et de source amarante
faim qui te hume et que trompe une végétation bouclée
faim qui t'aspire au bout de son élan
accrue d'avoir pris à ton ventre une odeur brune de lichens
faim qui te longe
te délie comme une gerbe et te divise comme un pain
ma faim rivière d'algues têtue entre tes jambes
creusant profond la sape où te poursuit ma bouche
où te saisit ma bouche
guêpe gourmande ivre du sucre pressenti désorientée Folle
titubant sur la pulpe mise nue
qui ne se pose qu'en tremblant   Peureuse décente ingénue
mais bouche qui ose
et faite velours nouveau-né retrouve une habitude ancienne
Bouche qui te découvre
te recouvre
et fervente s'applique pour débusquer ton plaisir

★

Fruit insolite entre mes lèvres
dur et lisse leurrant ma faim
tu me nourris —
tu me nourris je te mûris
droit
glorieux pistil de rose trémière
je te mûris
je te prolonge
je t'allège d'un rêve lourd
je te puise profond et je te mène au jour
tu me débordes
comme un rire
comme un été
comme une source

★

pierre polie
pierre moussue
pierre qui glisse entre tes mains
pierre qui joue à la marelle
dure coquille de nos paumes
pierre de nuit fossilisée

pierre noircie de glu de sang
pierre d'eau prise dans la nasse de mes cuisses où tu viens boire
providentielle pierre à feu
J'y grave nos noms ensemble et j'y déchiffre notre histoire
Une fois furent le ciel la terre
le ciel la terre tête-bêche comme deux arbres abattus
se chevauchant
s'enchevêtrant
le ciel
la terre
se prenant par la taille
pour se bercer
se balancer
le ciel
la terre
alternativement gracieusement
le ciel la terre
ou bien ce fut toi ou bien ce fut moi
ou bien ce fut nous symétriques reine et roi de jeu de cartes
un roi sa reine doubles
complices gravement qui partagent le règne de leurs gestes
soumis
un roi sa reine
le ciel la terre
l'heure métisse
blonde fille de nos vingt doigts
et mon amour auprès de moi —
complices gravement nous nous accoutumons plus fermes au pouvoir.

Dans l'évidence croissante du soleil rien au monde ne nous surprend
et notre jeu nous justifie

★

Longs les apprêts
longue la veille où je m'avance au large de moi-même
tendue sur la pointe des pieds
haute narine et la démarche circonspecte dans l'angoisse de l'imminente submersion
longs les apprêts
et long le temps, ressac imperceptible usant finement mes cloisons
tu négocies résolument à l'abord d'une coque nerveusement close
toi l'eau cajoleuse
tu sollicites mon sang pour en obtenir alliance —
L'eau si persuasive que mes mains s'accordent à son projet.
Coquillage distrait qui rouvre ses volets longtemps après l'alarme
je me livre
valves souples défaites
Je me remets en ta main qu'anime une vie distincte insecte délié à la grâce précise de mante religieuse élégant jusque dans sa voracité prolongeant cérémonieusement l'apprêt de la consommation Insecte raffiné différant son plaisir. Prudence d'insecte avisé que précède une antenne perplexe.
hésitant au seuil
Je me remets en ta main qui diffère sa décision
puis se hasarde
s'enhardit
insiste
et lente ferme et sûre me pénètre —
Ah mon Amour parle à ma bouche je t'en prie pour qu'elle se rassure
Pourquoi tes mains ne te ressemblent-elles plus Présentes durement
— Mais la nuit s'allège dessus ma poitrine et je reprends souffle

tu me fleuronnes
tu me façonnes flûte prochaine
tu m'évides sans me rompre comme une tige pour la faire chanter
forme de joie
je suis en forme de toi-même
en forme de vase et de lac
de lune de miel et de crypte
ta forme et ta juste mesure
tanière souple au doigt majeur fourrée de plages de cocagne au satin nu
— Nous y viendrons
Nous y demeurerons.

*

J'aime l'aube que tu provoques
J'aime le jour que tes doigts élargissent
et que tempère ta douceur
Mon amour plus persévérant que la fatalité
plus prompt que la douleur prévue plus tièdement que les heures de sieste
mon amour qui détend la baudruche d'angoisse
qui délivre les rires clos et m'éveille
fille fleur au calice bref
volubilis bleu au matin
volubilis noir et doré comme une âme d'abeille que son bonheur ressassé assourdit
mon amour
mon complice qui charge d'or la doublure de mes habits
mon ami qui m'endort
Somnolente je te déchiffre du bout du doigt en un long effleurement
comme un alphabet d'aveugle où j'apprendrais à voir
comme un tableau noir
comme un livre d'or
comme une médaille au double visage pile et face qui se ressemblent
et nos profils qui se confondent

*

Tu me tiens
Dense
Rassemblée dans ta main
lourde ombelle qui ploie sur sa tige tenace
et que lasse la pulsation des sèves
tu m'apprivoises
tu me flattes
tu mimes ma respiration
Je te confonds avec mon sang avec les divagations de la mer

avec le battement des franges des paupières
avec l'oscillation d'une horloge obstinée si familièrement présente
et s'accordant à ma paresse que je m'oublie
que je me perds
⋆
L'heure lente chavire autour de notre couple.
Lointaine
que distrait une ronde oubliée allusive et redite
je te côtoie
sereinement habituelle
filant un souvenir diffus de jours passés que rythme une comptine
je me délivre de la crainte qui m'enflait comme une voile un vent mauvais
je veux bien que tu viennes
que tu me fasses mal à peine
être délivrée de moi-même
être toi-même
Je veux bien Je t'en prie viens
Ce n'est rien vraiment Douleur en losange
Ce n'est rien vraiment que rose morsure acide saison
Ce n'est rien Viens
Ô mon amour tes mains te ressemblent tu berces ma bouche et je n'ai plus
peur
Viens
Je t'entends croître
J'entends —
Ah le tambour qui se déchire
le son meurt
ma main se répand
un désert ruisselant en l'absence de tympan m'ensevelit de suie
Constellation simple le sexe s'étoile
miroir exactement blessé irradiant autour de l'impact d'une oblique flèche de nuit.
⋆ Une idole gît et se réincarne son ventre abondant tendu selon l'arc d'une invocation
portant ma couronne dont le givre brûle
Toi ma belle épine
vive agrafe courbe
mon corail en broche
— ou la berceuse pour exorciser le loup
⋆
Tric trac barri barrac[1]
la ronde est nouée
La lune est hors du jeu badaud rond d'envie
impudemment

la lune noire aux dents blanches comme un nègre qui rit
le vent aiguise ses dents longues et ses ongles sournois de chatte
sur une flûte de roseaux
les tamaris là-bas sont ivres et versent leur écume floche sur le chemin
la mer déchire son rêve aux coquillages du bord et proteste
Maman Maman Qu'est-ce que c'est que cette histoire-là
cette histoire pour m'endormir qu'invente un ange sur ma bouche

Tric-trac barri-barrac
la porte est fermée afin que nul vieux crabe n'entre
et ce n'est que le vent qui conspire dans l'herbe
et ce n'est que la mer froissant ses draps
Dors mon bonhomme
Mes mains te font lourde de sable et de miel
dors puisqu'il faut que les enfants dorment
et tu es une enfant bien sûr

Tric trac barri barrac
Nos mains sont nouées
la maison fermée
la brume louche veille la lune
le vent se couche en rond sur les tamaris
Maman
Maman
j'ai la mer
le vent
et les mains de mon amant pour me bercer
Tric
trac
barri barrac

*

La nuit polit notre sommeil comme un galet.

*

Les mots que tu dis sont visibles
comme un vent sur l'herbe qu'il couche
sur mes lèvres qu'ils font s'ouvrir
invisibles
comme le jour sur un calice
sur la chair qu'ils font tressaillir

•

Midi
Minuit
sur ta bouche l'heure est pareille
le soir venant la lumière précipite selon ta forme
tu prolonges la clarté

j'habite un jour perpétuel
la peur nocturne est abolie.

★ En robe des quatre saisons j'habite à nouveau mon enfance où l'unique jour s'éternise

tu es ce lieu des herbes hautes
tu es ce temps des rires mûrs
tu es l'ordre des profusions et le garant du jour
je me remets à toi comme au sommeil

Nuit d'iris noir
nuit de mercure
grêle d'argent et pluie de suie
le sang comme une meute de grillons
foule crissante à la porte du temple
foule luisante
Nuit belle porte aux mille clous
tournant amplement sur ses gonds
courbe essentielle nuit totale
le ciseau pur de nos désirs galbe une coupe dans sa pulpe
où le vin vieillira
meilleur comme le ventre
brune vendange de chicorées douces-amères
Ta voix dissout des carillons
Nuit de bonté
Gousse de nuit fermant sa double lèvre pour embrasser nos corps
rejoints comme ses paumes
Nos poings épanchent des serments des oboles du lait
Nuit mère de confiance
Tu es sur moi comme cette nuit même
je suis sous toi comme un miroir poli
je reflète la nuit
je suis sous toi comme une porte ouverte
nuit belle porte aux clous poignants
Nuit chrysostome généreuse illumination
Lumière oblongue où tu prends feu

★

Midi
Minuit
Deux heures et demie
Il est deux heures et demie
l'heure fille de nos deux sexes
La nuit pleut verticalement
et la terre plus pourpre du réseau de nos veines
nous porte comme un lit
Midi
Minuit

Deux heures et demie
Mon bel orage près de rompre
couvant sous ta peau
tu remplis mes membres
tu m'offusques
tu t'appesantis.
Au gîte profond du silence étroite racine intruse
tu nervures la soif d'un sourire secret
jusqu'à la charnière des larmes
Puis
tu m'ouvres sans dommage telle une orange dont les quartiers font une fleur

*

Mon amour en moi-même
comme la nuit le jour l'averse d'abondance
je t'écoute longuement me harceler
sourde palabre et débat sinueux
harangue haute vigoureuse exhortation
j'entends ton souffle comme flamme
tressaillir fléchir et s'allonger au vent
j'entends ton souffle comme cri brisé
souffleté
qu'éloigne ou rapproche le vent
intime métronome et lèvre de nos plages
j'entends ton souffle arrondir le silence
bulle fragile aux reflets de mer qu'irise le sang
tu vas
tu viens
Navette minutieusement qui tisse notre double veille
tu vas
tu viens
et je t'entends
je te balance au bout des cils
comme un ciel qu'on regarde à l'envers
tu vas
tu viens
tu me creuses
me combles
— Patience déroule et peigne notre sang noir en longs cheveux.

A chaque fois que je prends souffle pour grandir impérieusement tu me renfonces dans l'enfance comme un chat qu'on noie par miséricorde.

Percluse d'aise savoureuse le ventre dodelinant
je berce ton effort d'une cadence maternelle
je renchéris à tes raisons pour apaiser ton désarroi

j'approuve d'un hochement
je lasse et repose ta verve
Mes bras étroitement conjurent le vertige et je nous laisse choir en brève trajectoire au lit le plus profond
— Dors mon amour exténué tout enveloppé d'un soupir
dormons
nos bras doublement cernent le rêve ancien rejoint
Courbes gigognes souplement
et moi la plus petite qui se love heureuse creuse et ronde
dans la chaleur de tes genoux
dormons
Un train raye l'ombre longitudinale
La marge du monde s'éboule
et le vent des lisières polit la vitre des hivers morts

⁂

Est-ce ton sang qui bat ou la cigale
à fleur de sommeil ta hanche déchire la douceur d'être
Matin
La pulpe nocturne écoule ses grappes denses ébranlées ne laissant de séquelles que la rafle de mes cils à contre-jour
futaie où ma respiration tend et distend une toile concave que dore une brume de papillons captifs
Épeire brune et blonde sur la résille d'un rêve tremblant à ton souffle corsetée d'une vorace crispation
sous la fascination de mon regard inverse
je m'expose et deviens proie du jour
je déchois de ma garde et m'abîme vers l'horizontale conscience
J'ouvre les yeux contre ta joue
et je reconnais mon amour favorable
comme un séjour d'enfance
un jardin mémorable
comme une source détournée
comme un arbre complice
ma place foulée dans le foin haut
Je te reconnais mon enfant
qui justifie mes seins
qui justifie la courbe de mes bras
la vaste mesure du ventre
mon enfant au sommeil ténu comme la flamme d'une veilleuse que le vent de l'aube effile
Je te reconnais mon amant
le profil de ta lèvre enseigne du matin débride ma convoitise

et la faim vient sur ma bouche comme une poudre de silex
— Je te reconnais
— Je me reconnais
et je ne peux plus me souffrir dormant.
Tes lèvres mon amour se laissent confusément bercer et tes mains
chrysalides s'efforçant vers le jour décrivent un songe qui me nomme et que ta caresse réalise
Tiède et tendre je t'accueille soleil à verse au verger
en révérence inaugurale le ciel la terre et nos paupières balancent un acquiescement
Alors mon amour en moi-même
comme le jour la nuit et le ciel abondant
Midi Minuit fondus en miel
Midi Minuit deux heures et demie
tu m'invoques
tu m'accomplis
rituelle prosternation où se polissent tes genoux
tu m'affrontes
tu te confrontes à l'écho de ton cri
Alors mon amour tu captes ton rêve
tu rejoins ton reflet
tu nous formules
Je procède de ton travail de ta chaleur
de l'incessant échange de ta force en plaisir
de l'ahan où tu t'exténues pour nous mettre au jour
incisifs neufs et cohérents
fleurs simples sans mystère équilibrant l'été

★

Mon amant

Lentement, l'ayant quitté, elle s'était accrue de la masse de ces deux mots, se refermant et se constituant autour de leur enclave comme une huître enrobant de sa sécrétion le corps indigeste dont s'élabore la perle.

Mots macérés au chaud de sa fièvre.

Mots imperceptiblement décantés jour après jour dans cette coupe de silence farouchement préservée de sa maison close, dans la coupe de ses bras refermés sur le souvenir de son amour, la coupe ciselée de ses lèvres tues — jusqu'à ce que s'amasse et se condense cet irréductible nodule, jusqu'à ce que se précise ce centre de gravité autour duquel s'organisait sa pesanteur nouvelle d'amoureuse,

Perle, oui, l'imprégnant du jour précieux de son orient de nacre, demi-jour d'écrin, suspension dense et dorée comme l'épaisseur d'un sous-bois favorisé de soleil, visible diffusion d'un sortilège qui l'immobilisait de longues heures sous son emprise de regard borgne, de monocle miroitant,

mais encore diamant griffant d'une poignante éraflure la douceur d'être, gravant à l'envers de son visage une ride persistante signe de la faim constamment rouverte sur cette écharde auréolée de chair moite et vulnérable.

Mots douloureux à la façon des roses.

Comme si par sa proximité il eût éteint leur vibration, son absence approfondissait un champ de résonance où se propageait et se prolongeait à perte d'ouïe le son très pur qu'elle reconnaissait pour son accord fondamental. Elle s'éprouvait à la fois immensément dilatée par cette musique qui n'avait d'autre écho que le visage aimé où elle venait battre à sa plus haute laisse — et rassemblée autour de ce foyer irradiant auquel elle adhérait comme à une bogue prise dans sa chair, lumineux oursin.

Mon amant

Elle écoutait l'onde ébranlée la porter vers lui au travers d'un monde muet et comme aboli, dans la désolation d'une contrée cendreuse le poudroiement de sel de lagunes pétrifiées au-dessus desquelles glissait régulièrement, irrésistiblement son invocation, rayon dardé depuis cette source dure en elle, ce centre du langage; elle s'écoulait vers lui dans le velours de son consentement avec la célérité à peine ralentie d'une huile répandue; elle le rejoignait comme son enfance au travers des zones d'éclipse du souvenir d'un temps dévalé à rebours...

Mais si humble que fût sa voix, si basse se fît sa prière comme une vague molle nivelée que le vent lisse au ras des sables, soudain soulevée sur un haut fond d'angoisse venu affleurer à son cri, elle trébuchait et meurtrissait son élan aux bras qui fermaient l'horizon.

Elle apprenait sa limite.

Forcée d'achever sa poursuite à peine pris l'essor qui semblait devoir l'enlever plus haut, elle dressait une révolte raide et nue de vipère devant celui qui la captivait comme une porte verrouillée sur l'interdit. Elle l'assaillait, n'en pouvant obtenir d'apaisement et sa faim s'exacerbait devant l'obstacle que sa présence au monde lui opposait. Elle désirait aux larmes son au-delà.

— Donne, donne, croyait-elle le supplier, comme si de ses mains ramenées derrière son dos, il lui eût dérobé l'objet de sa quête au moment qu'elle allait l'atteindre, la frustrant du rassasiement entrevu.

Mais eût-elle su nommer ce vers quoi elle se précipitait, eût-elle osé reconnaître l'absence de visage vers où tendaient ses lèvres, cette béante tentation de s'accomplir, la soif d'un dépassement fulgurant? — Résistant à la pression de sa vie exaspérée, il égalait sa mort dont il la préservait. Il était le clair visage de sa fin : elle s'achevait, s'achèverait ici... La gêne qu'il lui infligeait l'éveillait à la conscience de vivre comme si jusque-là elle n'eût fait que rêver; elle le ressentait comme la nécessité qui la maintenait au monde, sa dure, son impérieuse raison de vivre suscitant et équilibrant la déraison de mort. Elle rognait sa force à cette intransigeance avec la fureur stupide d'un insecte se détruisant contre une vitre. Elle s'essoufflait dans cet affrontement où se mimait la symétrique stratégie du chasseur et de la proie au jeu de l'épervier.

Il la cernait.

Alors lasse elle croulait entre les bras de son amour, se dénouait comme une paume d'écume ouverte sur la plage, implorant sa merci :

Mon amour, mon amour,

D'instinct, dans ce désarroi d'eau déferlante éparpillée émoussée, cette reddition de bête décornée, comme un dormeur que tourmente l'étreinte d'un mauvais rêve se protège du nom de sa mère, elle invoquait son humanité selon l'appel ancien fervent

mon amour

pour qu'Il fît cesser cette confrontation avec l'inexorable, pour qu'il brisât l'eau maléfique de ces mots comme une opale. Elle l'implorait contre lui-même, contre elle-même éreintée d'une fièvre magique.

Mon amour, oh, mon amour, impossible richesse, promesse de saccage,

je suis devant toi l'enfant pauvre devant la vitrine aux jouets meurtrissant dans ses poings, au bout de ses doigts, une violente caresse

l'enfant avide inconsolé gros de rancœur et de pitié

je suis devant toi saoûle de soif

comme ce jour où nos larmes semblables, sans motif que la joie et le heurt de nos souffles, dissolvaient une incertaine peupleraie, chiffonnant sur nos visages le reflet d'une doublure de feuilles du ciel, décolorant l'après-midi chauffé à blanc, fané par excès de lumière, éteignant un feu de cigales,

et soudain le silence,

— non la blancheur feutrée des cendres mais l'invisible éclair nous consumant —

Nos larmes nous dénudent, nous déconcertent
nos larmes qui soulignent nos appels distincts
— Ici, ailleurs, pourquoi ne jamais nous rejoindre
Pourquoi sommes-nous seuls
Pourquoi sommes-nous loin
Pourquoi sommes-nous deux
comment t'appelles-tu, comment m'appelles-tu
et pourquoi le soleil nous dénonce-t-il

Nos larmes lissent une vitre où nous posons face à face nos bouches — envers endroit est-ce que je te rêve est-ce que je te vois

Pourquoi suis-je de ce côté

Pourquoi nous ressemblons-nous tant
Pourquoi nos larmes égrenant le temps
Pour quelle gorge d'immortelle enfilent-elles ce collier
Quel doigt précis replie une à une les tiges
de l'éventail des heures

nos larmes coulant un mirage entre deux cris déserts
je bois sur tes joues la rivière pour souffrir de soif avec toi

Nos larmes font une charnière douce
où se joignent le sol la source
où s'accordent hier demain
la vérité et l'irréel
où s'harmonisent nos sourires :
Vivantes feuilles égales

— Pourquoi pleurons-nous mon amour ?

Ce n'était plus la trace d'une silencieuse courbe sidérale, béante trouée de balle, minérale lueur d'une dévastation qu'elle percevait se former en elle, mais une harmonie prolongée, comme la multiplication des cernes concentriques autour du point de chute d'une pierre dans l'eau, l'ondulation lente d'un flux régulier.

Mon amour   mon amour

écoutait-elle attentive penchée sur une secrète margelle, s'enchantant du son de sa voix, épiant l'écho affiné dont la réflexion assourdie retardée, restituait l'épaisseur d'un espace peuplé d'ailes, de doublures d'eau glissant, de voûtes anciennes et de rires comme des couteaux d'argent — creusait un espace infini comme une promesse de vacances — ouvrait l'accès d'une enfance préservée de foins blonds et de chemins creux où elle se fût avancée à la rencontre d'un compagnon de jeux et de rêves.   La formulation gourmande gonflait ses lèvres demeurées entrouvertes ; elle attendait qu'il surgît suscité par son désir, lentement décollé du paysage de l'été comme une corolle noyée happée à la surface d'un étang par un remous...

Notes

p. 29 1. Il s'agit de reproductions en tirages spéciaux faites pour la revue *Fémina-Illustration* : Botticelli : fragment de *Vénus offrant des présents à une jeune fille accompagnée par les Grâces* (au Louvre); Chagall (un bouquet); Braque : *Bouquet de marguerites* (1952) (galerie Maeght, Paris); *Jeune Égyptienne* de l'oasis du Fayoum (au Louvre).

p. 31 1. « Granada, calle de Elvira / donde viven las manolas » (« Grenade, rue d'Elvira / où vivent les manolas ») : Garcia Lorca, *Dona Rosita,* fin de l'acte I.

p. 32 1. « Je n'ai pas lu tous les livres », se réfère au vers de Mallarmé, dans « Brise marine » *(Poésies)* : « La chair est triste, hélas! et j'ai lu tous les livres. »

p. 37 1. « (...) Qu'il est essentiel à une femme de s'attacher à un homme de sens! Vous n'êtes pour la plupart que ce qu'il nous plaît que vous soyez; et voilà la raison pour laquelle celles qui sont à beaucoup d'hommes ne sont rien; leur caractère, ainsi que leur ramage, est fait de pièces et de morceaux, et un homme de goût qui s'amuseroit à les étudier restitueroit à chacun ce qui lui appartient. L'idée qui leur vient le matin désigneroit souvent celui avec qui elles ont passé la nuit. Vous mourez toutes à quinze ans. (...) » (Lettre de Diderot à Sophie Volland, 18 août 1765, in *Correspondance* recueillie par Georges Roth, t. V, Paris, Minuit, 1959.)

2. « Larvatus prodeo. » (« Je m'avance masqué. ») figure dans un écrit de jeunesse de Descartes, les *Cogitationes privatæ.*

p. 38 1. « Adieu, dit le renard. Voici mon secret. Il est très simple : on ne voit bien qu'avec le cœur. L'essentiel est invisible pour les yeux... » Antoine de Saint-Exupéry, *Le Petit Prince,* XXI.

p. 41 1. Isabelle est le personnage central du roman *Les Hanches étroites,* Paris, Gallimard, 1965, que l'Amant est en train d'écrire.

p. 47 1. « Mais le vert paradis des amours enfantines, // L'innocent paradis plein de plaisirs furtifs, [...] » Charles Baudelaire, *Les Fleurs du mal,* Spleen et Idéal, LXII « Moesta et errabunda ».

p. 49 1. Essayiste *(Une mort ambiguë),* dramaturge, poète *(Lapidé lapidaire, Quand le miroir s'étonne, Silex éclaté, L'Espace d'une fenêtre...),* Robert Mallet était alors directeur de collection chez un grand éditeur.

p. 60 1. Marcel Proust, *Du côté de chez Swann,* II, « Un amour de Swann » (Fin).

p. 64 1. « Et les fruits passeront la promesse des fleurs. » Malherbe, « Prière pour le Roi allant en Limousin ».

p. 68 1. André Gide, *Les Nourritures terrestres,* Premier Livre, III.

p. 69 1. « Le dimanche, je "sauve mon âme" en faisant des vers... » Note de Paul Valéry pour Valery Larbaud, relative à son service militaire, in « *Les Quarante* » / *Fauteuil XXXVIII* / *Paul Valéry* / par Valery Larbaud / suivi de / Pages inédites..., Paris, Félix Alcan, 1931.

p. 75 1. Mozart, *Concerto pour flûte et harpe,* KV 299, en do majeur, et *Concerto pour clarinette,* KV 622, en la majeur.

2. « Mon sombre amour d'orange amère. » Le poème intitulé « Chanson noire » et tiré de *Elsa,* fut enregistré par Aragon sur un disque hors commerce édité par « Les Lettres françaises » : « Aragon vous parle ».

p. 76 1. « La force de l'Amour » (Disque Le Chant du monde, LD-Y 6001).

2. Paul Léautaud, *Amour,* in *Propos d'un Jour.*

3. Simone de Beauvoir, *Le Deuxième Sexe,* t. II, première partie, II. La phrase exacte est celle-ci : « Mais si je ne peux m'accomplir qu'en tant qu'*Autre,* comment renoncerai-je à mon *Moi ?* »

p. 77 1. « Dieu ! que ne suis-je assise à l'ombre des forêts. » Racine, *Phèdre,* acte I, scène 3.

p. 80 1. « S'il vous plaît... dessine-moi un mouton ! » Antoine de Saint-Exupéry, *Le Petit Prince,* II.

p. 86 1. Citation tirée de « Il n'y a pas d'amour heureux », poème d'Aragon *(Le Musée Grévin).*

p. 89 1. « Le Vent de Novembre », poème d'Émile Verhaeren *(Les Villages illusoires).*

p. 98 1. « Je ne suis pas seul », poème de Paul Eluard, *Le Livre ouvert,* I.

p. 100 1. « Cette fleur très simple, de Picasso » : sans doute l'une de celles qu'il dessina pour le Mouvement de la Paix.

2. André Gide, *Les Nourritures terrestres,* Premier Livre, I.

p. 101 1. « ... Mais cela : contenir la mort (...) » : Rainer-Maria Rilke, fin de la quatrième des *Élégies de Duino,* ici dans la traduction de J. F. Angelloz.

2. Robert Mallet, *Le Poème du Sablier,* Éd. Gallimard, 1962.

p. 104 1. Publiée sous le titre : *Tendre comme le souvenir.*

p. 107 1. *Les Justes,* pièce en cinq actes d'Albert Camus.

p. 115 1. C.R.D.P. : sigle du Centre régional de documentation pédagogique.

p. 116 1. « Je fis un feu... », Paul Eluard, *Pour vivre ici,* in *Le Livre ouvert,* I.

2. Paul Eluard a publié deux poèmes sous ce titre. Mais il s'agit ici du texte écrit en 1947 pour une émission à la radio-diffusion et qui figure dans le n° d'*Europe* de nov.-déc. 1962. Il a été repris dans Paul Eluard : *Le Poète et son ombre,* Paris, Seghers, 1963.

L'enregistrement qu'en fit le poète pour la R.T.F. donna lieu à deux parutions en disque : sous le titre « La Force de l'amour » puis dans « La voix de Paul Eluard » (Disques « Le Chant du Monde »).

p. 117 1. Cette photographie de Paul et Gala Eluard à Clavadel, en 1913, figure à la page 17 du numéro d'*Europe* (nov.-déc. 1962) consacré à Paul Eluard.

p. 122 1. Il s'agit du célèbre « Noël » de Fagus (1872-1933), pseudonyme de Georges Faillet. (*Le Massacre des Innocents,* Paris, Malfère.)

p. 124 1. Né d'un ancien esclave devenu prêtre, Paul Robeson (1898-1976) connut une renommée mondiale comme acteur puis chanteur noir. Basse-baryton, il interpréta surtout des negro-spirituals et des chants ouvriers. Il s'agit ici du récital (Waterboy, Shenandoah, Deep River...) publié par Amedeo (AVRS 9012).

p. 132 1. Il s'agit du poème *Oiseaux.* La citation est tirée de la première partie.

2. Plus précisément : *Pour fêter une Enfance,* dans *Éloges,* de Saint-John Perse.

3. « C'étaient de très grands vents sur toutes faces de ce monde, // De très grands vents en liesse par le monde, qui n'avaient d'aire ni de gîte [...] ». Saint-John Perse, *Vents,* I, 1.

p. 140 1. *Corps mémorable,* de Paul Eluard.

p. 142 1. « Mais j'aime pour aimer et je mourrai d'amour », Paul Eluard, *Poésie ininterrompue.*

p. 143 1. « Cette photographie d'Eluard et de Nush » : il s'agit d'une photographie de Dora Maar, Mougins, 1938, reproduite dans les premières éditions du volume de la collection « Poètes d'aujourd'hui », ainsi que dans *Eluard, Livre d'identité,* de Robert D. Valette.

2. Trompée par le titre, n'ayant pas pris garde à la dédicace, il semble que Mireille Sorgue songe ici à l'amour de Paul Eluard et de Nush. (On sait que *Corps mémorable* fut inspiré à Eluard par Jacqueline Trutat qui, avec son mari, accueillit le poète après la mort de Nush.)

p. 147 1. Paul Claudel, *Cinq grandes Odes.* La citation est tirée de la première : « Les Muses ».

p. 151 1. « Tout terriblement » : ces mots figurent au bas d'un calligramme en forme de cheval, d'Apollinaire (in *Œuvres poétiques, Poèmes retrouvés,* Bibliothèque de la Pléiade, 1965, p. 677).

p. 157 1. Cette citation est tirée d'un conte pour enfants : *Le Petit Cheval de manège.* D'autres allusions y seront faites dans des lettres ultérieures (« Le-plus-tendre-Pays », l'Ange qui ramasse, sur le rivage marin, le sable destiné à endormir les enfants...).

p. 164 1. *Demain, il fera jour,* titre d'une pièce d'Henry de Montherlant.

2. *Les Dimanches de Ville-d'Avray,* film de Serge Bourguignon d'après le roman de B. Eschasseriaux, conte l'amitié, tragique, entre un amnésique et une petite orpheline.

p. 171 1. « L'émerveillement pur d'un certain "Crépuscule" » : allusion à un poème en prose portant ce titre et composé en septembre-octobre 1962.

p. 174 1. *La Vierge entre les Saintes,* tableau de Gérard David au musée de Rouen.

2. *Portrait* [de jeune fille], de Courbet au musée de Besançon.

p. 176 1. « Mais c'est la même chose, non?... » Allusion à un passage de la lettre du 29 janvier 1963, p. 190.

p. 183 1. « Ha! très grand arbre du langage peuplé d'oracles, de maximes (...) » : Saint-John Perse, *Vents,* I, 1.

p. 186 1. Ces lignes figurent en fin de lettre, après le passage daté Vendredi.

2. « Les sagaies de Midi vibrent aux portes de la joie (...) » : Saint-John Perse, *Amers,* Invocation, « Et vous, Mers... », 1.

p. 204 1. *L'Immoraliste,* récit d'André Gide.

p. 207 1. Cet album d'*Images de France* confrontant textes de grands écrivains et photographies fut édité par le Commissariat général au tourisme en 1959. Il comprend, entre autres, une photographie de la Beauce avec la cathédrale de Chartres, en regard du poème de Péguy : « Étoile de la mer, voici la lourde nappe / Et la profonde houle et l'océan des blés [...] »

p. 233 1. « Notre *Soleil de minuit* » : il s'agit d'une reproduction de la tapisserie de Lurçat.

p. 238 1. L'expression emprunte au titre de Jacques Chardonne : *L'Amour, c'est beaucoup plus que l'amour,* Éd. Albin Michel.

p. 244 1. Expression reprise d'une lettre de l'Amant.

p. 251 1. Pisanello : *Portrait d'une princesse d'Este* (Musée du Louvre) et Petrus Christus : *Portrait de jeune fille* (Berlin, Staatliche Museen, Gemäldegalerie).

p. 260 1. Ennoyé : terme de géomorphologie ; se dit d'un relief dont la partie inférieure se trouve enfouie sous des amas détritiques (les débris de la roche) ou encore sous les eaux.

p. 261 1. Salanque : n.f. Dans le midi de la France, terrain salé près de la mer ; marais salant. (*Dictionnaire français — français des mots rares et précieux,* Seghers.)

p. 262 1. Nous donnons ci-après quelques passages de cette lettre :

Samedi

« Chère Mademoiselle ! Comme votre lettre me touche, au plus profond ; comme je devine aisément les mots que vous retenez, et puis encore votre silence — grave, un peu déconcerté... Mais il ne faut pas, savez-vous, vous étonner le moins du monde... J'avoue que je fus étonnée d'abord par cette allusion au "souci de ma réputation", dont je n'ai cure, c'est vrai, décidée que je suis à ne pas laisser les gens autour influer si peu que ce soit sur ma façon de vivre, décidée à ne jamais faire aucune concession au « qu'en-dira-t-on ? » (Et Maman peut vous dire, elle que j'ai blessée peut-être par cette intransigeance, l'été dernier, que je fus toujours ainsi.) Mais étonnée surtout que le mot de "blâme" puisse être prononcé, étonnée qu'on puisse même juger ce que je fais. [...]

... J'aurais pourtant parfaitement compris, sans besoin de longues explications, que mes parents me refusent cette joie. J'aurais compris toutes difficultés matérielles et autres. J'aurais compris, oui, mais n'aurais *admis* que les difficultés matérielles.

Mes parents pouvaient ne pas me prêter d'argent, j'aurais renoncé à ce voyage avec autant de simplicité et de sérénité que je l'ai demandé. Mais ne sentez-vous pas qu'un refus motivé par des considérations de bienséance eût été entre nous comme une brisure ? Une brisure secrète, un décalage, le début d'une séparation ? J'admire mes parents, oui, de prendre, comme il convient, les choses de très haut. [...]

Vous me reprochez tout doucement d'avoir été cachottière, et vous ne savez pourtant pas à quel point je le fus à moins que Maman ne vous ait raconté tout ce qui m'est arrivé depuis cet été ; et pourtant non, pas « cachottière ». Secrète. Car pour l'essentiel, chacun de nous est seul. Papa un jour me l'a crié, et je n'ai pas tardé à l'éprouver à mon tour. Je fis pleurer Maman plusieurs fois par mon silence qui pouvait lui paraître obstiné, mais il faut, il faudra se résoudre à ce silence. [...]

... Il ne faut pas, je vous l'assure, en être blessée. Il y aura bien des silences de ma part ; j'ai besoin de me taire, besoin parfois, souvent, d'être seule. De m'éprouver seule. Et je sais que cela ne ressemble apparemment pas à la petite fille expansive que je fus, ce besoin de dépouillement, de recueillement. C'est pourtant la même soif d'absolu que mes enthousiasmes d'hier.

... Je n'attendais pas moins à vrai dire de mes parents que ce lisible silence répondant au mien. Et comment ne pas voir que leur générosité d'aujourd'hui est le prolongement égal de leur rigueur d'hier ? Ils savent que je ne serai pas plus indulgente avec moi-même qu'ils ne le furent. Ils savent que je n'aurai aucune indulgence, et que j'entends suivre une ligne raide et secrète. Ils le sauront encore lorsqu'ils ne comprendront plus mes actes. Ils le savent, ils le sauront ; nous n'avons pas besoin de longues paroles, pas besoin d'explications familiales. Si je me rends compte à quel point ils m'aiment intelligemment ? Je me rends parfaitement compte, j'éprouve parfaitement la dignité de leur attitude. Soyez sûre que je sens combien elle est rare, et combien j'ai de chance. [...] »

p. 267 1. Ismène est la sœur d'Antigone. C'est au personnage de Jean Anouilh dans sa pièce *Antigone* qu'il est ici fait allusion.

p. 269 1. « Être aimé de qui l'on aime... » La citation, que nous n'avons pu identifier, est suivie dans la lettre d'un point d'interrogation.

p. 274 1. « Baise m'encor, rebaise moy et baise » est le premier vers du sonnet XVIII de Louise Labé.

p. 277 1. Allusion à des pages de l'Amant, de novembre-décembre 1962, évoquant sa quête d'un visage alors qu'il suivait le rivage marin.

p. 279 1. Peut-être une réminiscence de Saint-John Perse : « Voici que j'ai dessein encore d'un grand poème délébile » (*Exil,* IV).

p. 281 1. Mireille Sorgue fait ici allusion à ce passage de Péguy :

« Voyez, dit-elle *, cet homme de quarante ans, Péguy [...] Il a quarante ans et il *sait* donc [...] Car il sait le grand secret de toute créature, le secret le plus universellement connu et qui pourtant n'a jamais filtré, le secret d'État entre tous, le secret le plus universellement confié, de proche en proche, de l'un à l'autre, à demi-voix basse, au long des confidences, au secret des confessions, au hasard des routes et pourtant le secret le plus hermétiquement secret. Le vase de secret le plus hermétiquement clos [...] Il sait ; et il sait qu'il sait. Il sait que l'*on* n'est pas heureux. Il sait que depuis qu'il y a l'homme nul homme jamais n'a été heureux. » (*Clio, Dialogue de l'histoire et de l'âme païenne* in *Œuvres en prose 1909-1914,* Bibliothèque de la Pléiade, 1968, p. 227-229.)

p. 282 1. Natacha : appellation familière de Josette, par référence à sa coiffure. Très vite abrégée en Nat.

p. 287 1. Paul Valéry, *Fragments du Narcisse,* I, in *Poésies.* Mireille Sorgue travaillait à un exposé sur le *Narcisse.*

p. 293 1. L'expression est entre guillemets parce que très valéryenne.

p. 294 1. Mireille Sorgue préparait Propédeutique.

p. 312 1. La page de Colette sur la main, tirée de *La Femme cachée,* figure sur un disque de la collection « Auteurs du XXe siècle » consacré à la romancière. (Disque Philips A 76 721 R.)

2. On peut donc dater de ce temps le dessein de Mireille Sorgue d'écrire une « Célébration de la Main ».

p. 316 1. L'expression, aujourd'hui courante, doit être rendue à Paul Eluard (*Donner à voir,* recueil de 1939).

p. 319 1. La citation doit être ainsi complétée : « Je suis lui, tu es elle, je suis le chant, tu es la strophe, je suis le ciel, tu es la terre ; unissons-nous ici. » (*Rig Veda,* XIV, 1-2.)

p. 324 1. Premier vers de la « Berceuse du petit loir », de Simone Ratel, *Chansons des quatre vents,* Éd. Bourrelier.

p. 329 1. « D'autres, ici perdus, trouveraient le repos, / Et dans la sombre terre, un clair tombeau qui s'ouvre... » Paul Valéry, *Fragments du Narcisse,* I.

* Clio.

p. 333 1. « Vous êtes née, lui écrivait M.P., dès novembre 1962, dans un monde admirable de travail, de dévouement, bien trop modeste, [...] soit, mais n'attendez pas que les médiocres qui prennent leur agitation parisienne pour du talent aillent vous y chercher ! Ils vous y laisseront bien — Et ce sera bien dommage. » Ce n'est que le 11 janvier 1964 que Mireille Sorgue, rompant un silence de plus d'une année, répondra en ces termes :

« [...] Aujourd'hui, je veux essayer de vous dire ce qui, dans vos paroles, m'avait alors blessée. Vous parliez de la poésie avec quelque impiété, comme d'un divertissement mondain, d'un jeu de société (vous m'invitiez à tel « banquet » de poètes, ce qui m'emplit d'indignation : j'imaginais de beaux esprits discoureurs, des messieurs montrant des décorations, des dames leur corsage...) quand je la découvrais comme une sauvegarde, une manière d'être, une nécessité... Pour moi, la poésie n'est pas un agrément ; elle ne saurait être « charmante » — c'est-à-dire faible ; je l'écoute silencieuse ; j'en parle (peu) émerveillée, et si j'écris (j'écrirai), cela sera sans précautions, sans explications, sans excuses, sans concessions — ni pour les salons, ni pour les journaux littéraires... Pas de compromissions... [...] »

2. Ce jour était Fête des Mères.

p. 348 1. Allusion devenue obscure.

p. 374 1. « Bissière, une vie recluse en peinture », de Max Pol Fouchet, et « l'art naïf retrouve le cœur de l'homme » de Jean-Jacques Levêque figurent dans le nº 5, mars 1963, de *Galerie des Arts*.

2. J.M.F. : sigle des Jeunesses musicales de France.

p. 384 1. L'une des appellations du grémil officinal. Il s'agissait, en fait, du carex espacé.

p. 401 1. Il s'agit d'un discours de distribution des prix.

p. 413 1. « La Première Nuit ». Ce poème fut composé à la fin août et au début de l'automne de 1963. Il n'en subsiste aucun feuillet de travail. S'il ne porte pas de titre, Mireille Sorgue, dans une lettre du 27 octobre 1963, précise néanmoins : « Ce que je te donne, cela pourrait prosaïquement s'appeler Chronique de la première nuit — mais “chronique” ! — ou Première Nuit (comme de Tourgueniev “Premier amour”). »

Sur la première page du manuscrit figurent, en regard du texte reproduit, p. 473, les vers suivants :

Notre amour est une page blanche
où s'inscrit seule l'ombre comme
une aile de nos lèvres
nos mains y dessinent un
arbre qui justifie l'oiseau

L'avenir unanime
a l'envergure du ciel libre
et les limites du silence

★

Le sommeil nous confond, puis
Le jour comme une herbe taquine mon visage.
Tes doigts prodiguent leur monnaie.
Une dentelle de caresses se déchire au roncier
sournois que cache l'ombre de nos ventres...

Pour le reste du texte, la typographie s'efforce de restituer la disposition adoptée par l'auteur.

p. 425 1. « Tric trac barri barrac » : formule du folklore enfantin par laquelle on se barricade symboliquement, rendant ainsi inviolable son « domicile ».

Table

Table

Composition réalisée par EURONUMÉRIQUE

IMPRIMÉ EN ALLEMAGNE PAR ELSNERDRUCK
Dépôt légal Édit. : 17735-01/2002
LIBRAIRIE GÉNÉRALE FRANÇAISE - 43, quai de Grenelle - 75015 Paris.
ISBN : 2-253-15225-0

31/5225/3